清廉云南建设学习教育丛书

（2021—2023）

中共云南省纪律检查委员会
云 南 省 监 察 委 员 会 编著

云南人民出版社

图书在版编目（CIP）数据

清廉云南建设学习教育丛书精编本. 2021—2023 / 中共云南省纪律检查委员会，云南省监察委员会编著. 昆明：云南人民出版社，2025. 1. -- ISBN 978-7-222-23604-2

Ⅰ. D630.9-53

中国国家版本馆CIP数据核字第2025DE6696号

责任编辑： 陈艳芳　王绍来　黄　灿　解彩群　张祖庆
责任校对： 朱海涛
责任印制： 代隆参
装帧设计： 越凡文化

清廉云南建设学习教育丛书精编本（2021—2023）

QINGLIAN YUNNAN JIANSHE XUEXI JIAOYU CONGSHU JINGBIAN BEN (2021—2023)

中共云南省纪律检查委员会
云南省监察委员会　编著

出版　云南人民出版社
发行　云南人民出版社
社址　昆明市环城西路609号
邮编　650034
网址　www.ynpph.com.cn
E-mail　ynrms@sina.com
开本　889mm×1194mm　1/32
印张　14.25
字数　290千
版次　2025年1月第1版第1次印刷
印刷　云南出版印刷集团有限责任公司
　　　华印分公司
书号　ISBN 978-7-222-23604-2
定价　58.00元

如需购买图书、反馈意见，请与我社联系
总编室：0871-64109126　发行部：0871-64108507
审校部：0871-64164626　印制部：0871-64191534

云南人民出版社微信公众号

出版说明

为纵深推进清廉云南建设，加强全省党员干部政治教育、纪律教育、警示教育、廉洁教育，增强履职尽责的政治意识、纪法意识、规矩意识、担当意识，真正把纪律严起来、规矩立起来、士气鼓起来，从2021年开始，由中共云南省纪律检查委员会、云南省监察委员会组织编写了《清廉云南建设学习教育丛书》（以下简称《丛书》）系列，每年推出一套。

《丛书》一经推出，即成为全省各级党组织和广大党员干部深入学习领会习近平新时代中国特色社会主义思想、学习贯彻中央纪委全会和省纪委全会精神、纵深推进清廉云南建设的重要辅助读本。全省各级各部门结合开展党纪学习教育，坚持集中性教育和经常性学习相结合，紧密联系工作实际，通过“三会一课”、“院坝会”等方式，推动学用工作重心下移，有效增强了基层党员干部群众对清廉云南建设的感知度、认同感。

基于此成效，总结其成果，在中共云南省纪律检查委员会、云南省监察委员会指导下，我们在2021—2023年出版的《丛书》3套11本分册的基础上，精选内容，优化设计，以精编的形式修订出版《清廉云南建设学习教育丛书精编本（2021—2023）》。

本书的出版得到了云南省社会科学院的鼎力支持，其中吴莹、张德兵、黄颖琼、张睿莲、蒋坤洋、刘雪璟、张秀芬参与了本书的修订工作。在此，我们向所有为本书的出版做出贡献的单位和个人表示诚挚的感谢。

书中若有疏漏或不足之处，敬请读者不吝批评指正。

目　录

讲政治、守规矩

把权力关进制度的笼子

以案为鉴以案为镜

弘扬优秀传统廉洁文化

讲政治、守规矩

一、政治监督知与行

（一）政治监督与您有关

政治监督是我们党在长期执政条件下探索自我监督规律形成的重大创新成果，它是具体的、实践的，和我们的工作生活息息相关。

对各级党组织而言，政治监督就是要督促其坚决落实全面从严治党主体责任，突出党委领导集体和党政“一把手”这两个重点，充分发挥“头雁效应”，坚决纠正政治偏差，始终在政治立场、政治方向、政治原则、政治道路上同以习近平同志为核心的党中央保持高度一致。

对党员干部而言，政治监督就是要督促其完整、准确、全面贯彻新发展理念，构建新发展格局，推动高质量发展。坚持用党的科学理论武装头脑、指导实践、推动工作，真正悟透党中央大政方针，时时处处向党中央看齐，扎扎实实贯彻党中央决策部署，不打折扣、不做表面文章，确保执行不偏向、不变通、不走样。

对人民群众而言，政治监督就是督促党中央惠民富民政策的有效落实，围绕征地拆迁、农村“三资”管理、乡村振兴、教育、医疗、社保、生态环保、食品药品安全等方面开展问题整治，确保把“政策里的红利”转化为群众“腰包里的实惠”，让人民群众时刻感受到全面从严治党就在身边、正风肃纪反腐就在身边、公平正义就在身边，架起正风肃纪的防护网和与民同心的连心桥。

1. 政治监督是什么

政治监督事关党和国家长治久安，在党内监督中居于统领地位。

新时代政治监督的根本任务是做到“两个维护”，立足“两个大局”，紧扣“国之大者”，党中央关心什么、强调什么，党和国家最重要的利益是什么，最需要坚定维护的政治立场是什么，政治监督就要监督什么。

政治监督决不是一般的业务监督、工作督查。具体来说，政治监督以坚持和加强党的全面领导为目标方向，以督促全党增强“四个意识”、坚定“四个自信”、做到“两个维护”为根本要求，以党章党规党纪和宪法法律法规尤其是政治纪律、政治规矩为依据和标尺，重点对政治立场、政治方向、政治原则、政治道路进行监督。

不折不扣落实党中央决策部署

党中央重大决策部署到哪里，政治监督就跟进到哪里。广大党员干部要进一步提高政治站位，紧紧围绕党的二十大战略部署，把坚定拥护“两个确立”、坚决做到“两个维护”落到实处，增强接受政治监督的思想自觉和行动自觉。

清风君说

聚焦“两个维护”，强化政治监督，是新时代我们党加强自身建设肩负的重大政治使命。

进入新发展阶段，我国将面临复杂严峻环境和艰巨繁重任务，必须加强政治监督，防范化解思想涣散、纪律松弛风险，保证全党紧密团结在以习近平同志为核心的党中央周围，保障党的基本理论、基本路线、基本方略和党中央重大决策部署贯彻落实。

踏上新征程，必须更加突出政治监督，持续推进政治监督具体化、精准化、常态化，督促各级党组织和党员干部深刻理解“两个确立”的决定性意义，对“国之大者”始终做到心中有数，在思想上政治上行动上同以习近平同志为核心的党中央保持高度一致，不折不扣贯彻执行党中央的路线方针政策和重大工作部署，心往一处想、劲往一处使，确保党中央政令畅通。

《正风肃纪反腐云南实践》第一集《心怀“国之大者”强化政治监督》

2. 为什么要加强政治监督

推动全党做到“两个维护”，必须加强政治监督。我们党已经拥有9600多万名党员，是当之无愧的世界第一大党。要确保各项事业不断取得胜利，必须有一个坚强有力的领导核心，必须坚持党中央集中统一领导，做到统一思想、统一意志、统一行动。

推进全面从严治党向纵深发展，必须加强政治监督。当前，我们党面临的执政考验、改革开放考验、市场经济考验、外部环境考验将长期存在，精神懈怠危险、能力不足危险、脱离群众危险、消极腐败危险将长期存在，必须不断增强党自我净化、自我完善、自我革新、自我提高的能力。

画好政治同心圆

确保党不变质、不变色、不变味，必须加强政治监督。政治腐败是威胁党的执政安全的最大因素，必须始终严明政治纪律和政治规矩，坚决纠正“七个有之”，做到“五个必须”，防范化解腐败背后的政治风险，确保党和国家政治安全。

当前，我们正处于实现中华民族伟大复兴的关键时期，建设社会主义现代化强国任务艰巨，必须更加突出政治监督，推动各级党组织和广大党员干部自觉紧跟习近平总书记、紧跟党中央，做好自己的事情，凝心聚力推动经济社会高质量发展。

清风君说

加强政治监督，严肃党内政治生活，严明政治纪律和政治规矩是关键。

习近平总书记指出，无视政治纪律和政治规矩的突出问题集中体现为“七个有之”：

一是搞任人唯亲、排斥异己的有之；

二是搞团团伙伙、拉帮结派的有之；

三是搞匿名诬告、制造谣言的有之；

四是搞收买人心、拉动选票的有之；

五是搞封官许愿、弹冠相庆的有之；

六是搞自行其是、阳奉阴违的有之；

七是搞尾大不掉、妄议中央的也有之。

习近平总书记强调，遵守政治纪律和政治规矩要做到“五个必须”：

一是必须维护党中央权威，决不允许背离党中央要求另搞一套，全党同志特别是各级领导干部在任何时候任何情况下都必须在思想上政治上行动上同党中央保持高度一致，听从党中央指挥，不得阳奉阴违、自行其是，不得对党中央的大政方针说三道四，不得公开发表同中央精神相违背的言论。

二是必须维护党的团结，决不允许在党内培植私人势力，要坚持五湖四海，团结一切忠实于党的同志，团结大多数，不得以人划线，不得搞任何形式的派别活动。

三是必须遵循组织程序，决不允许擅作主张、我行我素，重大问题该请示的请示，该汇报的汇报，不允许超越权限办事，不能先斩后奏。

四是必须服从组织决定，决不允许搞非组织活动，不得跟组织讨价还价，不得违背组织决定，遇到问题要找组织、依靠组织，不得欺骗组织、对抗组织。

五是必须管好亲属和身边工作人员，决不允许他们擅权干政、谋取私利，不得纵容他们影响政策制定和人事安排、干预正常工作运行，不得默许他们利用特殊身份谋取非法利益。

“七个有之”“五个必须”，决不是空洞的口号，而是有着极其严肃的政治内涵和实质要求。每一名党员干部，都应该对照这些基本要求，经常自查自省，严格按照党章规定、党内政治生活准则办事，自觉接受党的纪律和规矩约束。

3. 政治监督，不仅是纪委的事

政治监督是全党的工作，需要各级各部门共同参与。纪委监委不是单打独斗，要协助党委督促其他党委部门履行好政治监督职责。

同向发力，联动推进

在政治监督中，各级党委（党组）承担主体责任，是第一位的、全方位的监督；纪检监察机关是政治监督的专责机关，把政治监督摆在更加突出的位置，把维护党的政治纪律和政治规矩放在首位。

只有进一步明确各自职责，才能在深化政治监督实践中，党委既不做“甩手掌柜”，纪委也不缺位越位。

4. 政治监督，没有局外人

政治监督的目的是确保完成党的政治任务。每一名党员干部都有自己的政治责任，因此，都是政治监督的对象，谁都不能置身事外当看客。

接受政治监督，要旗帜鲜明讲政治，时刻对标对表，提醒自己站稳政治立场、把准政治方向、坚持政治原则，真正做到对党忠诚，忠于党的核心、忠于党的事业，做到党中央提倡的坚决响应，党中央决定的坚决执行，党中央禁止的坚决不做。

接受政治监督，要增强政治意识，不断提高政治判

同心向党

断力、政治领悟力、政治执行力，发现和纠正政治偏差，经常扫扫思想上的灰尘、净化灵魂、提纯信仰，以担当尽责、干事创业的实际行动践行“两个维护”，把对党忠诚落实到工作、生活的方方面面、时时处处、点点滴滴中。

（二）政治监督有温度

政治监督是严管与厚爱结合、激励与约束并重的有效手段。在实际工作中，有的党员干部因种种原因不慎犯错，一时束缚住手脚；有的党员干部违纪受到查处或被错告、诬告，一度萎靡不振。

为充分发挥监督执纪正向效应，云南省纪检监察机关因人因事施策，精准运用容错纠错、回访教育、澄清事实等举措，为负责者负责，为担当者担当，为实干者撑腰，不断优化干部成长的政治生态，旗帜鲜明鼓励干部勇担当、敢作为，以强有力的政治监督护航经济社会发展。

1. 还洱海一池清波

一段时间以来，洱海保护出现了沿湖周边旅游无序开发、环湖生态遭到破坏、蓝藻暴发、水质下降等问题。

习近平总书记考察云南时强调：“一定要把洱海保护好。”大理州纪委监委坚决落实总书记重要指示，持续强化政治监督，加大执纪问责力度，为洱海保护治理提供了坚强纪律保障。

一方面，严格落实纪检监察机关“三转”要求，聚焦

“监督的再监督”职责定位，2015年1月至2020年10月，共开展洱海保护治理监督检查5058次，发现并整改问题4657个，问责27个党组织218人，处分186人。

另一方面，坚持“三个区分开来”，注重教育挽救受处分的党员干部，激励党员干部干事担当；坚持治理效果好不好人民群众说了算，以监督执纪问责推动洱海保护治理取得实效，让群众从治理监督中享民生、得实惠。

经过努力，洱海保护取得明显成效，水清岸绿，洱海水质持续改善，水生态明显好转。

水清、岸绿、人美

清风君说

保护好洱海是重大政治任务，纪检监察机关是政治机关，助力洱海治理充分彰显了政治监督的应有之义。

近年来，云南把九大高原湖泊保护治理作为一项重要的政治任务，在实践探索中形成了一系列行之有效的保护监督模式。

为保护好九大高原湖泊，造福子孙后代，云南省委、省政府印发了《关于“湖泊革命”攻坚战的实施意见》《中共云南省委关于加强九大高原湖泊监督检查的意见》，全面打响“湖泊革命”攻坚战。云南省纪委监委强化政治监督，确保习近平总书记考察云南重要讲话精神，以及省委、省政府制定的生态环境保护决策部署落地见效。

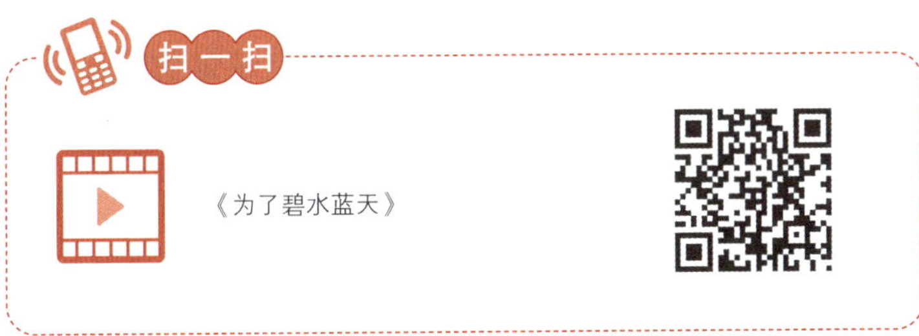

2. 不让眉毛上流着汗的人，眉毛下还流着泪

2017年到2019年，云南省纪委监委收到对时任云锡集团党委书记、董事长张涛的匿名举报，随即派出工作组进驻云锡集团，和干部职工广泛谈话，实地调研走访。

经了解，张涛上任后实施多项改革举措，破除了多年来历史形成的裙带关系，查处了一批以权谋私的干部，整

为担当者担当，为干事者撑腰

治了矿山承包乱象，这些改革举措触及了部分人的既得利益。自己的“奶酪”被触碰了，一些别有用心者便故意捏造问题线索，借信访举报开展打击报复。

经过蹲点调研、调查核实后，云南省纪委监委决定在云锡集团召开大会，正式宣布调查结果，为张涛澄清正名。在会上，“一条条举报是什么内容”“最后核实了解的结果如何”都如实作出说明，干部职工为此拍手叫好。

清风君说

政治路线确定之后，干部就是决定因素，党的干部是党和国家事业的中坚力量。中共中央办公厅2018年印发实施了《关于进一步激励广大干部新时代新担当新作为的意见》明确指出：“严肃查处诬告陷害行为，及时为受到不实反映的干部澄清正名、消除顾虑。”云南省纪检监察机关贯彻落实这一意见精神，严肃查处诬告陷害行为，规范失实检举控告澄清工作，以公开举行不实举报澄清会的方式为受到不实举报的领导干部澄清正名，为党员干部合法权益立起纪法“保护墙”。

在党员干部的所有担当中，政治担当是第一位的。“突出实践实干实效，让那些想干事、能干事、干成事的干部有机会有舞台”是新时代纪检监察工作的职责所在。只要是一心为民办实事，一心为公敢担当，纪检监察机关就要为这样的干部撑腰鼓劲，给干部吃下“定心丸”，为干事创业“兜好底”。

3. 让COP15像蓝天一样纯净

2021年10月11日至15日，《生物多样性公约》第十五次缔约方大会（COP15）第一阶段会议在昆明召开。

在大会召开前，云南省纪委监委通过省市区、“室组地”联动，强化政治监督、精准监督、专项监督。一是全面梳理筹办重点任务，督促筹办单位查隐患、堵漏洞、强弱项，压实主体责任；二是对市政市容保障、志愿者服务、生态环境风险预警与化解等重点工作，开展专项监督；三是加强大会全流程监督工作，充分发挥职能作用，紧盯责任落实、重点环节，确保大会绿色、安全、智慧、节俭召开，为办好高规格国际会议提供坚强的政治和纪律保障。

纪检监察干部为COP15提供纪律保障

清风君说

COP15大会是全球新冠肺炎疫情暴发后，首次共同探讨全球生物多样性保护的高规格国际会议，也是我国2021年最重要的主场外交活动。全力做好大会筹备工作，既是一项光荣而神圣的使命，也是一项重大政治任务。

云南省纪检监察机关充分发挥职能作用，扛起政治责任，强化政治监督，以有力有效的监督举措，强化监督执纪问责和监督调查处置；以精益求精的工作态度全力以赴抓好会议监督，确保简约、安全、精彩的办会要求得到全面落实；以最顽强的作风和最周全的保障，确保COP15第一阶段会议顺利召开。

《靠前监督　保障 COP15 顺利召开》

4. 像爱护眼睛一样爱惜人才

2019年7月以来，云南省纪委监委收到群众反映“昆明医科大学原校长、省人大常委会教科文卫委原副主任姜润生退休后违反规定，在云南某上市公司兼职取酬”的有关问题线索。2020年3月，云南省纪委监委对该问题进行党纪立案审查。

为人才兴滇保驾护航

经查，姜润生退休后发挥其专业特长，在某上市公司获得的收益是合法报酬。其兼职与原职务、原职权没有关联，不属于权力兼职，没有利用职务和职权影响谋取非法利益、搞权力寻租的问题，也没有违反党政领导干部退休后兼职取酬的禁止性规定。最终，其被免予党纪处分。

相关新闻报道后，网民留言1400多条，充分肯定处理结果，点赞云南省纪委监委坚持实事求是，敢于担当作为，为人才战略实施、人才政策落实提供了有力保障。

清风君说

培养造就大批德才兼备的高素质人才，是国家和民族长远发展大计。建设人才强省是云南推进社会主义现代化建设的重要支撑。

云南省纪委监委实事求是地对姜润生同志兼职取酬问题作出处理，全面贯彻了新时代人才工作新理念新战略新举措，表明政治监督是确保党中央、省委重大决策部署的贯彻落实。既始终坚持严的主基调，强化监督执纪问责，又体现严管厚爱相结合，有效推动相关人才合规合纪合法获取报酬。唯有此，才能优化引才、留才、容才、用才的良好环境，让人才创新创造活力充分迸发，使各方面人才各得其所、尽展其长，形成服务云南高质量发展的人才支撑体系。

5. 处分决定不是“句号”

2021年8月，中共普洱市委制定《普洱市受处分人员教育管理工作办法（试行）》，强化对受处分人员的教育管理监督和激励关怀帮助。

普洱市纪委监委抽调纪检监察干部组成工作组，把各级党委（党组）对干部负责、爱护干部的落实情况作为重点走访内容之一，了解受处分人员是否存在被“边缘化”和“差别对待”。事前详细掌握受处分人员的基本情况，事中通过班子成员的评价、同事的反馈，分析研判个人思想态度、工作作风、家庭状况等情况。

在走访中，不仅发现受处分干部在工作中的优良表现，还同时督促全市各级党组织将教育管理工作落细落实，深入细致做好思想政治工作，挽救认识不到位、思想负担重、工作积极性不高的干部。

此次组织关爱教育，共对全市54名受处分干部建立正面清单，包括处级干部5人，科级干部40人，一般干部9人，为组织进一步提拔使用干部提供参考。

该案例并不是个例。2017年以来，云南全省共有90名勇于纠错、实绩突出且符合条件、处分影响期满的省管干部重获提拔或进一步使用。

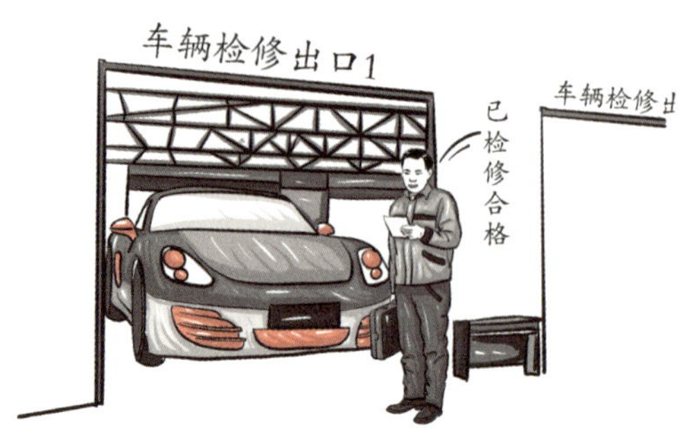

定期体检

清风君说

监督就是防患于未然。就像体检一样，即使身体表面健康，也要定期做体检，验验血，照照X光，有毛病早发现、早治疗，有隐患早排查、早消除，而不是等到病入膏肓时才去看病。

普洱市纪委监委精准开展回访教育模式，这是把政治监督贯彻于日常监督的有效路径。对思想上还没有想通的受处分人员开展疏导式谈话,对被处分后工作作风懈怠的开展警醒式谈话,对能及时调整心态吸取教训积极工作的开展鼓励式谈话,对提出合理诉求的开展关怀式谈话,让受处分的干部思想上的问题得到解决。

处分不是目的，让掉队的干部跟上来才是关键，这既是纪检监察机关对党的事业负责，也是对广大干部的关心爱护。帮助“跌倒”干部认识、改正错误，重树信心，重燃干事创业激情。

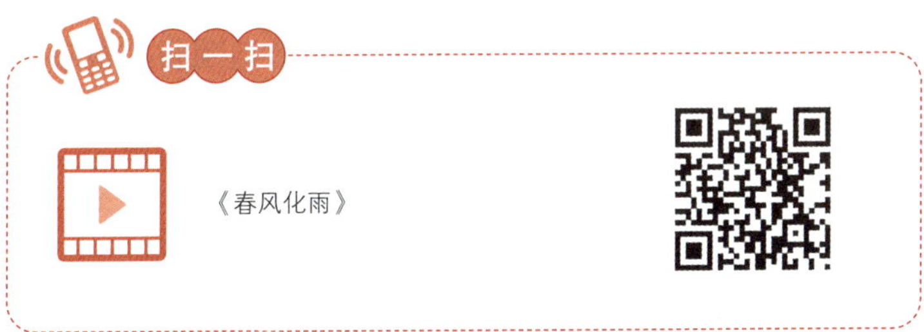

6. 宽严相济，容纠并举

林某是A市B区政府党组成员、副区长。2019年9月，A市启动创建全国文明城市、国家卫生城市（以下简称“双创”）工作，林某负责B区背街小巷改造项目。10

月，B区政府召开“双创”工作领导小组会议，要求背街小巷改造项目必须在10月底前开工建设。为加快推进改造项目，林某主持召开工作会议，研究通过了B区“双创”投资项目（背街小巷改造）小型项目抽签法确定施工单位方案，随后依据该方案分2批抽签确定了16个项目的施工单位。

2021年8月，有群众举报林某的上述做法违反法律法规规定。A市纪委监委经核查发现，林某采用抽签方式确定施工单位的小型项目，均未达到国家发展和改革委员会《必须招标的工程项目规定》（2018年第16号令）明确的项目规模标准，依法可以不进行招标；但采用抽签方式采购工程项目，违反了《中华人民共和国政府采购法》《中华人民共和国政府采购法实施条例》关于政府采购方式的规定。林某探索采用抽签方式确定施工单位，虽不符合有关规定，但其主观动机是为了加快推进改造项目，没有借机谋取私利，且在决策程序上经过了集体研究，并非个人

独断专行，也没有造成重大损失或严重后果。综合上述因素，林某所犯错误属于“为推动发展的无意过失”，可予以容错。

A市纪委监委决定对林某进行谈话提醒，并向B区政府发出监察建议书，督促B区政府规范政府采购工作。林某受到谈话提醒后，及时召开工作会议废止上述方案，规范了工作程序，并在民主生活会上作了检讨。

清风君说

宽容是做人的美德，容错是为政的艺术。容错能团结人、激励人、调动人。当前，各级领导干部在各项重大任务中“吃螃蟹”、啃硬骨头、接“烫手山芋”，各种失误错误的可能性客观上增加了，不能期望每一项工作只成功不失败。一定要旗帜鲜明大胆容错，能容则容、应容尽容，消除干部的后顾之忧，激励其撸起袖子加油干、迈开步子大胆闯。

当然，宽容不是纵容，保护不是庇护。容错不是搞纪律“松绑”“法外施恩”，不能拿容错当“保护伞”。要防止混淆问题性质，对胡干蛮干、打着干事旗号的违规违纪者要注意甄别、严肃查处，决不能“一干容百丑”。

（三）政治监督发现的问题

从实践来看，政治监督发现了很多问题，比如：响应党中央决策部署，口号喊得响叫得快，但行动缓慢；政治意识淡漠，思想防线不牢，出现了由破纪到破法；宗旨意识不强，损害群众切身利益等行为。我们对这些典型案例进行了梳理，望广大党员干部吸取教训，引以为戒。

1. 你说你的，我做我的

2016年以来，中央环境保护督察及“回头看”、省环境保护督察及“回头看”、国家相关部门均指出，某州一级电站取水口、引水渠位于国家级自然保护区核心区和缓冲区，破坏了生态环境，要求查处相关人员并拆除违建设施。

省水利厅在审核确定清理整改分类时未认真审核把关，将本应纳入“立即退出类”的一级电站列为“限期退出类”。

某州政府以及某市委、市政府和相关部门，不动真碰硬，回避矛盾，对反馈问题整改敷衍应对，对违法行为不查处，对违建违法设施不拆除。直到2021年4月28日，生态环境部和中央广播电视总台通报曝光后，才进行拆除整改。

工作落实拖延症

云南省纪委监委组成调查组以事立案，指出问题背后存在履行主体责任不力，地方保护主义、本位主义、形式主义、官僚主义严重等问题。

根据调查情况，最终给予省水利厅、某州政府及某市委、市政府4个责任单位通报问责，对16名责任人追责问责。

清风君说

一些单位和部门在涉及国家级自然保护区违法建设小水电问题整改工作中敷衍应对、不动真碰硬，对党中央重大决策部署不认真贯彻落实。

政治监督就是要紧盯空泛表态、应景造势、敷衍塞责、出工不出力等突出问题，重点整治对党中央重大决策部署不敬畏、不在乎、喊口号、装样子的行为。

一分部署，九分落实。党员干部心怀“国之大者”，贵在落实，重在实干。要不断提高政治判断力、政治领悟力、政治执行力，主要解决在政治上“干到位”的问题。只有坚决与党中央对标对表，不搞象征性执行、选择性执行、低水平执行，才能保证各项决策部署落到实处，推动党和国家的事业蓬勃发展。

《文山州提前完成二河沟一级电站拆除》

2. 没管好身边人

“五个必须”（即“必须维护党中央权威、必须维护党的团结、必须遵循组织程序、必须服从组织决定、必须管好亲属和身边工作人员”）要求党员干部必须管好亲属和身边工作人员，决不允许他们擅权干政，不得默许他们利用特殊身份谋取非法利益。某市交通运输局原党组书记、局长和某某的行为恰恰违反了这个政治要求。

和某某长期身居要职，面对工程老板的“糖衣炮弹”却“来者不拒”，将收受的贿赂交给妻子购置高档别墅、装修豪宅。纵容妻子利用自己的职务便利以“做生意需要用钱”“办美容卡钱不够”等名义向工程老板索要好处费、合作费等近300万元。同时，其妻子陈某某不仅没有当好“贤内助”，反而利用和某某的影响，以他人名义经商办企业，最终“一人腐致全家覆”。

2021年9月17日，和某某被立案审查调查，并采取留置措施。2022年1月27日，和某某被开除党籍、开除公职，其涉嫌犯罪问题移送检察机关审查起诉。

夫妻双双把钱贪

清风君说

和某某身为党员领导干部，不仅修身不严、自身不正，而且没有遵守必须管好亲属和身边工作人员的政治要求，纵容、默许其配偶长期向管理服务对象以借为名索要财物，最终毁了自己，也害了家人。

家风是一个家庭的精神内核，也是一个社会的价值缩影。领导干部的家风不是个人小事、家庭私事，而是领导干部作风的重要表现。注重家庭、家教、家风建设，应该成为领导干部的政治必修课。只有经常对亲属进行家庭教育，才能始终筑牢家庭廉洁自律的“防火墙”，建好风清气正的“后花园”，以纯正家风涵养清朗党风政风社风。

《以廉为本　纯正家风》

3. 想“接天线”，却交了“智商税”

2020年8月，省政府原副秘书长、办公厅党组成员孙某涉嫌严重违纪违法，接受纪律审查和监察调查。

“接天线”、搞攀附是违反政治纪律的典型表现。经查，在职期间，孙某一心只为“接天线”，结识了自称有所谓“关系”“背景”的秦某、孙某和穆某，孙某被他们营造的假象迷惑，对他们的欺骗和伎俩毫无察觉，深信不疑、利令智昏、主动贴靠。

孙某利用职务便利，违反决策程序违规决策，造成国有资产严重损失，致使国家利益遭受特别重大损失。

2022年2月，孙某被给予开除党籍和开除公职处分，其涉嫌犯罪问题移送检察机关依法审查起诉。

似乎上了快车道

清风君说

在孙某心目中，只要攀附上“大领导”，接上了“天线”，自己的仕途自然“飞黄腾达”。这暴露了他严重扭曲的权力观、政绩观，其最终滑入违纪违法的泥潭，是得不偿失。

对上“搭天线”，对下“钻圈子”，正是不少落马官员“政治品行败坏”的写照，这些行为也是严重违反政治纪律和政治规矩的行为。事实证明，这种投机和攀附看似“有利可图”，实则“穷途末路”。也许一时风光，终究“一枕黄粱”。

对党员干部来说，只有不断提高履职本领，勇于担当尽责，做到“民之所好好之，民之所恶恶之”，多做为民造福的实事好事，少去走捷径、抄近道、搭快车，通过全心全意为人民服务得到人民的点赞、组织的认可，才能真正走稳从政之路。

4. 对抗审查调查的“导演”

2006年，某州劳动与社会保障局原副局长张某提前退休后，想找点事做做，通过他人“牵线”认识了时任某州委常委、某县委书记付某某。在付某某的帮助下赚了第一桶金之后，张某开始了攀附之路。2012年，张某为感谢付某某的帮助，送给了付某某1400万元。

纵有千般妙计，不过雕虫小技

2013年，张某得知付某某被审查调查，担心送钱给付某某的事情败露，便慌忙组织参与转账的亲戚与付某某的亲属办理退款手续，并以支付利息的方式虚构借贷关系，与相关人员形成攻守同盟，意图掩盖违法犯罪事实。

张某因严重违反政治纪律，与他人串供、伪造证据，虚构借贷关系，对抗组织审查，大搞权钱交易，被开除党籍。

清风君说

对党忠诚是党章中明确规定的党员义务，也是每一个党员入党时的庄严承诺。在被组织审查调查期间，张某作为一名共产党员，本应如实向组织说明问题，争取宽大处理，但他却心存侥幸，为掩饰隐瞒相关违纪违法事实，召集亲戚商量对策，统一口径，甚至胆大妄为，串通他人伪造证据，对抗组织审查，错上加错。

“心存侥幸”是大多数贪腐者的通病，以为只要自己拒不承认就可以“神不知鬼不觉”蒙混过关，以为转移藏匿赃款赃物，与行贿人订立“攻守同盟”，就可以掩盖其违法犯罪事实。殊不知，在精准执纪执法面前，任何违规违纪违法行为都将无处遁形。自作聪明对抗组织，终将害人害己。对于违纪党员干部来说，唯有主动配合调查、老实交代问题才是正确途径。

5. 组织相信你，你却不相信组织

收到问题反映后，对相关同志进行函询，让其把问题说清楚，这是组织的一种信任。接到函询如实回答，是党员对党忠诚的具体体现，也是遵守政治纪律的要求。

2018年4月，云南某市纪委监委就相关问题向某区管委会原二级调研员李某某进行函询。李某某一方面向组织报告其与他人之间不存在不正当经济往来，另一方面在接受函询后，不收手、不收敛，大搞权钱交易，仍非法收受他人贿赂。

2019年7月，该市纪委监委对李某某立案审查调查期间，其仍拒不向组织如实交代存在的违纪违法问题。

给自己穿上隐形衣

经查，李某某对党不忠诚不老实，表里不一，搞两面派、做两面人，同时还存在其他严重违纪违法问题，受到开除党籍和开除公职处分，涉嫌职务犯罪问题移送司法机关处理。

清风君说

谈话函询是开展监督的一种有效方式，既有纪律警示提醒的刚性，又有组织信任和关爱的温度。李某某把函询不当回事，敷衍应付，仍然一如既往、毫不收手，不仅错失了“惩前毖后、治病救人”的机会，而且酿成不可挽回的错误。

对党员干部来说，谈话函询是一个红脸出汗、检视自身的机会，也是一个向组织主动说清问题的机会。党员干部要把函询作为检验自己操守品格、纪律和规矩意识的“试金石”，认真对待、如实说明，有则改之、无则加勉，决不能故意隐瞒、欺骗组织。

6. “圆满完成”的无水工程

民心就是最大的政治，“民心工程”就是政治工程。

吃水问题一直是云南某市某镇某村村民关心的大事情。2010年，国家拨款在该村建设了农村饮水安全工程，但是少数干部在工作中违规操作、弄虚作假，为一己之私欺上瞒下，为尽快了事敷衍完工。

一边是村民“未见到一滴水”，另一边却是“圆满完成上级要求”。村里好几个地方都挂着“农村饮水安全工程”的墙牌；市水务局农水科的验收文件上写着“工程完工”“运行良好”。饮水工程成了摆设，百姓喝水困难的问题多年来一直没有得到解决。

马粪蛋蛋表面光

群众利益无小事，云南省纪委监委把吃水“小问题”当作政治“大问题”来对待，组织开展监督，于2019年组成联合调查组，对某村民小组农村饮水安全工程问题进行彻查，立案审查调查7人，问责6个单位、25人，推动解决了供水问题，村民们苦等多年的润泽之水终于喷涌而至。

清风君说

村民饮水安全工程之所以成为“失心工程”，原因在于少数领导干部政绩观出现偏差，没有认真贯彻落实党和国家的重大工作部署，把“痕迹”当“政绩”，用轰轰烈烈的形式代替扎扎实实的落实，用光鲜亮丽的外表掩盖矛盾和问题，不仅伤害了老百姓的感情，而且更背离了“全心全意为人民服务”的宗旨。这是严重侵害群众利益、破坏党群关系的典型问题。

落实“国之大者”，离不开“行之实者”，容不得半点形式主义，搞急功近利、劳民伤财的政绩工程、形象工程，苦果终将自己吞咽。广大党员干部要切实把中央、省委的决策部署落到实处，坚持以人民为中心的发展思想，切实维护人民群众的根本利益，解决群众烦心事，办好群众揪心事。

7. 靠粮吃粮的“粮耗子”

民以食为天，粮食安全是国家安全的重要基础。《天下粮仓》中啃食国家粮仓的“粮耗子”官员，在现实中仍然存在。

2017年，云南某粮食储备库主任张某某授意下属企业购买不能作为储备粮的稻谷1677.92吨，并申请国家补助78万余元。同时，张某某在粮食收购、储备、轮换、销售等过程中，弄虚作假，以陈换新、骗补骗贷，给国家粮食安全带来了巨大隐患。

2021年12月，纪检监察机关以涉嫌严重职务违法，对张某某立案调查。并结合违规任职、违规领取兼职报酬等问题线索，并案处理。

守粮人变成偷粮人

清风君说

粮食安全关乎国计民生。对国家粮食有坏心思、动歪脑筋、任性作为的行为背后存在三个误区：一是权力观误区，把维护粮食安全的公权变成“靠粮吃粮”的私权，对权力之“公”缺乏敬畏；二是价值观误区，把为人民群众守护粮食安全的价值观念抛到九霄云外；三是政治观误区，对党中央关于保障国家粮食安全的战略决策部署缺乏政治上的深刻认识，导致行动上出现政治偏差。

涉粮领域的党员干部，必须坚决扛起国家粮食安全的政治责任，把守护粮食安全视为“国之大者”，不折不扣落实党中央关于保证粮食安全、加强粮库监管、惩治涉粮腐败等决策部署，坚决守护好人民群众的“饭碗”。

8. 鱼肉百姓的“乡贤”书记

基层政权是国家政权的基石。政治监督的重要职责就是筑牢国家安全防线，确保国家政权安全。

云南某社区原党总支书记、主任蔡某某在长达15年的任职期间，对外以“乡贤”自居，对内搞团团伙伙，培植私人势力，通过亲戚关系、合伙经营等形式拉拢村组干部，把持基层政权。

蔡某某侵占集体土地建盖花园别墅，骗征地补偿款，伪造合同侵占村民林权，践踏法纪，横行乡里、欺压百姓，致使村民无法正常生产生活，村干部无法安心工作，大家有苦难言。

2019年1月，蔡某某因涉嫌严重违纪违法，接受审查调查。同年8月，蔡某某被开除党籍，其涉嫌犯罪问题移送司法机关依法处置。涉案的21名公职人员受到党纪政务处分，6个单位被问责，社区党总支部5名委员和9名党员全部被刑事立案。

第二村委会

清风君说

蔡某某作为村里的“一把手”，却热衷于搞团团伙伙，谋取私利。他口口声声要求村干部对党忠诚，为人民服务，自己却在服务村域经济中侵害群众利益，巧取豪夺，其被严厉惩处真是大快人心。

乡村是国家治理的“神经末梢”。与“老虎”相比，老百姓对蔡某某这种伙同他人横行乡里、严重啃食自身利益的“苍蝇”，更加深恶痛绝。

维护好群众利益，是广大基层党员干部必须担负的政治责任，只有用实际行动把维护好群众利益落实到位，才能真正成为群众的贴心人、群众利益的守护者。

9. 制造传播政治谣言

和某是云南首个因违反政治纪律而被留置的“落马”官员。

2015年6月，云南省某州委原常委、政法委书记和某改任非领导职务。和某退居二线后，对州委领导心怀不满，使用他人身份信息购买电话卡，匿名向中央领导，省委、省政府主要领导，发送道听途说、恶意揣测、歪曲事实的不实短信，制造、散布、传播政治谣言，干扰组织干部任用，恐吓、威胁领导同志，破坏了干部队伍的团结。

经云南省纪委监委核实，和某反映内容均不属实。2018年10月15日，和某因违反政治纪律、组织纪律、廉洁纪律、工作纪律，被立案审查调查，其涉嫌受贿犯罪

撒泼打滚的“要官者”

问题移送检察机关起诉。2019年3月，和某被判处有期徒刑9年，并处罚金100万元。

清风君说

和某无中生有、捏造事实以达到自己不可告人的政治目的，其诬告、制造、传播谣言的行为完全把政治纪律、政治规矩、党性修养抛在了脑后，对地方政治生态、发展环境、团结统一都造成了严重影响。

当前，一些党员干部在政治上不够坚定，存在“七个有之”的行为，匿名诬告、制造谣言就是其中之一。这些行为不仅败坏了党风政风，还产生了严重的腐败问题，危害极大。

党员干部严守政治纪律和政治规矩是政治立场问题，也是政治定力的体现。只有自觉加强党性锻炼，不断提高政治站位，才能始终做政治上的“明白人”，纪律上的“规矩人”。

（四）让接受政治监督成为自觉

“全面从严治党首先要从政治上看”“政治问题要从政治上来解决”，要聚焦“国之大者”，推动政治监督具体化、精准化、常态化。政治监督不仅是严管，更是厚爱。党员干部要有自觉接受政治监督的底气，敢于把自己的行为放在“探照灯”“聚光灯”下，主动锤炼初心、坚定立场、清白前行。

1. 高度重视，正确把握政治监督

政治监督是确保党的团结统一和纯洁先进的重要手段。党员干部要充分了解政治监督的重要意义，高度重

视、认真落实。

要对“国之大者”做到心中有数。胸怀“国之大者”是各级各部门和党员干部旗帜鲜明讲政治的重要体现。要关注党中央在关心什么、强调什么，深刻领会什么是党和国家最重要的利益、什么是最需要坚定维护的立场，切实把拥护“两个确立”、增强“四个意识”、坚定“四个自信”、做到“两个维护”落实到行动上。

要在抓工作时讲忠诚、敢担当。注意对标对表，在处理问题、作出决策、落实工作中，必须从政治上想一想，对照政治纪律和政治规矩举一反三，看准能不能干、该怎样干。只有这样，才能在大风大浪考验中定得住神，站得住脚，干得成事。

2. 恪守初心，严守政治纪律和政治规矩

坚定理想信念，是共产党人严守政治纪律和政治规矩、践行政治忠诚的信仰根基。

对于一个党员，纪律是高压线；对于一个政党，纪律是生命线。要时刻绷紧政治纪律和政治规矩这根弦，坚持党的领导不动摇，贯彻党的路线方针政策不含糊，确保政治方向不偏不倚。

在纷繁复杂的发展环境中，党员干部必须办事多想政治规矩，处事多想政治影响，成事多想政治效果。面对各种歪风邪气，敢于抵制、敢于斗争，站得出来，豁得出去，顶得上去。明确政治纪律政治规矩是不可触碰的“雷

区”，心存敬畏、慎独慎微，讲政治、敢担当，在大是大非面前，保持清醒的头脑和认识，摆正位置，做到一身正气。

3. 积极主动，自觉接受政治监督

身正不怕影子斜。党员干部要增强党性意识，增强接受政治监督的政治自觉、思想自觉和行动自觉。

党员干部主动接受政治监督，要把监督视为一次全面“体检”，一次集中“预防”，决不能拒绝监督、逃避监督，要把监督视为最大的关心、最好的保护、最真诚的帮助，在政治监督的“探照灯”下，不越雷池半步，将权力用在为民造福上，永葆清正廉洁的品质。

要经常反思自己在政治忠诚、政治担当、政治能力、政治自律等方面是否合格，做到既本领高强，又政治过硬；时刻自重自省自警自励，慎独慎微慎始慎终，始终做到心有所守、行有所循，做人不逾矩、办事不妄为、用权不违规，在保持干净中健康成长，在干事担当中锤炼本领。

（五）看图学做

接受政治监督是每个领导干部的分内之事。从实践上来看，加强政治监督有利于督促党员领导干部提高政治觉悟和政治担当。为更好提升政治监督效能，每个党员干部有必要把握政治监督的关键环节、重点步骤。

遵守党的政治纪律和政治规矩

守纪律、讲规矩

接受政治监督的关键是严守党的政治纪律和政治规矩。政治纪律是管总的、打头的，是遵守其他纪律的前提和保证，也是政治态度、政治立场、政治意识、政治方向的具体体现。

用好各类学习平台，加强党中央重大决策部署的学习

政治监督主要是监督党的理论和路线方针政策、党中央重大决策部署、重大战略举措的落实情况，为此，广大党员干部要加强党的理论和大政方针、政策等学习，做到心中有数，不踩政治监督红线。

不造谣、不传谣、不信谣

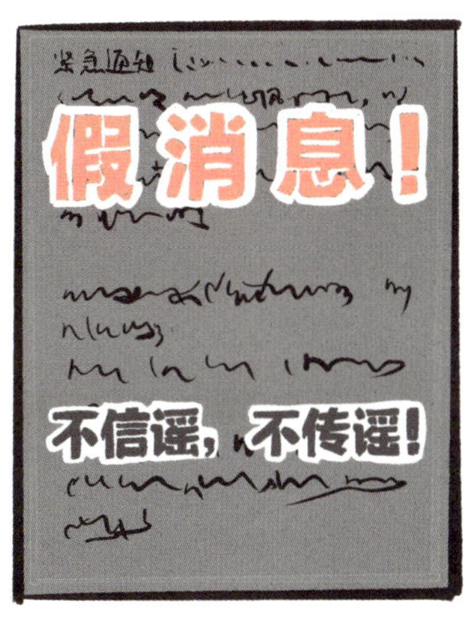

党员干部要坚定政治立场，提高政治判断力，擦亮自己的双眼，不被谣言所蒙蔽。不传谣、不信谣，更不造谣，增强甄别谣言、自觉抵制谣言的能力。

如实填写个人事项报告

认真填写个人事项报告

个人事项报告是组织了解党员干部情况的重要渠道。如实填写个人有关事项报告，是检验领导干部是否对党忠诚老实的试金石，应该成为领导干部的自觉行为。每个领导干部要高度重视，认真填写，不能出现漏报瞒报等情况。

谈话函询，如实回答

谈话函询是强化日常监督的重要手段，是组织给予党员干部、公职人员如实说明情况、争取组织信任的机会。面对谈话函询，党员干部要摆正心态，正确认识，坦然坦

诚接受；敷衍应付、欺骗隐瞒将会受到严肃处理。

政治巡视好好配合、认真整改

认真配合政治巡视

政治巡视是政治监督的重要方式，要提高觉悟、端正态度、认真配合。在接到整改要求后，要做到立行立改、边巡边改、坚决整改。

党员干部网络行为要规范

不准发表违背党的基本路线的文章、演说、宣言、声明等；

不准妄议中央大政方针，破坏党的集中统一；

不准丑化党和国家形象，诋毁、污蔑党和国家领导人，歪曲党史、国史、军史，抹黑革命先烈和英雄模范；

不准制造、传播各类谣言特别是政治类谣言，散布所谓“内部”消息和小道消息。

看见的、听见的，未必是真相

二、筑牢政治忠诚——深刻领悟“两个确立”的决定性意义

（一）“两个确立”具有决定性意义

曾国藩的《复陈右铭太守书》中说，万山磅礴，必有主峰。大致意思是，群山连绵不绝、广辽无边，但一定有一座最高的主峰，巍然屹立，不可撼动。

人们常说，很庆幸生活在这样一个伟大的时代。历史上还没有哪一个时代能像这样，连续几十年保持经济快速

万山磅礴，必有主峰

增长和社会长期稳定；也没有哪一个时代能像这样，能够用短短几十年的时间走完了西方发达国家几百年走过的工业化历程；更没有哪一个时代敢向全体人民承诺，一起摆脱贫困，一起过上美好生活。而这一切，正是因为有了伟大的中国共产党，有了伟大的领袖，有了伟大的思想，团结带领全国各族人民绘就了前所未有的壮美画卷。

党中央有核心，全党有核心，党才有力量。党确立习近平同志党中央的核心、全党的核心地位，确立习近平新时代中国特色社会主义思想的指导地位，反映了全党全军全国各族人民共同心愿，对新时代党和国家事业发展、对推进中华民族伟大复兴历史进程具有决定性意义。

1. 党员干部的忠诚信仰

提出“两个确立”，既关乎党和国家的前途命运，也关乎每一名党员干部的理想信念。

理想信念是立党兴党之基，也是党员干部安身立命之本。形象地说，理想信念就是共产党人精神上的“钙”，没有理想信念，理想信念不坚定，精神上就会“缺钙”，就会得“软骨病”。

对马克思主义、共产主义的信仰，对社会主义的信念，是共产党人精神上的“钙”，是共产党人的政治灵魂，是共产党人经受住任何考验的精神支柱。

大量事实表明，一个政党丧失了理想信念，就会失去精神纽带，成为乌合之众，遇到风浪就作鸟兽散了；一名党员干部丢掉了理想信念，就会丢掉政治灵魂，遇到考验就会败下阵来。

没有革命的理论，就不会有革命的运动。十月革命一声炮响，给中国送来了马克思列宁主义。中国共产党自诞生之日起，就把马克思主义鲜明地写在自己的旗帜上，把马克思主义作为认识世界和改造世界的强大思想武器。

一百多年来，马克思主义没有辜负中国。我们党领导中国革命、建设和改革不断从胜利走向胜利，创造了一个又一个前所未有的发展奇迹。当然，中国也没有辜负马克思主义，中国共产党坚持把马克思主义基本原理同中国具体实际相结合、同中华优秀传统文化相结合，不断推进马克思主义中国化时代化，用不可辩驳的事实证明：中国共产党为什么能，中国共产党为什么好，归根到底是马克思主义行，是中国化时代化的马克思主义行。

马克思靠谱

党的百年历程充分表明，每到紧要关头、每遇严峻考验，总需要党的领导核心力挽狂澜，总需要党的科学理论引领前行。

中国革命早期，年轻的中国共产党由于缺乏领导核心和正确理论，革命事业艰难曲折，党的发展几陷险境。

遵义会议是党的历史上的一个生死攸关的转折点，事实上确立了毛泽东同志在党中央和红军的领导地位，在最危急关头挽救了党、挽救了红军、挽救了中国革命。随后，在云南威信县召开了统称为“扎西会议”的一系列会议。“扎西会议”改组党中央的领导特别是军事领导，推动中国革命走向胜利新阶段。

扎西会议会址

新民主主义革命时期，以毛泽东同志为主要代表的中国共产党人，把马克思列宁主义基本原理同中国具体实际相结合，开辟了农村包围城市、武装夺取政权的正确革命道路，创立了毛泽东思想，为夺取新民主主义革命胜利指明了正确方向。

社会主义革命和建设时期，以毛泽东同志为主要代表的中国共产党人，结合新的实际丰富和发展毛泽东思想，提出关于社会主义建设的一系列重要思想。党领导人民自力更生、发愤图强，创造了社会主义革命和建设的伟大成就。

改革开放和社会主义现代化建设新时期，以邓小平同志为主要代表的中国共产党人，团结带领全党全国各族人民，创立了邓小平理论，成功开创了中国特色社会主义。党的十三届四中全会以后，以江泽民同志为主要代表的中国共产党人，团结带领全党全国各族人民，形成了“三个代表”重要思想，成功把中国特色社会主义推向21世纪。党的十六大以后，以胡锦涛同志为主要代表的中国共产党人，团结带领全党全国各族人民，形成了科学发展观，成功在新形势下坚持和发展了中国特色社会主义。

党的十八大以来，中国特色社会主义进入新时代。以习近平同志为主要代表的中国共产党人，坚持把马克思主义基本原理同中国具体实际相结合、同中华优秀传统文化相结合，深刻总结并充分运用党成立以来的历史经验，从新的实际出发，创立了习近平新时代中国特色社会主义思想，开辟了马克思主义中国化时代化新境界。

这十多年对党员干部来说，都是感受深刻的。面对波谲云诡的国际形势、复杂敏感的周边环境、艰巨繁重的改革发展稳定任务，面对世纪疫情的反复肆虐，正是靠习近平总书记掌舵领航，正是靠习近平新时代中国特色社会主义思想科学指引，靠全党上下一心、团结一致，靠全国各族人民共同拼搏奋斗，才能经受住各种风险挑战考验，固治党之本、破改革之冰、行法治之道、圆小康之梦、启强国之路，推动党和国家事业取得历史性成就、发生历史性变革。

大家不会忘记，党的二十大报告提到这样一组数据：国内生产总值从54万亿元增长到114万亿元，我国经济总量占世界经济的比重达18.5%，提高7.2个百分点，稳居世界第二位；人均国内生产总值从3.98万元增加到8.1万元。

大家很关心，这组数字对人民群众意味着什么？

在人民群众看来，这十几年，正是因为有了中国共产党的正确领导，有了习近平总书记的亲自指挥，有了各级党员干部的辛苦付出，老百姓的腰包才越来越鼓、环境才越来越美、日子才越过越红火。

干群心连心

那么，这组数字对党员干部又意味着什么？

在党员干部看来，这十几年，正是因为贯彻落实了习近平总书记和党中央的重大决策部署，老百姓的日子才越来越好，我们也不断赢得人民群众的心。

但也不可否认，曾经有一段时间，有的党员干部理想信念动摇了，认为马克思主义太旧了，共产主义太远了，社会主义太长了，只有权力才是硬的、票子才是实的、享受才是真的。从查处的违纪违法案件来看，部分领导干部之所以最后坠入犯罪的深渊，从根本上来说是理想信念的防线崩溃了。

理想信念动摇是最危险的动摇，理想信念滑坡是最危险的滑坡。领导干部一旦丧失了理想信念，就会把握不住自己，就会迷失方向，就会越过纪法的底线，甚至会越过做人的底线。

革命理想高于天。共产主义远大理想和中国特色社会主义共同理想，是中国共产党人的精神支柱和政治灵魂，也是保持党的团结统一的思想基础。

习近平新时代中国特色社会主义思想充满着对马克思主义的坚定信仰和对共产主义、社会主义的坚定信念，展现了当代中国共产党人的政治品格、价值追求和精神风范，习近平总书记是这一思想的主要创立者，为之形成发挥了决定性作用、作出了决定性贡献。坚定拥护“两个确立”，我们就拥有了坚定不移的政治信仰，就拥有了战胜一切困难的强大武器。

2. 人民群众的衷心拥戴

民心是最大的政治，关系党的生死存亡。“两个确立”既是全党的共同意志，也是人民的共同呼声。

谁能带领人民过上好日子，人民就会选择拥护谁；什么思想能引领人民过上幸福生活，人民就会选择相信什么思想。

让我们来说一说独龙族的脱贫故事。

独龙族是我国28个人口较少民族之一，也是新中国成立初期从原始社会末期直接过渡到社会主义社会的少数民族，主要聚居在云南省贡山县独龙江乡。

独龙江乡地处深山峡谷，自然条件恶劣，是全国最为贫穷的地区之一。很长一段时间，独龙江群众生活在原始森林中，狩猎捕鱼、刀耕火种，过江靠溜索，出山攀“天梯”。直至20世纪90年代中期，独龙江乡仍没有一寸公路，每年12月到次年5月初大雪封山，独龙江乡就成了与世隔绝的孤岛。2008年，全乡人均纯收入只有805元。

摆脱贫困，过上美好生活，一直以来是独龙族同胞的期盼。如今，这个愿望终于变成了现实。

2018年底，独龙族从整体贫困实现了整族脱贫，独龙江乡1086户群众全部住进了新房，所有自然村都通了硬化路，5G网络、广播电视信号覆盖全乡。通过种草果、采蜂蜜、养独龙牛，乡亲们的收入增加了，孩子们享受着14年免费教育，群众看病有了保障。家家有美丽庭院，户户有增收产业，迎风飘扬的五星红旗、灰顶黄墙的独龙族民居、整洁的街道，在高山深峡的掩映下如同一幅美丽的画卷。

可能很多人对这个生活在偏远地区的少数民族知之甚少，而习近平总书记却格外牵挂他们。

2014年元旦前夕，贡山县干部群众致信习近平总书记，汇报当地经济社会发展和人民生活改善情况。收到信后，习近平总书记作出重要批示。

2015年1月20日，习近平总书记在云南考察时专门抽出时间，亲切会见了贡山县干部群众代表，勉励他们立足自身优势，自力更生、奋发图强，努力实现新的发展。

2018年底，独龙族实现全部脱贫，乡党委班子一起写信向习近平总书记报告喜讯。2019年4月10日，习近平总书记在回信中祝贺独龙族全部脱贫，勉励乡亲们努力创造独龙族更加美好的明天。

除了一次批示、一次会见、一次回信之外，2020年的新年贺词中，习近平总书记再次提到了独龙族群众。

尽管隔着千山万水，但习近平总书记始终关注着独龙族群众的生产生活，关心着遥远的独龙江乡发展。在习近平总书记的亲切关怀下，独龙江乡从昔日的“贫困地”变成现在的“幸福地”，独龙族在全国28个人口较少民族中率先全部脱贫，实现了第二次“千年跨越”，书写了中国扶贫史上浓墨重彩的新篇章。

独龙族群众由衷感叹，没有中国共产党，没有习近平总书记，哪会有今天幸福美好的生活呀！独龙族群众生产生活和独龙江乡发展面貌发生翻天覆地的变化，这是习近平总书记亲切关怀的结果。

“全面建成小康社会，一个民族都不能少”，这是全国人民的心愿，更是以习近平同志为核心的党中央的坚定决心。

“太阳照到独龙江，金鹿走出老密林；太阳就是共产党，千年古树发了芽……”歌曲《太阳照到独龙江》，表达了独龙族群众对习近平总书记、对中国共产党深深的感恩之情。

独龙族群众的脱贫故事仅是党的十八大以来人民群众对美好生活的向往不断得到满足的一个缩影。

太阳照到独龙江

“小康不小康，关键看老乡。”见证新时代，现行标准下9899万农村贫困人口全部脱贫，832个贫困县全部摘帽，12.8万个贫困村全部出列，历史性地解决了绝对贫困问题，创造了人类减贫史上的奇迹。

还有这样一个地方，它叫司莫拉，佤语意为“幸福的地方”。

2020年1月19日，习近平总书记考察云南期间，走进了腾冲市清水乡三家村中寨司莫拉佤族村。看到佤族群众脱贫后，习近平总书记十分高兴，他指出，乡亲们脱贫只是迈向幸福生活的第一步，是新生活、新奋斗的起点。要在全面建成小康社会的基础上，大力推进乡村振兴，让幸福的佤族村更加幸福。

让幸福的地方更幸福

党的十八大以来，农村贫困群众不仅成功摆脱贫困，而且还充分享受到教育、社会保障与医疗等权利保障。我国建成世界上规模最大的教育体系、社会保障体系、医疗卫生体系，教育普及水平实现历史性跨越，基本养老保险覆盖10.4亿人，基本医疗保险参保率稳定在95%。我国人民生活由温饱不足到全面小康，整体上彻底摆脱了绝对贫困，成为世界上中等收入群体最多的国家。我国长期保持社会和谐稳定、人民安居乐业，成为国际社会公认的最有安全感的国家之一。

民之所盼，政之所向。老百姓的身边事就是习近平总书记最关心的头等大事。习近平总书记指出："江山就是人民，人民就是江山，共产党打江山、守江山，守的是人民的心，为的是让人民过上好日子。"

党的性质宗旨、初心使命决定了我们党始终代表最广大人民根本利益。以习近平同志为核心的党中央把人民对美好生活的向往作为奋斗目标，把增进民生福祉作为坚持立党为公、执政为民的本质要求，把让老百姓过上好日子作为一切工作的出发点和落脚点，历史性地解决了绝对贫困问题，

两不愁三保障

在中华大地上全面建成小康社会，极大增强了人民群众的获得感、幸福感、安全感。

人民领袖从群众实践中产生。党的理论来自人民、为了人民、造福人民。人民群众真真实实地感受到，习近平总书记心里时时刻刻装着人民，习近平新时代中国特色社会主义思想就是为人民造福的思想。我们党坚持以人民为中心不是一句空话，而是让大家一步一个脚印过上好日子。从实实在在的幸福生活中，各族群众发自内心地衷心拥护中国共产党、忠诚拥戴习近平总书记。

3. 民族复兴的精神旗帜

“两个确立”，是党在新时代取得的重大政治成果，是指引中华民族实现伟大复兴的光辉旗帜。

中华民族是一个对人类作出了卓越贡献的伟大民族，中华文明是世界上唯一没有中断过的文明。

但是，到了近代以后，由于西方列强的野蛮入侵和封建统治的腐朽没落，中国沦为半殖民地半封建社会，国家蒙辱、人民蒙难、文明蒙尘，中华民族遭受了前所未有的劫难。

实现中华民族伟大复兴，成为中华民族近代以来最伟大的梦想。

在民族复兴的道路上，并非一片坦途。无论是太平天国起义还是戊戌变法，都以失败而告终。孙中山领导的辛亥革命虽然推翻了长达2000多年的封建帝制，但依然没有改变旧中国的社会性质和人民的悲惨命运。

各种救国方案的接连失败表明，没有科学理论的引领，没有代表先进阶级的政党的领导，任何社会变革都不可能成功。

中国共产党的成立，让灾难深重的中国人民看到了希望，有了新的依靠。

历经艰苦卓绝的土地革命战争、抗日战争、解放战争，中国共产党带领中国人民推翻了帝国主义、封建主义、官僚资本主义“三座大山”，建立了人民当家作主的中华人民共和国，彻底结束了近代以来中国内忧外患、积贫积弱的悲惨命运，中国人民从此站起来了，中华民族任人宰割、饱受欺凌的时代一去不复返了，中国发展从此开启了新纪元。

历经社会主义革命和建设的艰辛探索，中国共产党带领中国人民成功建立和巩固了社会主义基本制度，建立了独立的、比较完整的工业体系和国民经济体系，为实现中华民族伟大复兴奠定了根本政治前提和制度基础。

历经改革开放的伟大转折，中国共产党带领中国人民成功开创了中国特色社会主义道路，我国实现了从生产力相对落后的状况到经济总量跃居世界第二的历史性突破，实现了人民生活从温饱不足到总体小康、奔向全面小康的历史性跨越，为实现中华民族伟大复兴提供充满新的活力的体制保证和快速发展的物质条件。

历经党的十八大以来的砥砺前行，以习近平同志为核心的党中央带领中国人民战胜了前进道路上的种种艰难险阻，党和国家事业取得历史性成就、发生历史性变革，为实现中华民族伟大复兴提供了更为完善的制度保证、更为坚实的物质基础、更为主动的精神力量。中华民族迎来了从站起来、富起来到强起来的伟大飞跃。

民族复兴不仅仅是一个伟大梦想，更体现在亿万人民生活不断改善上。

2023年，我国国内生产总值（GDP）超过126万亿元，按不变价格计算，比上年增长5.2%。按照可比价计算，2023年我国经济增量超过6万亿元，相当于一个中等国家一年的经济总量。全国居民人均可支配收入39218元，比上年名义增长6.3%，扣除价格因素，实际增长6.1%。

当然，实现民族复兴不是件容易的事。

中华民族近代以来180多年的历史、中国共产党成立以来100多年的历史、中华人民共和国成立以来70多年的历史、改革开放以来40多年的历史表明，民族复兴必须要有一个能凝聚人心的党的领导核心，必须要有一个能指引航向的党的科学理论。

党的十八大以来，在以习近平同志为核心的党中央坚强领导下，我们如期打赢脱贫攻坚战，如期完成全面建成小康社会的历史任务，顺利实现第一个百年奋斗目标。

作为党中央的核心、全党的核心，习近平总书记团结带领全党全军全国各族人民，兑现了铮铮诺言，开创了中国特色社会主义新时代，引领中华民族迎来了历史上最好的发展时期。

复兴之路

我将无我，不负人民。习近平总书记始终把人民群众放在心中最高位置，始终同人民群众想在一起、干在一起，带领全国各族人民不畏艰难险阻地爬坡过坎，取得了一个又一个的历史性突破。习近平总书记在党中央、全党的核心地位是在坚持和发展中国特色社会主义新的伟大斗争实践中形成的，是历史所趋，更是民心所向。

众星拱月，复兴可期。党的十八大以来，一次次大战大考让人民群众真切感受到中国共产党有无比坚强的领导力，是风雨来袭时人民群众最可靠的主心骨。习近平总书记无愧于党中央的核心、全党的核心，习近平新时代中国特色社会主义思想无愧于引领民族复兴的思想旗帜、精神旗帜。

中国人民从来没有像今天这样满怀自信，中华民族从来没有像今天这样接近伟大复兴。

国外许多人好奇，为什么今天中国人变得更有自信了，究竟中国共产党创造自信奇迹的“密码”是什么？这是一直被当今世界置顶的“斯芬克斯之谜”。

尽管答案众说纷纭，但有一点越来越达成共识，那就是始终坚持中国共产党的领导，始终维护党的核心和党中央权威。

打铁必须自身硬。习近平总书记深刻思考“我们党作为世界上最大的马克思主义执政党，如何成功跳出治乱兴衰历史周期率，确保党永远不变质不变色不变味”的战略性问题，深刻回答了我们党“为什么要自我革命”“为什么能自我革命”“怎样推进自我革命”的重大问题，提出了“九个以”的实践要求，形成了习近平总书记关于党的

坚如磐石

自我革命的重要思想。

只要始终坚持以党的自我革命引领社会革命，我们党就无论遇到什么样的风高浪急，不管面对什么样的惊涛骇浪，都能坚定不移团结带领全国各族人民以中国式现代化全面推进强国建设、民族复兴伟业。

（二）“两个维护”是党的最高政治原则和根本政治规矩

我们说的“两个维护”，即坚决维护习近平总书记党中央的核心、全党的核心地位，坚决维护以习近平同志为核心的党中央权威和集中统一领导，这是党的最高政治原则和根本政治规矩。必须坚决杜绝“七个有之”，做到党中央提倡的坚决响应、党中央决定的坚决执行、党中央禁止的坚决不做。

1. “两个维护”的政治内涵是特定的、统一的

> **维护习近平总书记核心地位，对象是习近平总书记而不是其他任何人；维护党中央权威和集中统一领导，对象是党中央而不是其他任何组织。**

党的核心只有一个。任何一个领导集体都要有一个核心，没有核心的领导是靠不住的，要有意识地维护一个核心。坚决维护习近平总书记党中央的核心、全党的核心地

位，决定道路方向、决定事业成败、决定党的兴衰、决定国家和民族的前途命运，必须在维护上更加坚定、更加自觉、更加执着、更加真挚。

一个桃子剥开来只有一个核心

党的权威必须归于党中央。维护党中央权威和集中统一领导，是我国革命、建设、改革的重要经验，是一个成熟的马克思主义执政党的重大建党原则。

“两个维护”是从实践中千辛万苦探索得来的宝贵经验，更是我们党最根本的政治纪律和政治规矩。

全党只有党中央权威、只有向党中央看齐。不能把这个逻辑层层传下去，级级树核心，层层提权威。

有的领导干部会有疑问，各级党委和政府要不要有权威呢？当然要有权威，否则没法开展工作。

那么，地方和部门的工作部署要不要执行呢？当然要执行，否则就会肌无力。

但是，一定要认识到地方和部门的权威都来自党中央权威，地方和部门的工作都是对党中央决策部署的具体落实，在地方和部门工作的同志都是党派去工作的，不是独立存在的，也不是孤立存在的，没有天马行空、为所欲为的权力。如果层层都喊维护自己的权威，层层都喊向自己看齐，党中央权威、向党中央看齐就会被虚化、弱化。

2. 严明政治纪律和政治规矩，坚决反对“七个有之”

聚焦政治忠诚、政治安全、政治责任、政治立场、党内政治生活，严明党的政治纪律和政治规矩，必须坚决纠正政治偏差。

聚焦政治忠诚，及时发现、着力解决“七个有之”问题，坚决纠治“低级红”“高级黑”。聚焦政治安全，对在党内搞政治团伙、小圈子、利益集团的人决不手软，及时消除政治隐患。聚焦政治责任，推动各级党委（党组）和领导干部特别是“一把手”担当领导责任。聚焦政治立场，督促党员干部坚决站稳党性立场和人民立场，始终为党尽责、为民造福。聚焦党内政治生活，督促各级党组织落实民主集中制，进一步增强政治功能和组织功能。

（1）任人唯亲、排斥异己

五湖四海，任人唯贤，是我们党历来遵循的选人用人标准。然而，有的领导干部利用职权，通过在党委（党

组）会议上率先发言、“定调子”等手段，将与其关系密切的下属提拔为部门主要负责人，达到掌控全局的目的；有的领导干部把持人事安排提名权，把跟自己走得近、有利益关系的定为“身边人”，优先考虑、优先推荐、百般呵护、百般照顾；有的领导干部要求被提拔的下属对其感恩戴德、言听计从，甚至指使下属实施违纪违法活动。

清风君说

《关于新形势下党内政治生活的若干准则》强调，坚持正确选人用人导向是严肃党内政治生活的组织保证。

从上述情形可以看出，任人唯亲、排斥异己，实质上是对新时代党的组织路线和党管干部原则的破坏。再看近年来查处的“系统性腐败”“塌方式腐败”，背后是无视党的政治纪律和政治规矩，把党内同志关系搞成人身依附关系，培植个人势力、结成利益同盟，严重污染地方和部门政治生态。

党员干部要坚持党的事业第一、人民利益第一，把公道正派贯穿履职用权的全过程各方面，凡事出于公心，以公立矩、以公立信、以公立威，决不能以亲疏远近为标准来评判和使用干部，更不能拿国家和人民利益来换取个人政治上的私利。

《江湖义气的“官油子”》

（2）团团伙伙、拉帮结派

团团伙伙是宗派主义、山头主义的突出表现。有的党员干部心思和精力不放在工作上，苦心钻研“圈子文化”，利用公共资源积累人脉，靠着攀附的“圈子”不断“进步”；有的领导干部在向上攀附的同时，向下培植“独立王国”，既自己“进圈”，也拉人入伙；有的党员干部热衷于结交政治骗子，搞政治投机、政治攀附；有的党员干部为成为“圈中人”甘当“家臣”，卑躬屈膝、奴颜媚骨；有的党员干部“另辟蹊径”，通过逢年过节送红包、“拜码头”，讨好领导干部的身边人。

攀附终是一场梦

清风君说

我们党作为马克思主义政党，讲政治是最鲜明的特点和优势。没有强有力的政治保证，党的团结统一就是一句空话。

上述提到的这些搞团团伙伙、拉帮结派的党员干部，信奉“朝中有人好做官”“大树底下好乘凉”，将个人的成长进步寄托于“背景”“靠山”，拉山头、搞团伙，甚至还为攀附领导，结交政治骗子，想方设法“钻圈子”、“搭天线”、谋升迁。殊不知，如果以投机心理去依附那些在党内拉私人关系、培植个人势力的人，一旦入了帮、进了派、抱了团、成了伙，就会成为一根绳上的蚂蚱，到头来必然落得一锅端的下场。

党员干部要谨记，干部是党的干部，不是哪个人的家臣。党内决不能搞封建依附那一套，决不能搞小山头、小圈子、小团伙那一套，决不能搞门客、门臣、门附那一套。

《“芳香型”的官油子》

（3）匿名诬告、制造谣言

借信访举报之名行诬告陷害之实，故意捏造、歪曲事实，既挫伤党员干部干事创业的积极性，又严重损害政治生态和社会风气。有的党员干部因个人诉求得不到满足，心生不满，怀恨在心，通过匿名发短信、散布谣

言等方式，诬陷相关领导，制造政治谣言；有的党员干部嫉贤妒能，专挑干部提拔、人事换届、评先评优等时间节点大肆诬告，意图迷惑组织判断、干扰选人用人工作；有的党员干部缺乏政治敏锐性和政治鉴别力，对各种小道消息不加甄别、信谣传谣。

清风君说

实行信访举报制度，目的是加强对党员干部的监督。长期以来，这种监督形式在反腐败斗争中发挥了重要作用。

但与此同时，一些地方和单位也出现了诬告、陷害、中伤、造谣、抹黑等滥用信访举报的问题。上述情形中，那些出于险恶用心、使用卑劣手段的诬告陷害，不仅使一些干净干事的党员干部受到伤害，还对正风肃纪反腐造成了干扰，地方和单位风气也被弄得乌烟瘴气。

信访举报具有政治性、政策性、规范性，是强化监督的利器。但绝不意味着举报者可以不负责任地肆意妄为，必须依法依规、慎之又慎。利用信访举报进行诬告陷害、散布政治谣言的行为，破坏了党的团结统一，影响了党内政治风气，是党的政治纪律和政治规矩所不允许的。

《暗箭伤人的“举报”》

（4）收买人心、拉动选票

警示镜

收买人心、拉动选票是选人用人不正之风的重要表现，破坏党的干部工作根基，损害党和政府形象。有的党员干部格外注重自己的“群众基础”，为巩固“话语权”，经常搞点小聚会、给点小礼品、弄点小关系、送点小关照，拉拢下属成自己的人、投自己的票、谋自己的利；有的党员干部在换届选举中收买人心、拉票贿选，明目张胆发红包、发福利；有的党员干部私下做工作、动手脚，甚至人为设置障碍和附加条件，干扰和破坏正常的选举秩序；有的基层干部利用家人亲属、宗族势力、“江湖兄弟”帮忙拉票，侵蚀基层政权。

清风君说

党员干部追求成长进步必须凭德才、靠实绩。然而，一些人却把心思用错了地方，把拉拢人心当成“赢得民心”，用不法手段换取选票，达到自己“上位”的目的。上述这些情形，严重违背党的组织原则和为官从政之本，必须坚决予以惩治。

如何看待个人职务晋升，如何看待个人成长进步，是检验党员干部党性修养、政治品格、思想觉悟的试金石。面对个人进退留转，决不能走收买人心、拉动选票的旁门左道，而应当走勤勉履职、为民造福的阳光正道。群众是真正的“靠山”，民心是真正的“选票”。党员干部只有把精力放在干事创业、服务群众上，方能走得正、走得稳、走得远。

《八面玲珑的“官油子”》

(5) 封官许愿、弹冠相庆

吏治腐败是最大的腐败，用人腐败必然导致用权腐败。有的党员干部把党派他去主政的地方当成自己的“私人领地”，水泼不进、针插不进，利用手中的权力到处插手人事安排、关照“自己人”；有的党员干部丧失组织原则，充当“地下组织部部长”，对人事任免妄加议论，甚至在干部选拔任用中利用职务影响为他人谋取利益；有的党员干部为了在职务职级上更进一步，在换届考察期间，私自找下属部门负责人“交心谈心”，许以职务升迁等“好处”；有的党员干部在干部考察期间，私下聚会、推杯换盏、吹吹捧捧，提前庆祝“圈内人”的晋升。

清风君说

干部选拔任用是一项十分严肃的工作，既要对干部本人负责，更要对党的事业负责。

上述情形中的党员干部，将个人利益、圈子利益摆在了党和人民利益、组织原则之上，热衷于搞封官许愿、弹冠相庆那一套庸俗的官场“潜规则”，借着冠冕堂皇的理由，或动之以“情”，或晓之以“理”，或示之以“利”，或恃之以“权”，拿职位换人情，以人情谋职位，严重损害了干部队伍的形象。

世界上没有无缘无故的示好，封官许愿、弹冠相庆的本质是公权的滥用。党员干部要从中汲取深刻教训，知边界、明底线、守纪律，带头执行好党的干部政策，决不能以个人意志代替组织决定，决不能把小团体利益凌驾于干部工作大局之上。

（6）自行其是、阳奉阴违

党员干部要强化党的意识，做到忠诚于组织，任何时候都与党同心同德。然而，有的党员干部对党组织表里不一，台上一套、台下一套，搞两面派、做两面人；有的党员干部政绩观扭曲，违背新发展理念，漠视党和人民利益，急于在任内快速“出政绩”，盲目引进脱离实际的高风险项目，违规融资举债，慷国家之慨，伤人民之财；有的党员干部贯彻党中央决策部署打折扣、做选择、搞变通，甚至弄虚作假、阳奉阴违，贻误发展时机；有的党员干部口口声声“保持一致”，背后却在大是大非问题上口是心非、态度暧昧、立场摇摆，甚至搞非组织活动；有的党员干部对巡视整改做表面文章，敷衍整改、虚假整改、屡改屡犯；有的党员干部违反个人有关事项报告规定，隐瞒不报家庭房产、投资入股、经商办企业、收养子女等情况，以为可以瞒天过海。

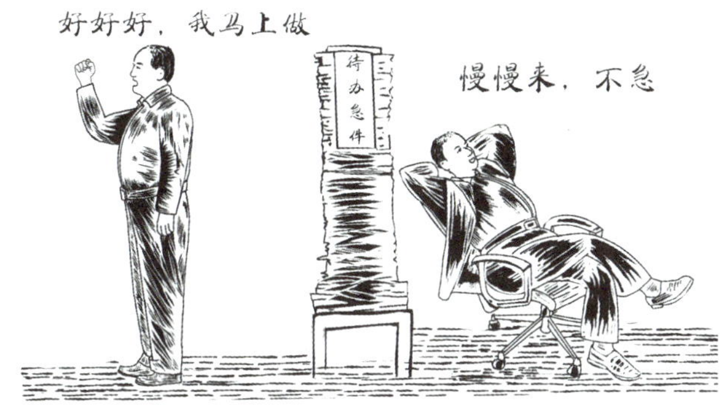

一个人两副面孔

破屋“穿新衣”

清风君说

对党忠诚是具体的，体现在坚决贯彻党中央决策部署的行动上，体现在履职尽责、做好本职工作的实效上，体现在党员干部的日常言行上。《关于新形势下党内政治生活的若干准则》规定，党的各级组织和全体党员必须对党忠诚老实、光明磊落，说老实话、办老实事、做老实人，如实向党反映和报告情况，反对搞两面派、做两面人。

上述这些情形，严重违反了党的政治纪律和政治规矩，是党员干部守初心、担使命的大敌。对党忠诚是纯粹的、唯一的、无条件的。要深刻认识自行其是、阳奉阴违的严重政治危害性，坚决反对口是心非的“伪忠诚”，坚决清除当面一套、背后一套的两面人，坚决铲除滋生自行其是、阳奉阴违问题的土壤和条件，坚决打通影响党中央决策部署落实的堵点、卡点、瘀点。

（7）尾大不掉、妄议中央

党员有权以口头或书面方式对所在党组织、上级党组织直至中央的各方面工作提出建议和倡议，但决不允许妄议党中央大政方针，破坏党的集中统一。然而，有的党员干部对党中央的大政方针说三道四、口无遮拦、乱评乱议，公开发表反对党的路线方针政策和决议的言论，甚至在网络社交媒体上大放厥词；有的党员干部对歪曲党史国史、妄议中央大政方针等负面信息充耳不闻、置之不理，甚至在社交媒体上转发、在席间调侃；有的党员干部以“讲政治”为名，提出不严谨的政治口号、政治术语，搞“低级红”“高级黑”；有的党员干部信仰缺失、内心空虚、政治意识薄弱，私藏并阅读有严重政治问题的境外非法出版物。

我是“大明星”

清风君说

妄议党中央大政方针的思想根源，是政治信仰的动摇。对共产党员来讲，动摇了信仰、背离了党性、丢掉了宗旨，就会迷失正确的政治方向。久而久之，便会政治意识淡漠、政治纪律松弛、目无法纪、妄言妄语。

身为党员干部，讲政治是第一位的。要始终在思想上政治上行动上同以习近平同志为核心的党中央保持高度一致，坚定理想信念，坚守共产党人的精神家园，任何时候都要头脑清醒、立场坚定，做政治上的明白人。一旦党中央作出重大决策部署，必须不讲条件、不折不扣贯彻落实到位，做到党中央提倡的坚决响应，党中央决定的坚决执行，党中央禁止的坚决杜绝。面对歪曲党史国史、否定党的领导等错误言论，不能坐视旁观、无动于衷，必须旗帜鲜明地反对和抵制，敢于斗争、善于斗争。

（三）坚定拥护“两个确立”　坚决做到“两个维护”

坚定拥护“两个确立”、坚决做到“两个维护”，既要见思想，更要见行动。“两个确立”是“两个维护”的政治前提和思想基础，“两个维护”是“两个确立”的政治责任和实践要求。必须筑牢政治忠诚、坚定政治信仰、强化政治担当、扛起政治责任，把坚定拥护“两个确立”、坚决做到“两个维护”贯彻落实到各项工作实践中。

1. 自觉做习近平新时代中国特色社会主义思想的坚定信仰者、积极传播者、忠实实践者

思想统一是政治统一、行动统一的基础。在政治上行动上同党中央保持高度一致，首先要在思想上同党中央保持高度一致。广大党员干部要进一步从党的创新理论中悟规律、明方向、学方法、增智慧，提高理论素养，学到看家本领、兴党本领、强国本领，从繁杂问题中把握事物的规律性、从苗头问题中发现事物的趋势性、从偶然问题中认识事物的必然性，提高政治能力、思维能力、实践能力。

坚定不移用习近平新时代中国特色社会主义思想武装头脑。要把学习宣传贯彻习近平新时代中国特色社会主义思想作为重大政治任务，坚决落实好“第一议题”制度、健全理论学习制度，带着信念学、带着感情学、带着使命学。全面、系统、深入学习，完整、准确、全面领会和贯彻习近平新时代中国特色社会主义思想，真正把马克思主义看家本领学到手。

坚持读原著、学原文、悟原理，深刻认识习近平新时

代中国特色社会主义思想的时代意义、理论意义、实践意义、世界意义。通过原原本本学、全面系统学、及时跟进学、深入思考学、联系实际学，不断深化对“国之大者”的理解，进一步筑牢信仰之基、补足精神之钙、把稳思想之舵，做到铁心跟党走、九死而不悔。

坚定不移用习近平新时代中国特色社会主义思想指导实践。习近平新时代中国特色社会主义思想是逻辑严密、内涵丰富、系统全面、博大精深的科学理论体系，既部署“过河”的任务，又指导解决“桥和船”的问题；既深刻阐释“为什么做”“做什么”，又明确指出应该“怎么做”。

科学把握习近平新时代中国特色社会主义思想的世界观和方法论，运用科学理论优化思想方法、解决思想困惑。处理好全局和局部、当前和长远、宏观和微观、主要矛盾和次要矛盾、特殊和一般的关系，提升战略思维、辩证思维、系统思维、创新思维、历史思维、法治思维、底线思维能力，增强推动高质量发展、服务群众、防范化解风险本领。

坚定不移用习近平新时代中国特色社会主义思想推动工作。大力弘扬理论联系实际的马克思主义学风，强化问题导向、实践导向、需求导向，把自己摆进去、把职责摆进去、把工作摆进去，做到方向明确、头脑清醒、应对有方、行动有力。

提高运用理论和知识解决实际问题的能力，立足本职岗位，认真履职尽责，主动担当作为，增强工作的原则性、系统性、预见性、创造性，真正把党的创新理论学习成果转化为谋划工作的思路、推进工作的措施、完成工作的成效，在新时代新征程体现新担当、展现新作为。

2. 牢固树立“四个意识”，坚决维护以习近平同志为核心的党中央权威和集中统一领导

党中央强调“四个意识”，最根本的是坚决维护党中央权威和集中统一领导。这不是空洞的口号，不能只停留在口头表态上，要落实到行动上，当政治上的明白人。

强化政治意识。牢记自己的第一身份是共产党员，第一职责是为党工作，做到忠诚于组织，任何时候都与党同心同德。自觉增强角色意识和政治担当，按党提出的标准严格要求自己、磨炼自己、提高自己，无论何时何地何种情况下，都始终把党摆在心中最高位置，始终做到爱党、信党、护党、跟党走。

强化大局意识。把握时代特征，统筹国内国际两个大局，正确处理中央与地方、全局与局部、长远与当前的关系，善于把本地区、本部门的工作放到大局中去审视谋划，坚持以大局利益为重，局部利益服从整体利益，小道理服从大道理。凡是有利于大局的事情尽力办好，凡是不利于大局的事情坚决不做，自觉把握大局、主动服务大局、坚决维护大局。

强化核心意识。严守党的政治纪律和政治规矩，坚决维护习近平总书记的核心地位就是维护党中央权威，维护党中央权威就必须首先维护习近平总书记的核心地位。自觉向党中央学习，向习近平总书记学习，坚持把在党言党、在党为党作为己任，把爱党、忧党、兴党、护党落实到工作的各个环节和方方面面，使之成为一种习惯、一种自觉。

强化看齐意识。经常、主动、全面地向党中央看齐，以党中央要求为思想遵循和行动指南，不仅在思想理论上看齐，而且在方法措施上看齐；不仅在政治定力上看齐，而且在为民情怀上看齐；不仅在敬业精神上看齐，而且在以身作则上看齐，时刻警醒、及时纠偏，校准思想之标、调正行为之舵、绷紧作风之弦。

“滴嗒、滴嗒”的号令

3. 不断提高政治判断力、政治领悟力、政治执行力

做到“两个维护”，既要体现高度的理性认同、情感

认同，又要有坚决的维护定力和能力。政治能力是把握大势和方向、辨别是非、保持定力、驾驭全局、防范风险的能力，我们要练就一双政治慧眼，不畏浮云遮望眼，担负起党和人民赋予的政治责任。

提高政治判断力。政治判断力是以国家政治安全为大、以人民为重、以坚持和发展中国特色社会主义为本，增强科学把握形势变化、精准识别现象本质、清醒明辨行为是非、有效抵御风险挑战的能力。要善于从一般事务中发现政治问题，从倾向性、苗头性问题中发现政治端倪，从错综复杂的矛盾关系中把握政治逻辑，做到在重大问题和关键环节上头脑特别清醒、眼睛特别明亮。

提高政治领悟力。政治领悟力是对党中央精神深入学习、融会贯通，坚持用党中央精神分析形势、推动工作，始终同党中央保持高度一致的能力。要时刻关注党中央在关心什么、强调什么，深刻领会什么是党和国家最重要的利益、什么是最需要坚定维护的立场，时刻保持政治上的清醒和警觉，坚决防止和反对“低级红”“高级黑”，把对上负责与对下负责结合起来，以实际行动自觉维护党的团结统一。

提高政治执行力。政治执行力是坚决响应党中央号召、坚决执行党中央精神、坚决不做党中央禁止的行为的能力。要把坚持底线思维、坚持问题导向贯穿工作始终，不回避矛盾，不掩盖问题，在大是大非面前敢于亮剑，在风浪考验面前无所畏惧，在各种诱惑面前立场坚定，在歪风邪气面前敢于斗争，以实际行动坚定拥护“两个确立”、坚决做到“两个维护”。

4. 确保党中央重大决策部署贯彻落实

贯彻落实党中央重大决策部署体现了践行“两个确立”“两个维护”的高度政治自觉。党中央重大决策部署，是全党全军全国各族人民统一思想、统一意志、统一行动的依据，必须做到有令必行、有禁必止。

真学真悟透党中央精神。党中央重大决策部署既有政治上的高瞻远瞩和理论上的深邃思考，也有目标上的科学设定和工作上的战略部署，要不断增强从政治上看问题的自觉性、敏锐性，增强对党中央大政方针、决策部署的理解能力、把握能力，养成对标对表党中央要求开展工作的自觉和习惯。

把美好蓝图变现实

真干真落实党中央部署。保持高度的政治清醒，把自觉服从党中央领导、坚决贯彻党中央精神与敢于担当、敢于斗争、勇于负责结合起来，在把握党中央重大决策部署目标方向、原则要求的前提下，对各项目标和任务进行细化，有针对性地拿出落实的具体方案，制定明确的时间表、施工图，扎扎实实向前推进。

5. 坚决执行党内法规制度

纲纪不彰，党将不党，国将不国。党内法规是维护党内团结，确保全党步调一致、统一行动的“定海神针”，是强化“两个维护”的制度保障。

从严从实遵守。以党章为根本遵循、行为标尺，全面熟悉了解党的各项规章制度、各种纪律要求，牢记党的性质宗旨，切实履行党员义务，正确行使党员权利，经常对照党章党规党纪照镜子、正衣冠、找差距、明方向，不断提高政治境界、思想境界、道德境界。

笃信笃行贯彻。以党章为准绳，按制度办事、按规矩办事、用制度管权、靠制度管人，严格约束自己的一言一行，任何时候都不越轨、不逾矩。经常分析查找自身存在的问题与不足，分析查找本职岗位可能存在的廉政风险点，制定有效应对措施，积极解决问题，着力防范风险。

坚定坚决维护。把党章作为指导党的工作、党内活动、党的建设的根本依据，保持对党章党规党纪的尊崇感、敬畏感，时时处处严格要求自己。对党章党规党纪意识不强、不按党章党规党纪规定办事的人及时提醒，坚决同各种违反党章党规党纪的行为作斗争，做党章党规党纪的坚定执行者和忠实捍卫者。

照镜子，正衣冠

把权力关进制度的笼子

一、监察法知与行

（一）什么是监察法

为了在法治轨道上推进反腐败工作，2018年3月20日，以国家立法的形式出台了《中华人民共和国监察法》。

监察法的出台，填补了监察对象上的空白，解决了监察范围过窄、纪法衔接不畅、反腐败力量分散等问题，提高了以法治思维和法治方式惩治腐败的水平。

这部对国家监察工作起统领性和基础性作用的法律庄严面世，开启了国家反腐败立法大踏步向前的新征程，必将有力推进新时代全面从严治党、反腐败斗争的伟大实践。

1. 权力所在，就是监察目光所及

权力应当受到监督，没有不受监督的权力和个人，反腐无法外之地、无法外之人。为了加强对公权力的监督，

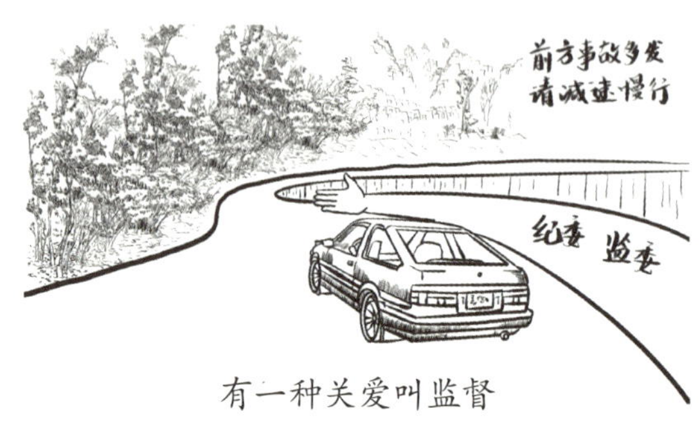

有一种关爱叫监督

必须要有一部实现国家监察全覆盖的法律，这有利于深入开展反腐败工作，推进国家治理体系和治理能力现代化。

清风说法

监察法第一条 为了深化国家监察体制改革，加强对所有行使公权力的公职人员的监督，实现国家监察全面覆盖，深入开展反腐败工作，推进国家治理体系和治理能力现代化，根据宪法，制定本法。

清风提示

公权力是国家权力和公共权力的总称，是法律法规规定的、对公共事务管理行使的强制性支配力量。简单地说，权力来自于人民，必须为人民所用。

全国人民代表大会常务委员会关于修改《中华人民共和国监察法》的决定

2. 监察委员会，国家机构中的新面孔

监察委员会是党统一领导的反腐败机构，依照法律规定履行监督、调查、处置职责，既对公职人员开展廉政教育，也严查职务违法和职务犯罪等行为。

监察委员会和纪律检查委员会合署办公，实行“一套人马、两块牌子”。

清风说法

监察法第三条 各级监察委员会是行使国家监察职能的专责机关，依照本法对所有行使公权力的公职人员进行监察，调查职务违法和职务犯罪，开展廉政建设和反腐败工作，维护宪法和法律的尊严。

监察法第四条 监察委员会依照法律规定独立行使监察权，不受行政机关、社会团体和个人的干涉。

清风提示

监督是监察委员会的基本职责、第一位的职责。

监察委员会履行日常监督职责，是代表党和国家，依照宪法、监察法和有关法律规定，对所有公职人员行使公权力情况进行监督，促进其依法履职、秉公用权。

纪委监督执纪问责，监委监督调查

处置，监督都是基础，其目的是要发现问题、纠正偏差，抓早抓小、防微杜渐，避免造成党员干部和公职人员要么是好同志、要么是阶下囚。

3. “留置”，留住的是自由

监察法实施后，留置取代了“双规”措施。监察机关根据监察法有关规定，在掌握部分违法犯罪事实、证据的情形下，可以将特定的人留在特定的地点接受调查，留置时间不得超过三个月；具有案情重大、复杂等情形的，经审批可延长一次，延长时间不得超过三个月。

一般而言，监察机关会在二十四小时以内通知被留置人员所在单位和家属，特殊情况除外。

依法留置

清风说法

监察法第四十四条　对被调查人采取留置措施后，应当在二十四小时以内，通知被留置人员所在单位和家属，但有可能毁灭、伪造证据，干扰证人作证或者串供等有碍调查情形的除外。有碍调查的情形消失后，应当立即通知被留置人员所在单位和家属。

清风提示

一旦被调查人涉嫌贪污贿赂、失职渎职等严重职务违法或者职务犯罪，监察机关已经掌握其部分违法犯罪事实及证据，仍有重要问题需要进一步调查，出现下列情形之一的，经监察机关依法审批，可以将其留置。

（一）涉及案情重大、复杂的；

（二）可能逃跑、自杀的；

（三）可能串供或者伪造、隐匿、毁灭证据的；

（四）可能有其他妨碍调查行为的。

4. 您好，有些情况要找您了解一下

监察机关依法向有关单位和个人了解情况，收集、调取证据，是查明事实、惩治腐败的需要。

这样做的目的，主要是发现问题、纠正偏差，防患于未然，使干部更好地健康成长。

接到纪委监委的电话，别紧张，好好配合

清风说法

监察法第十八条 监察机关行使监督、调查职权，有权依法向有关单位和个人了解情况，收集、调取证据。有关单位和个人应当如实提供。

清风提示

如果公职人员被举报，纪委监委采取谈话的方式一般有以下几种：

一是对于反映不实，或者没有证据证明存在问题的，予以采信了结，并向被函询人发函反馈。

二是对于问题轻微，不需要追究纪律责任的，采取谈话提醒、批评教育、责令检查、诫勉谈话等方式处理。

三是对举报线索中反映问题比较具体或详细，但被反映人予以否认且否认理由不充分具体的，或者说明存在明显问题的，一般应当再次谈话或者函询。

四是对诬告陷害者，依规依纪依法予以查处。对于诬告的认定和处理，党内法规及国家的法律法规规定是比较严格的。

5. 问题线索，从哪儿来、到哪儿去

问题线索主要有几个来源渠道：一是群众来信、来访、举报等；二是纪检监察机关监督执纪过程中发现的问题线索；三是巡视组移交的违纪问题线索；四是其他单位移交的问题线索。

问题线索是纪检监察工作的源头和基础，是纪检监察机关管控工作风险、提升工作质效的重要环节。纪检监察机关依法依规，对各类问题线索进行分类处置。

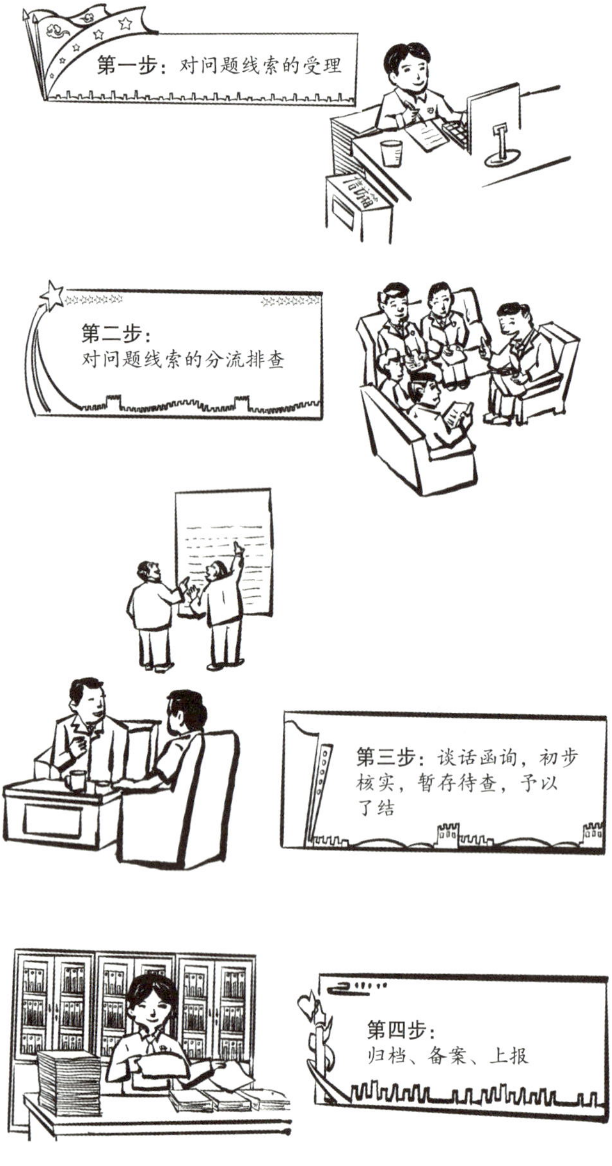

第一步：对问题线索的受理

第二步：
对问题线索的分流排查

第三步：谈话函询，初步核实，暂存待查，予以了结

（二）哪些人是监察对象

监察法把行使公权力的人员都纳入监督范围，实现了对公权力监督和反腐败的全覆盖、无死角。

具体而言，手上有公权力、接受监察法监督的人，主要有六类：

公务员及参公管理人员；

法律、法规授权或受国家机关依法委托管理公共事务的组织中从事公务的人员；

国有企业管理人员；

公办的教科文卫体等单位中从事管理的人员；

基层群众性自治组织中从事管理的人员；

其他依法履行公职的人员。

1. 非党领导干部，不当“看客”“局外人”

监察法出台前，党内监督已经实现全覆盖，但对于非党领导干部往往存在监督死角。监察法出台后，将所有从事公权力的非党公职人员全部纳入监督管理，实现了党内监督和国家监察有机统一。

即使是非党人士，也不能放松对自己的要求

2020年，云南省工商业联合会原副主席、总商会原副会长杨某某，涉嫌严重违法，接受监察调查。

经查，杨某某在任职期间，滥用职权，造成恶劣社会影响，致使国家和人民利益遭受重大损失，情节特别严重。杨某某利用职务上的便利，为他人谋取利益，非法收受他人财物，数额特别巨大，涉嫌受贿、滥用职权，由云南省监委调查终结，移送检察机关审查起诉。

清风点评

人大代表、政协委员、党代会代表、人民陪审员、人民监督员、仲裁员等可能并非公务员身份，平时也不从事公务，但当其在履行人大代表、政协委员等职责时，就是在行使国家公权力，要纳入监察对象范围。

比如，人民陪审员、人民监督员、仲裁员等，因参与司法工作，行使了法律赋予的司法权，就应当受到监督。再比如，人大代表、政协委员、党代会代表，行使法律赋予的选举权和被选举权，参与到党和国家的治理工作中，行使人民赋予的公权力，也应纳入监察范围。

2. 村民小组长不是官，监委也要管

村民小组长，是基层群众性自治组织中从事管理的人员，在经手公家的资金，比如救灾、防疫、抢险等款物时，属于监察对象。

2020年，大理市监委对某村民小组长孙某某涉嫌严重违法问题进行监察调查。

经查，孙某某在担任村民小组长期间，利用其协助人民政府征地拆迁工作的职务便利，虚构事实、虚列支出，骗取侵吞重点项目征地赔偿款及青苗赔偿款，数额巨大，涉嫌贪污罪。

依据《中华人民共和国监察法》有关规定，孙某某涉嫌犯罪问题移送检察机关依法审查起诉。

无官有责也要担

清风点评

孙某某作为村民小组长，虽不属于国家公职人员，但在行使公权力期间，严重违反国家法律法规。他利用职务便利，采取非法手段占有公共财产，构成职务违法并涉嫌犯罪，应予严肃处理。

全国8138个城市街道、97911个社区（居委会）、550636

个建制村中从事集体事务管理的人员，有相当一部分人是非中共党员，此前对他们的监督存在很大盲区。这些人手握公权力、过手各种资金，往往成为腐败的易发高发人群，必须加强监督。

3. 编外人员不编外，临时工不是挡箭牌

在行政执法工作中，执法机关常常聘用一些人员从事执法辅助工作，也就是我们常说的“编外人员”。

“临时工”“协管员”“辅警”虽然没有正式编制，但他们参与到行政执法活动中，如果其行为损害了公权力的廉洁性，纪检监察机关必须依法调查。可见，身份不是躲避监督的挡箭牌，当其依法从事公务活动时，就属于监察对象。

“我只是个临时工，你们找我干吗？”这是李某某见到保山市隆阳区监委工作人员时的第一反应。

发家致富的“橡皮擦”

李某某是保山市物资再生利用有限责任公司聘用的一名临时工，受保山市交警支队车管所的委托登录公安专网办理二手车转移登记、报废机动车注销业务。履行职务期间，李某某违规注销车辆号牌500余辆，非法收受300余万元。2018年4月，保山市隆阳区监委对李某某依法采取留置措施。

清风点评

“我没有编制，你们也要管？”过去一段时间，临时工常常成为推卸责任、逃避追责的代名词。

判断一个人是不是公职人员，关键看其是不是行使公权力、履行公务，而不是看其是否有公职。李某某所在的保山市物资再生利用有限责任公司虽为企业，但其所办理的二手车转移登记、报废机动车注销业务属于保山市交警支队车管所依法委托管理的公共事务。因此，身为临时工的李某某也属于监察对象。

4. 管账、管钱，责任大着呢

国有企业的会计或出纳，虽然不是领导干部，但是按照监察法的规定，他们承担了国有资产的经营、管理、监督职责，因而也受监察法的约束。一旦涉嫌职务违法犯罪，也会受到法律的制裁。

某大型国有企业会计人员陈某某因迷上网络赌博不可自拔，为凑赌资，他动起了贪污国有资金的歪心思。他利

用经手本单位资金的便利，制作两套账簿，采取不入账以及隐瞒收入等方式，从 2017 年至 2019 年共侵吞企业国有资金 200 余万元。

2020年1月，陈某某因涉嫌职务犯罪，接受纪委监委调查。同年5月，陈某某涉嫌贪污罪一案调查终结移交检察院审查起诉。

公款的搬运工

清风点评

国有企业管理人员掌握着人民赋予的国有资产经营管理权，必须受到党和国家的监督，要始终认识到自己行使的是公权力，始终做到对人民负责、对党和国家负责。对“靠山吃山”“靠水吃水”的做法一定要严肃处置、严厉打击。

清风提示

国有参股企业中对国有资产负有经营管理责任的人员，也属于国有企业管理人员的范畴。第一类是国家机关、国有公司、企业、事业单位委派到国有参股企业中从事公务的人员；第二类是经国家出资企业中负有管理、监督国有资产职责的组织批准或者研究决定，代表其在国有控股、参股公司及其分支机构中从事组织、领导、监督、管理工作的人员。

5. 普通的教师和医生，是监察对象吗

一般来说，普通的教师和医生，在课堂上讲课、给人看病的时候不是监察对象。但是，当他们参与招生、基建、采购等工作时，就是在行使公权力，自然就属于监察对象。

某县中学老师王某某在分管该中学教学科研工作期间，利用职务上的便利，为周某某、张某某代理的教辅资料征订提供帮助，收受二人100余万元。

王某某在私利面前丧失了立场，淡忘了教书育人的宗旨，以权谋私。2021年3月，王某某受到监委留置，同年6月，被移送检察院审查起诉。最终，王某某获刑三年一个月，并处罚金二十二万元。

不要最好，只要最贵

清风点评

教育、科学、文化、医疗卫生、体育等领域是社会管理的重要内容，同时，也和广大人民群众利益息息相关。这些领域出现了问题，影响的不仅仅是机构的运转、资金的管理，更会影响到人民群众的获得感幸福感安全感。因此，加强对以上领域从事管理人员的监督，就显得尤为重要。

6. “围猎者”也是“入围者”，商人、老板一个也跑不脱

商人、老板虽然不是公职人员，但他们是中华人民共和国的公民，就要遵守相关法律，依法经商。如果用金钱“围猎”公职人员，根据监察法的规定，涉嫌行贿犯罪，包括相关涉案人员在内，监察机关都会对其采取留置措施。

2020年10月16日，云南省纪委监委发布消息，昆明开尔科技有限公司法定代表人、总经理郑某某涉嫌严重

“心意”有毒

违法，向公职人员行贿，已被留置，配合调查。

在云南省纪委监委案情通报中，郑某某不仅自己“围猎”党员领导干部，还精心组织公司员工抱团“围猎”。先后授意并安排殷某某、王某、陆某某等6人向72名公职人员进行多次行贿，最终均被留置。

清风点评

云南省纪委监委根据此案拍摄了《开尔行贿记》，披露了商人、老板通过“围猎”党员干部和公职人员攫取巨额利益最终受到惩治的个中细节，释放出坚持受贿行贿一起查的强烈信号。

受贿与行贿是一根藤上结出的两个“毒瓜”。坚持“受贿行贿一起查”，不因调查受贿而忽略行贿，要持续保持反腐败的高压态势。

清风提示

党的十九大明确提出，坚持受贿行贿一起查，中央纪委国家监委为此作出安排部署。2021年9月，中央纪委国家监委与多部门联合印发《关于进一步推进受贿行贿一起查的意见》，明确了查处行贿行为的五个重点。

一是多次行贿、巨额行贿以及向多人行贿，特别是党的十八大后不收敛不收手的。二是党员和国家工作人员行贿的。三是在国家重要工作、重点工程、重大项目中行贿的。四是在组织人事、执纪执法司法、生态环保、财政金融、安全生产、食品药品、帮扶救灾、养老社保、教育医疗等领域行贿的。五是实施重大商业贿赂的。

（三）监察法约束的行为

《中华人民共和国监察法》规定，监委对所有行使公权力的公职人员进行监察，调查职务违法和职务犯罪，开展廉政建设和反腐败工作。

《中华人民共和国监察法实施条例》列举了监察机关有权管辖的101个职务犯罪罪名，是对公职人员特别是领导干部履行职责的底线要求和负面清单。

以下选取了党的十九大以来，在执纪审查、巡视等工作中发现的比较突出的一些职务违法犯罪行为，引以为鉴。

1. 利用影响力受贿——按下职务“暂停键”，跑出收钱“加速度”

云南省某县人民医院原院长王某某辞去公职后，利用“刚辞职不久，关系和影响都还在”的机会，带着医药代表等人先后到市内的多家医院找到曾经的下属、老同学、老朋友直奔主题说情打招呼，请他们帮忙关照请托人的医疗器械销售。

从2018年至2020年，王某某收受请托人财物共计337万元。最终，王某某受到开除党籍处分，涉嫌违法犯罪问题移送司法机关依法处理。

隐形的权力，人走“查”不凉

清风说法

王某某离职后利用其原来领导职务影响力受贿的行为，违反了《中华人民共和国监察法实施条例》第二十六条和《中华人民共和国刑法》第三百八十八条规定。

清风点评

像王某某这样的案例并非个案。从近几年查处的贪腐案件来看，利用自身影响力受贿被法院判刑的案例还是比较多的。一个离职的国家工作人员能轻松“受贿”，并不是其能力异乎常人，而是其“影响力”在发挥“余热”。

除了这种情形外，国家工作人员的亲属、司机、秘书、保姆等利用领导影响力受贿被追究法律责任的也很多，要对这些“身边人”敲响警钟。

2. 受贿——“抖草”司机的奇葩生意经

云南省机关事务管理局车队原党支部书记周某某利用工作便利，打着领导用车的旗号开着专车到会所，在酒桌上与老板、老乡交往，有意无意地给别人传递自己认识领导多、路子野、能办大事的信息。营造了在机关当领导、能“办事”的形象后，周某某开始收钱为老乡、老板朋友“办事”。

2020年2月，云南省纪委监委对周某某涉嫌严重违纪违法问题进行纪律审查和监察调查。最终，周某某伙同他人共同收受贿赂966万元，涉嫌受贿罪、利用影响力受贿罪等罪被移送检察机关依法审查起诉。

“抖草”司机

清风说法

周某某伙同他人共同受贿的行为，违反了《中华人民共和国监察法实施条例》第二十六条和《中华人民共和国刑法》第三百八十五条规定。

清风点评

受贿罪的主体不仅仅限于领导干部，公职人员打着领导旗号收钱办事同样会构成受贿罪。

动了歪脑筋，拿了不该拿的钱，注定人财两空。为此，要谨记老老实实做人、踏踏实实做事，切忌贪一时之利，换一生悔恨。

清风提示

“以借用名义变相收受贿赂”是指党员干部利用职权或者职务影响为他人谋取利益，以借用的名义变相收受他人给予的财物。以借为名的变相受贿行为具有很强的隐蔽性和欺骗性，常常不易查处，给违纪违法人员带来了侥幸心理。

认定以借用名义受贿时，不能仅看是否有书面借款手续以及房屋、汽车等物品是否变更权属登记，还要考虑以下 7 个方面的因素：（1）有无正当、合理的借款、借用事由。（2）款项、财物的去向。（3）双方平时关系如何、有无经济往来。（4）出借方是否要求国家工作人员利用职务上的便利为其谋取利益。（5）借款后是否有归还的意思表示及行为。（6）是否有归还的能力。（7）未归还的原因。在执纪执法实践中，即使不构成以借为名的受贿行为，根据《中国共产党纪律处分条例》第九十条规定，借用管理和服务对象的钱款、住房、车辆等，影响公正执行公务的，同样也要追究党纪责任。

《“抖草”司机的奇葩生意经》

3. 挪用公款——游戏中的“王者”，现实中的“青铜”

在临沧市双江县某镇中心卫生院承担收费工作的合同工陈某，为了在虚拟世界中寻求刺激，满足自己的“荣耀感”和“成就感”，利用收费及保管医药费用的职务之便，在2015年至2018年期间先后98次挪用其经手的公款计51万余元，所挪用的公款全部用于个人网络游戏开支。

2019年7月，双江县监委对陈某进行立案调查并对其采取留置措施。2019年9月，双江县人民法院以挪用公款罪判处陈某有期徒刑十个月，缓刑一年。

游戏人生

清风说法

陈某挪用其经手的医药费的行为，违反了《中华人民共和国监察法实施条例》第二十六条和《中华人民共和国刑法》第三百八十四条规定。

清风点评

一些年轻干部错把贪图享乐当人生目标，错把不良习气当兴趣爱好，错把工作岗位当捞钱工具，甚至不惜铤而走险、挪用公款，最终身陷囹圄，悔之晚矣。

陈某虽然只是合同工，但其从事的工作属于公务，行使的是公权力，根据法律规定，他也属于监察对象。惩治腐败没有职务、年龄之分，一旦心怀“用一点、挪一些，没什么事”的侥幸心理，后果可能就是让你挪窝、进“班房”。

4. 隐瞒境外存款——心里没鬼，你藏什么藏

某区供销合作总社原主任张某在担任区供销合作总社副主任、主任期间，利用职务便利，先后30次收受贿赂，并以妻子潘某的名义在瑞士银行设立账户，存入巨额外币。张某心里有鬼，始终未按国家规定向主管部门如实申报，隐瞒境外存款事实。

最终，侦查机关从其境外账户内查获300余万美元。法院以贪污罪、受贿罪、隐瞒境外存款罪、巨额财产来源不明罪数罪并罚，判处其有期徒刑二十年。

国外的月亮更圆，外国的银行更安全

清风说法

张某把存款存在境外银行隐瞒不报的行为，违反了《中华人民共和国监察法实施条例》第二十六条和《中华人民共和国刑法》第三百九十五条规定。

清风点评

梳理相关案例，隐瞒境外存款这一行为并不鲜见。有的公职人员认为将赃款藏到境外就万事大吉，有的公职人员认为将合法收入存在境外银行无须申报。殊不知，这些想法都跑偏了，甚至是违法犯罪行为。

还需要注意的是，完全不报和故意少报漏报也属于隐瞒不报，如果故意把境外存款藏着掖着，只会搬起石头砸自己的脚。

5. 贪污——贪着公家钱，吃着私房菜，最终吃牢饭

云南省某县文化馆原馆长钟某，利用单位职工的个人银行卡为“中转站”，先后61次安排单位职工支取专项经费52万余元，主要用于买彩票和个人吃喝的高额消费。

吃货变“吃祸”

2021年9月，钟某涉嫌贪污罪被开除党籍和公职，涉嫌犯罪问题被依法移送检察机关审查起诉。

清风说法

钟某贪污公款用于个人消费的行为，违反了《中华人民共和国监察法实施条例》第二十六条和《中华人民共和国刑法》第三百八十二条规定。

清风点评

贪污类案件是公职人员职务犯罪案件中较为常见的一种。有的公职人员可能会认为，每次拿一点，拿的钱少，就没事，顶多算违纪，不算犯罪。殊不知，积少成多，小贪小占终成大祸。

按照相关法律规定，贪污数额达到3万元的，构成贪污罪；贪污数额达不到3万元，但情节严重的，也认定是贪污罪。

6. 巨额财产来源不明——不清不楚的来源，清清楚楚的罪名

某市城市河湖管理处原主任、党委副书记李某，利用职务便利，侵吞公款100万元、受贿200余万元。同时，李某身为国家工作人员，其财产、支出明显超过合法收入，差额达到1300余万元。

2018年11月，该市的区监委对李某立案调查，并对其采取留置措施。

2019年4月，李某因涉嫌贪污罪、受贿罪、巨额财

产来源不明罪被移送检察院依法审查起诉。最终，李某被判贪污罪、受贿罪、巨额财产来源不明罪，有期徒刑十五年六个月，并处罚金二百万元、退缴违法所得1165万余元。

续命靠收钱

清风说法

李某的行为违反了《中华人民共和国监察法实施条例》第二十六条和《中华人民共和国刑法》第三百九十五条规定。

清风点评

我国法律规定，国家工作人员的财产或者支出明显超过合法收入，差额巨大的，须责令其说明来源。本人不能说明合法来源的，差额部分以非法所得论。

贪腐分子对自己的大笔款项，不管是真记不住，还是刻意隐瞒其来源，都不能逃脱国家法律的严密法网，最终都要接受法律的严厉制裁。

7. 私分国有资产——只管自己肚饱，哪管国家好不好

某学校副校长高某某在任职期间，将单位实施培训招生、基建的部分资金截留，私自指使财务人员建立账外账、设立“小金库”。

2014年至2020年间，高某某将学校账外账部分资金以过节费、福利费等方式私分给学校班子成员和一些教职工，共计169万元。

2021年1月，高某某因涉嫌私分国有资产被监委留置并立案调查，同年7月被移送司法机关。

“扒火车”

清风说法

高某某利用账外账、“小金库”私分国有资产的行为，违反了《中华人民共和国监察法实施条例》第二十六条和《中华人民共和国刑法》第三百九十六条规定。

清风点评

改革开放以来，我国经济持续蓬勃发展，国有资产越来越雄厚。与此同时，与经济发展相关的职务犯罪也在逐年增多，严重干扰国家经济制度的正常运行，影响了国有资产的保值增值。

高某某利用账外账、“小金库”等形式，把国家的钱分发给个人，是典型的私分国有资产行为，其受到法律严惩，完全是咎由自取。

8. 滥用职权——任性用权，超乎想象

大理州文化和旅游局原党组书记、局长徐某某，先后在大理州多地方多部门任职。任祥云县委书记时，他利用职务便利，安排公务人员为当地黑恶势力成员的母亲写的非法书籍作序，并以县政协名义批了3万元印刷补助。同时，徐某某还任性用权，利用自身关系的影响力，推荐黑恶势力集团头目担任县政协委员，并为该黑恶势力集团站台撑腰、提供帮助。

2020年9月，大理州中级人民法院判处徐某某犯滥用职权罪、贪污罪、受贿罪，受贿数额1180万元，数罪并罚，决定执行有期徒刑十四年。

清风说法

徐某某滥用职权的行为，违反了《中华人民共和国监察法实施条例》第二十七条和《中华人民共和国刑法》第三百九十七条规定。

清风点评

公职人员滥用职权或不正确履行职责等行为，不仅严重损害了人民群众的利益，而且严重影响了政府公信力。滥用职权的行为往往会和贪污、受贿等行为共同发生，危害极大，后果严重，影响恶劣，让人警醒。

清风提示

滥用职权是指超越职权，违法决定、处理其无权决定、处理的事项，或者违反规定处理公务。

滥用职权的行为主要表现为以下几种情况：一是超越职权，擅自决定或处理无权决定、处理的事项；二是玩弄职权，随心所欲地对事项作出决定或者处理；三是故意不履行应当履行的职责，或者说任意放弃职责；四是以权谋私、假公济私，不正确地履行职责。

9. 玩忽职守——迷一样的自信，“方脑壳”的决定

2020年7月，某市经济开发区原党委副书记、管委会主任靳某因涉嫌严重违纪违法，接受纪律审查和监察调查。

傲慢与权力

经查，在招商引资过程中，靳某违反相关工作规定未安排核实某公司经营、纳税情况，未安排调查公司法人个人身份情况，未执行重大事项决策工作制度，直接拍板决定引进该公司。

2020年12月，靳某被给予开除党籍、开除公职处分，涉嫌受贿罪、玩忽职守罪问题移送检察院审查起诉。最终，靳某因受贿罪、玩忽职守罪，被判有期徒刑十六年。

清风说法

靳某玩忽职守的行为，违反了《中华人民共和国监察法实施条例》第二十八条和《中华人民共和国刑法》第三百九十七条规定。

清风点评

玩忽职守主要有两种情况：一是主观上出于行为人职务上的过失，如疏忽大意、过于自信、擅离职守等；二是客观上因行为人不履行或不正确履行应负的职责，致使公共财产、国家和人民利益造成重大损失。

在上述案例中，靳某对于招商引资存在的风险未引起足够重视，没有严格执行相关规定和程序，致使公共财产遭受重大损失。根据相关法律规定，其涉嫌玩忽职守罪。

10. 国企人员失职——失守的守门人，廉价的忏悔泪

2020年5月，云南省能源投资集团有限公司原党委委员、副总裁罗某某，因涉嫌严重违纪违法，接受纪律审查和监察调查。

经查，罗某某任某混改企业董事长期间，在他人的“围猎”下不正确履行职责，对公司经营和资金使用情况不过问、不监管，导致该企业在开展锡矿贸易业务中无法收回预付货款本金，造成国有资金巨额损失。2020年12月，罗某某涉嫌国有企业人员失职罪，最终被移送检察机关审查起诉。

用人“混”，财务“混”
制度“混”，监管“混”

清风说法

罗某某失职的行为，违反了《中华人民共和国监察法实施条例》第二十八条和《中华人民共和国刑法》第一百六十八条规定。

清风点评

大型国企是国民经济的支柱力量。大型国企的领导不履职尽责，轻则影响企业的正常经营管理，重则导致国有资产流失，其后果触目惊心。

必须加强对国有企业领导班子的监督管理，敦促其认真履行职责。唯有搞好对国有企业的巡视，加大审计监督力度，方能守护好人民的财富。

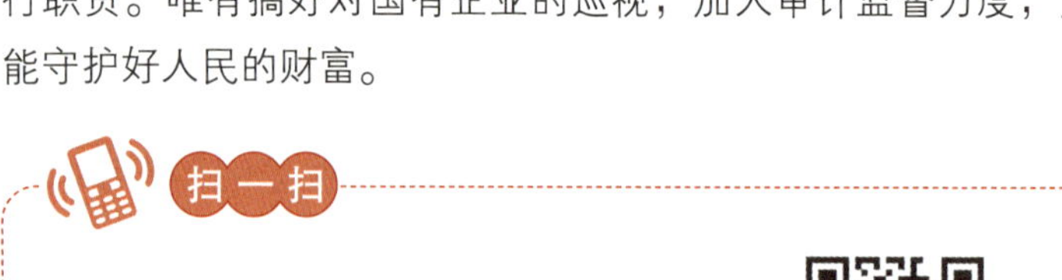

《失守的守门人》

11. 环境监管失职——当了哑巴，成了聋子，做了瞎子

某镇环保所副所长李某、赵某对当地某公司的排污情况进行检查时流于形式，只通过目测水质来核查污染处理设施是否正常运转。在发现该公司存在超标、超量排污等违法行为后，二人仅要求整改，未及时上报领导和县生态环境分局，甚至帮助该公司规避上级生态环境部门的检查。该公司严重污染环境的问题暴露后，当地纪委监委对二人涉嫌违纪违法问题进行立案调查，并移送司法机关。

该看的不看，该说的不说，该管的不管

最终，李某犯环境监管失职罪，判处有期徒刑一年三个月，缓刑一年六个月；赵某犯环境监管失职罪，判处有期徒刑一年，缓刑一年。

清风说法

李某、赵某环境监管失职的行为违反了《中华人民共和国监察法实施条例》第二十八条和《中华人民共和国刑法》第四百零八条规定。

清风点评

生态环境是关系党的使命宗旨的重大政治问题，也是关系民生的重大社会问题，生态环境破坏一旦发生，往往会造成严重的生态损害和经济社会危害。党的十八大以来，推动生态环境保护决心之大、力度之大、成效之大前所未有，对破坏生态环境行为的查处和整治力度也前所未有，释放出一严到底、绝不手软的强烈信号。

然而，高压之下仍有人对中央的三令五申置若罔闻、我行我素。李某、赵某身为负责环境保护监督管理的国家机关工作人员，在履职过程中严重不负责任，导致重大环境污染事故发生，致使公共财产遭受重大损失。

12. 为亲友非法牟利——“一人有福，拖带满屋”

中国国电集团公司原党组成员、副总经理谢某某利用职务职权形成的便利条件，以高于市场的价格，向自己亲友经营管理的单位采购商品，致使国家利益遭受特别重大的损失。

2021年2月，谢某某涉嫌严重违纪违法，接受中央纪委国家监委纪律审查和监察调查。同年9月，谢某某涉嫌为亲友非法牟利，被移送检察机关审查起诉。

一人得道犬鸡幸，惊羡肥藤结大瓜

清风说法

谢某某为亲友非法牟利的行为，违反了《中华人民共和国监察法实施条例》第二十九条和《中华人民共和国刑法》第一百六十六条规定。

清风点评

为亲友非法牟利是利益输送，主要是指公职人员利用职权将公共利益转移给自己的近亲属、情妇（夫）及其他特定关系人。一是“偷梁换柱”，将单位的盈利业务交由亲友经营；二是“高进低出”，以明显高于市场的价格向亲友经营管理的单位采购，或以明显低于市场的价格向亲友经营管理的单位销售商品；三是“瞒天过海”，向亲友经营管理的单位采购不合格商品等。

在现实社会中，人情往来不可避免。但是，如果把职务便利当人情，为亲友谋取私利，给国家造成损失，终将受到法律惩处。

13. 不报谎报安全事故——改小的数字，加重的责任

某市烟花制造有限公司发生爆炸事故。在处置过程中，企业负责人伙同少数公职人员谎报、瞒报事故信息，甚至做出转移藏匿遇难人员遗体的恶劣行径，将实际死亡数字13人谎报为7人，造成了极坏的社会影响。

事后，该省纪委监委、公安厅成立的专案组深入调查这起事故及谎报、瞒报行为。依纪依法查处涉案人员，对相关责任人员严肃追责问责，10名涉案嫌疑人被采取刑事强制措施，4人被采取留置措施。

一瞒到底

清风说法

该市相关人员谎报、瞒报事故信息的行为，违反了《中华人民共和国监察法实施条例》第三十条和《中

华人民共和国刑法》第一百三十九条规定。

清风点评

准确的伤亡数字、人员信息在灾难事故处置中，牵动着社会的敏感神经，对及时、有效、科学地救援也非常重要。正因如此，我国对事故定级、报告、调查、处理、追责均有详细规定。

在这起谎报瞒报事件中，事发企业负责人伙同少数公职人员不惜铤而走险地转移藏匿遇难人员遗体，企图瞒天过海，是不顾党纪国法、不顾百姓生命财产的行为，必须受到纪法严惩。

14. 徇私枉法——讲关系、论金钱，公平正义抛一边

2020年4月，某市人民检察院副检察长、员额检察官岩某某因涉嫌严重违法问题接受监察调查。

多年来，岩某某把检察官的身份当成谋取私利的筹码，不仅利用职权违法指使民警查询公民身份及在逃人员信息，还利用职权插手案件、徇私枉法，导致多名涉嫌犯罪人员不被追究刑事责任或不立案。

“判官”的笔，一笔生，一笔死

岩某某手握执法利剑，却知法犯法、执法破法。

2021年3月，岩某某因犯徇私枉法罪被判处有期徒刑三年。

清风说法

岩某某徇私枉法的行为，违反了《中华人民共和国刑法》第三百九十九条规定。

清风点评

从全国公开查处及通报的案例中可以看出，一些领导干部丧失纪法底线，践踏司法尊严，存在有法不依、执法不严，以权压法、干预司法，徇私枉法、知法犯法等现象。这些违纪违法行为伤害了群众对司法公正的信心及信任，社会影响十分恶劣。

党纪国法决不能成为“橡皮泥”“稻草人”，每个领导干部都必须服从和遵守党纪国法，不能把手中的权力作为个人以言代法、徇私枉法的挡箭牌。

15. 徇私舞弊——高墙内的暗黑操作

1998年，孙小果被判处死刑，后改判死缓、再审改判有期徒刑二十年。在孙小果服刑期间，时任云南省监狱管理局政委、省司法厅副厅长罗某某收受其贿赂后，安排、指使刘某某等监狱干警对孙小果予以关照。

经过一番操作，孙小果在云南省第一监狱服刑期间多次受到记功、表扬，为孙小果减刑创造条件、提供帮助，导致孙小果三次受到违法减刑，实际服刑十二年零五个月后出狱。

2019年，云南省司法厅原巡视员罗某某涉嫌严重违纪违法，接受纪律审查和监察调查。同年12月，判处罗某某徇私舞弊减刑罪、受贿罪有期徒刑十年零六个月。

“亡者”复活

清风说法

罗某某徇私舞弊为他人减刑、假释等行为，违反了《中华人民共和国监察法》第十一条和《中华人民共和国刑法》第四百零一条规定。

清风点评

天理昭昭，法网恢恢。孙小果案件给受害人带来了无法弥补的伤害，牵扯出多名党员领导干部和国家公职人员，真相令人触目惊心。我们必须深刻反思黑“伞”恶“网”形成的深层次原因。

始作俑者以金钱开道撬动权力的缝隙，通过行贿谋取非法利益；执法者没有经受住诱惑，“收人钱财，替人消灾”，违背了职业操守，突破了法律底线，其行为令正义不彰、司法蒙羞。

16. 对抗审查调查——任你七十二变，也逃不过火眼金睛

云南省罗平县疾病预防控制中心原党支部书记吴某多次接受医药销售人员贿赂，被纪委监委调查。

在调查组与其多次交谈中，吴某一开始承认了其违纪违法事实，之后却推翻了供词。他先后编造钱款为“朋友借给我买车的”“不知道钱哪里来的”“头昏记不起来”等虚假理由，企图掩盖事实真相。在铁的证据下，吴某承认了事实，被开除党籍和公职，其涉嫌违法犯罪问题线索被移交司法机关。

抹不去的痕迹

清风说法

吴某说假话掩盖事实真相等对抗行为，违反了《中华人民共和国监察法》第六十三条规定。

清风点评

在接受组织审查时，像吴某这样心存侥幸的领导干部不在少数。面对自己所犯的错误，或是串供，或是伪造、隐藏、销毁证据，或是阻止他人检举揭发，更有甚者，向纪检监察干部说情、“打招呼”。

无数事实证明，凡是做过必留痕迹。任何试图隐瞒、抱团攻守或对组织“耍手段”的行为都必然是自尝苦果，坦白交代才是迷途知返的唯一出路。

17. 以案谋私——“人在曹营心在汉”的害群之马

倪某曾任某区纪委副书记、监委副主任，常常感叹“朝中无人”。于是，他想办法结识了正厅级干部李某。为得到晋升机会，倪某极尽所能巴结、讨好李某及其家人，为其鞍前马后、随叫随到。倪某还多次将纪检监察机

对抗审查的“辅导班”

关应当严格保密的工作内容、流程透露给李某。

在李某被调查期间，倪某教唆其以各种方式对抗组织审查调查，甚至组织模拟审查调查场景，演练讯问程序。2021年8月，倪某受到开除党籍、政务撤职处分，降为二级科员，并调离纪检监察系统。

清风说法

倪某故意泄露调查工作信息，利用职务职权干预调查、以案谋私的行为，违反了《中华人民共和国监察法》第六十五条规定。

清风点评

倪某作为一名年轻的基层纪检监察领导干部，本应心无旁骛、脚踏实地、勤奋工作，却一门心思“搭天线”、走捷径，把个人前途命运押宝在他人身上。

为了让贪腐分子顺利过关，达到自己日后利益的最大化，倪某胆大妄为，不惜出卖工作纪律、秘密，以身试纪试法，一步步走上违纪违法的歧途，最终被扭曲的欲望反噬。

18. 外逃出逃——天网恢恢，虽远必追

云南锡业集团有限责任公司原董事长肖某某涉嫌受贿罪，于2012年12月外逃美国。在劝返初期他很不配合，曾扬言“不回国了，就要客死异国他乡”。

为劝返肖某某回国投案，云南省追逃办工作人员通过各种渠道与他沟通联系，讲政策、讲法律。在工作人员的

不懈努力下，2019年5月，肖某某主动回国投案，不但积极退清赃款，还动员相关人员把违规持有的股份上缴。

清风说法

根据《中华人民共和国监察法》第五十二条规定，监委履行国际反腐败交流与合作职能；对外逃出逃人员的调查设置了防逃程序；通过开展境外追逃合作，追捕归案。

清风点评

2014年6月，经党中央批准，中央反腐败协调小组建立追逃追赃工作协调机制，统筹反腐败国际追逃追赃工作。2014年至2020年，共从120多个国家和地区追回外逃人员8363人，包括党员和国家工作人员2212人、“红通人员”357人、“百名红通人员”60人。

事实证明，天罗地网之下，出逃终将无路可逃。奉劝所有的外逃人员迷途知返、尽快投案，组织和家庭才是人生最温暖的港湾。

（四）自觉遵守监察法

天下之事，不难于立法，而难于法之必行。监察法的制定实施，根本目的是坚持和加强党对反腐败工作的集中统一领导，使党的主张通过法定程序成为国家意志，以法治思维和法治方式惩治腐败。党员领导干部和国家公职人员要认真学习、遵守监察法，做到知法、守法、敬法，成为监察法的忠实崇尚者、自觉遵守者、坚定捍卫者。

1. 把监察法放心中

监察法的出台实施，补上了过去行政监察范围过窄的“短板”，真正把所有公权力都关进制度笼子。对所有行使公权力的公职人员而言，“牛栏关猫”甚至无人监督的“惬意”将一去不复返。

要有学习钻研的精神，避免无知者无畏的“人生陷阱”。静下心来了解、掌握监察法对自己的基本要求，牢固树立法律红线不能触碰、法律底线不能逾越的观念。只有依法履职、秉公用权、廉洁从政，才能避免误入歧途、深陷泥潭，在新时代做一名走在前列的奋进者。

要有主动接受监督的自觉，把监督和约束当作“护身符”。在日常工作中以监察法为准绳，习惯于在受监督和约束的环境中工作和生活。明白严是爱、宽是害，随时警醒，守好做人、做事的底线。同时，要牢固树立马克思主义的世界观、人生观、价值观和正确的权力观、地位观、利益观，不断增强不想腐的自觉性。

要有牢固的法治意识，运用法治思维和法治方式开展工作。知敬畏、存戒惧、守底线，行使权力、开展工作都有严格的规则和限制，不能为所欲为。培养自觉守法、遇事找法、解决问题靠法的意识和能力，立足职责定位、结合本职工作，不断推进工作的规范化、法治化，既做法律的明白人，更做敬业的实干家。

2. 积极践行监察法

监察法的对象是行使公权力的公职人员，《中华人民共和国监察法实施条例》列举了监察机关有权管辖的101个职务犯罪罪名，为每一名行使公权力的公职人员划出了非常具体明确的行为边界。

要谨慎对待公权力，牢记“公权不能私用”。严格遵守监察法和相关纪法的刚性规定，分清公与私的界限，牢记公款姓公，一分一厘都不能乱花；公权为民，一丝一毫也不能乱用。要让权力在阳光下运行，面对权力做到坦坦荡荡、心无杂念，真正实现权为民所用、情为民所系、利为民所谋。

要认真配合纪委监委开展工作，自觉遵守监察法的基本要求。监察机关的处理决定和监察建议都具有法律强制效力，必须严格执行，坚决采纳。纪检监察机关是反腐败的专责机关，要如实提供涉案证据，按要求作出陈述，积极配合查询、冻结涉案财产等工作。被调查人犯罪后，要主动认罪认罚，改过自新、将功折罪，认真配合纪检监察工作。

要明白“对所有行使公权力的公职人员监察全覆盖”的具体要求。有权力必有监督。有了监察法，就没有不受监督的公权力。无论是在编的公职人员，还是临时工、普通教师和医生等，都要按照监察法的要求行事，在行使公权力时小心谨慎，防范用权风险。个人如此，单位和部门也不例外。各单位、各部门要管好自己的人和事，遵守监察法等各项法律法规。

3. 加强对监察人员的监督

监察法赋予了纪检监察机关必要的权限和手段，也制定了严格的规则和程序，特别强调对纪检监察机关和人员的监督及法律责任。要求纪检监察干部增强依法履职的意识，确保反腐败工作在法治轨道上行稳致远。

监察人员是“治官之官”，必须在严守监察法上当示范、作表率，成为“百官之率”。各级纪检监察机关和广大纪检监察干部要带头遵纪守法，严格按监察法规定的程序和要求开展工作，依法公开监督工作信息；一定要正视权力、敬畏权力，以更高的标准、更严的纪律约束自己，在行使权力上慎之又慎，在自我约束上严之又严。

“打铁必须自身硬”，监督者更要接受更严的监督。各级纪检监察机关要自觉接受党委监督、人大监督、民主监督、司法监督、群众监督、舆论监督，确保监察权正确行使。坚持党的领导和监督，重大事项要及时向同级党委和上级监察委员会报告；接受本级人大及其常委会的监督，接受执法检查和询问或者质询；主动接受民主监督、社会监督、舆论监督，把纪检监察机关的权力关进制度的笼子。

回答好“谁来监督纪检监察机关”的问题，在内控机制上下足功夫。纪委监委合署办公，监督范围扩大、权限更丰富，要在纪检监察机关内部制约和监督方面制定严格措施，严密防范监察权滥用。一旦发现，要依法严肃处理，及时清除害群之马，坚决防止“灯下黑”。健全完善信访举报、线索处置、监督检查、初核立案、审查调查、案件审理的流程规范，坚决兑现正人先正己的庄严承诺。

二、巡视巡察知与鉴

（一）巡视巡察知多少

习近平总书记指出：“巡视是党章赋予的重要职责，是加强党的建设的重要举措，是从严治党、维护党纪的重要手段，是加强党内监督的重要形式。”为发挥政治巡视巡察利剑作用，加强巡视巡察整改和成果运用，各级党组织和广大党员干部有必要了解和掌握巡视巡察的历史渊源，以及谁来“巡”、“巡”哪些人、“巡”什么等内容，正确看待巡视巡察工作目的，积极配合巡视巡察工作。

1. 从“八府巡按”到巡视巡察

我国巡视制度源远流长，早在夏商周时期，就有了萌芽，到汉朝正式确立，明代以后有“八府巡按”制度。

中国共产党的巡视巡察制度，是马克思主义政党理论与中国共产党实际相结合的创新成果，汲取了中华优秀传统文化营养，借鉴了历史上巡视巡察制度的宝贵经验。

建党之初，中国共产党建立了中央特派员制度。土地革命时期，首次提出“建立各级党部的巡视指导制度”。1931年，中央颁布了《中央巡视条例》，正式建立了巡视制度，成立了专门的巡视机构。

党的十一届三中全会以后，立足新的历史条件，党中央及时提出要一手抓改革开放、一手抓惩治腐败。党的十六大提出建立和完善巡视制度，推动巡视制度常态化。党的十七大正式把巡视制度写入党章，将巡视制度以党内根本大法的形式确定下来。2009年7月中央颁布了《中国共产党巡视工作条例（试行）》，成立了中央巡视工作领导小组和中央巡视组，巡视制度更加科学规范。

党的十八大以来，以习近平同志为核心的党中央高度重视巡视工作，对加强和改进巡视工作作出了一系列重大决策部署，确立了“发现问题、形成震慑，推动改革、促进发展”的巡视工作方针，明确了政治巡视定位，为巡视工作提供了强大思想武器和行动指南。同时，新修订的《中国共产党巡视工作条例》印发实施，将党的十八大以来中央巡视工作创新经验做法，上升为制度成果。

党的十九大以来，中央印发了《中央巡视工作规划（2018—2022年）》；首次就脱贫攻坚领域开展专项巡视；召开全国巡视工作会议及工作调研座谈会，不断深化推进巡视巡察。巡视巡察工作方向更加明确、政治定位更加精准、制度体系更加完善、工作格局更加健全，成为管党治党、治国理政的重要制度。

2. “解密”巡视巡察机构

巡视机构由三个部分组成：巡视工作领导小组、巡视工作领导小组办公室、巡视组。

巡视工作领导小组，负责提出巡视工作规划、计划，研究巡视成果的运用，对巡视组进行管理和监督等。

巡视工作领导小组办公室，简称巡视办，是党委的工作部门，为巡视工作领导小组的下设办公室，是其日常办事机构，主要职责是统筹、协调、指导巡视组开展工作等。

巡视组，根据每次巡视任务确定并授权，承担巡视任务，向巡视工作领导小组负责并报告工作。

巡察机构包括巡察工作领导小组、巡察办和巡察组，州（市）、县（市、区）党委及省级部门单位党组（党委）设置，对所管理的党组织进行巡察监督。巡察是巡视

永远在路上的“侦察兵”

工作向市县和省级部门单位的延伸，是对基层党组织的“把脉会诊”，也是对党员干部的“政治体检”。

3. 巡视办，党委的巡视办

巡视办是巡视工作领导小组下设的办公室，设在同级党的纪律检查委员会，便于统筹协调工作。

明确巡视办为党委工作部门，是巡视制度改革的重大创新，充分适应了巡视工作实践的具体需要，为强化巡视工作主体责任提供机制保障。

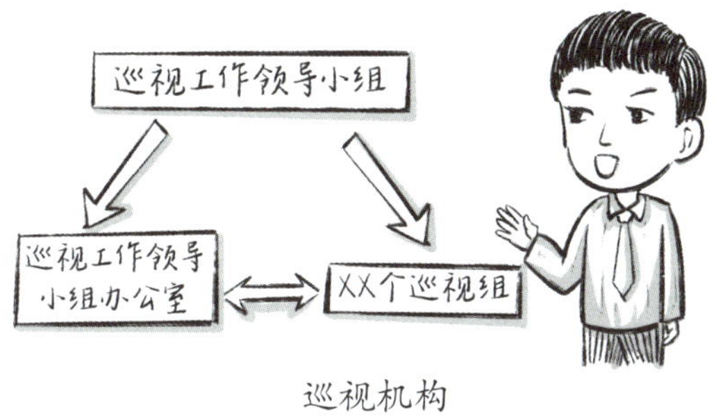

巡视机构

巡视办作为党委工作部门，旨在解决巡视办面临协调工作权威性不足、发挥职能作用制约因素多、开展工作难度大的问题。一方面，巡视办按照党委工作部门的标准运行和管理，统一级别规格，完善内部设置，有利于巡视机构进一步充实人员力量、提高履职能力。另一方面，巡视办以党委工作部门的身份履行巡视工作领导小组日常办事机构职责，有利于协调党委和政府有关部门支持配合巡视工作。

4. 巡察，巡视的重要组成部分

巡视、巡察的本质是一样的，都是上级党组织对下级党组织履行党的领导职能责任的政治监督，但巡视、巡察也有一定区别。

由党中央和省（区、市）党委向下开展党内监督工作称为巡视。巡视重在“视”，坚持全覆盖、一盘棋，从上而下开展俯察，通盘掌握全局情况。

由州（市）、县（市、区）党委和省级部门单位党组（党委）向下开展党内监督工作称为巡察。巡察重在“察”，承接中央和省级巡视监督功能，体察民情、社情，进一步掌握基层动态，坚定不移把全面从严治党延伸到基层，发现“最后一公里”的问题。

习近平总书记多次强调，要完善巡视巡察格局，促进巡视巡察上下联动、上下贯通。党的十九大对巡视巡察工作上下联动作出明确部署。2020年12月，《关于加强巡视

筑牢执政根基

巡察上下联动的意见》出台，为推进巡视巡察上下联动作出了顶层设计，提供了制度支撑，中央、省、市、县四级全部建立巡视巡察制度，各地探索提级巡察、交叉巡察等模式，促进了巡视巡察质量整体提升。

5. 巡视巡察“瞄着谁”“盯哪里”

巡视巡察的对象主要是派出巡视巡察组的党委（党组）管理的下级党组织领导班子及其成员，重点监督对象是被巡视巡察党组织主要负责人和下一级单位主要负责人。

巡视巡察着力发现党的领导弱化、党的建设缺失、全面从严治党不力，党的观念淡漠、组织涣散、纪律松弛，管党治党宽松软等问题。

“巡”亮群众回家路

6. “寻觅”问题的踪迹，“倾听”隐藏的声音

巡视巡察监督是坚持和加强党的全面领导、全面从严治党、巩固党的执政地位的重大制度安排。随着全面从严治党的深化、巡视巡察工作实践的发展，中央确立了“发现问题、形成震慑，推动改革、促进发展”的16字巡视工

作方针，体现了问题导向和目标导向相结合、发现问题和推动解决问题相结合、治标与治本相结合的要求。

巡视巡察工作坚持以人民为中心的价值取向，强化巡视巡察监督联系群众纽带功能，把党的自我监督和群众监督有机结合起来，倾听基层干部群众的呼声，积极回应人民关切，畅通群众反映问题渠道，通过发现损害群众利益的问题和线索，推动整治群众身边的腐败问题和不正之风问题，切实增强人民群众的获得感、幸福感、安全感。

表面风平浪静，实则暗流涌动

巡视巡察工作要找准切入点和着力点，抓问题、抓重点、抓关键，按照“四个紧盯”要求开展好工作。即紧盯被巡视巡察党组织职能责任，紧盯全面从严治党阶段性特征，紧盯领导干部和关键少数，紧盯人民群众反映强烈的突出问题。

（二）擦亮巡视巡察“利剑”

巡视巡察这把“利剑”擦得越亮，就越能发现问题，越能形成震慑，越能保持反腐败斗争取得压倒性胜利并全面巩固态势。在全面从严治党的路上，云南巡视巡察机构坚持运用“常规巡”“专项巡”“交叉巡”“提级巡”等方式方法开展工作，积极探索出“背包巡”“码上巡”“助攻巡”等创新做法，推动巡视巡察及其整改落实工作更有成色、更有质效。

1. “联动巡”：逮耗子、守粮仓

2021年，云南以省市县三级联动的方式，纵向到底、横向贯通，开展涉粮问题专项巡视巡察。

巡视巡察组“家家到、仓仓清”，把监督重点细化为“6个看”“45个是否”，摸清数量准不准，检验质量好不好，发现并指出对贯彻落实党中央关于粮食安全决策部署不到位、全面落实粮食安全主体责任有差距、国有粮食企业经营管理混乱、粮食购销违规违纪等问题。

通过对云南粮食购销领域的“全面体检”，巡视巡察组精准发现一批问题线索，推动从严从重查处一批涉粮腐

断老鼠活路，守百姓饭碗

败问题，让那些对国家粮食有坏心思、动歪脑筋、乱伸手的人付出惨痛代价。

清风君说

悠悠万事，吃饭为大。粮食安全是事关民生福祉、稳定经济增长、维护国家安全的大事。习近平总书记反复强调“手中有粮、心中不慌”，一定要把粮食的饭碗牢牢端在我们自己手里。

面对粮食领域“转圈粮”“空气粮”“升溢粮”“损耗粮”“价差粮”“坑农粮”“靠粮吃粮”等腐败现象及问题，巡视巡察组以“专”的精神和办法，揪出粮仓里的“硕鼠”，稳住国民经济的基本盘。

各级党委政府、粮食业务主管监管部门要增强政治担当、责任担当，坚决、全面落实粮食安全主体责任、党政同责和主管监管责任，围绕“人、责、粮、库”等重点，坚持不懈推进专项整治，不折不扣抓好问题整改，有效解决威胁粮食安全的突出问题和风险隐患。只有始终绷紧粮食安全这根弦，才能确保口粮绝对安全，才能实现人民安居乐业、国家长治久安。

2. “提级巡”：复杂问题“升格”治理

2020年3月，西双版纳八届州委第十一轮巡察采取“提级巡”的方式，对县（市）下辖的村（社区）党组织进行巡察，选取一些问题比较复杂、群众反映强烈的村（社区），把基层党组织弱化、虚化和群众急难愁盼问题作为监督重点。

开展巡察以来，全州共发现问题1141个，完成整改1138个，整改率达99.74%。向被巡察党组织提出意见建议542条，向县（市）党委、政府有关部门提出意见建议62条。

州上有人下来了

清风君说

一般情况下，巡视巡察按照权限分级组织，一级管一级，即“上管中、中管下”。但有时候，“下”这一层级出现的问题比较复杂，涉及的面较广、牵涉的人较多，就可以采取“提级”的方式，让“上”这一层级统筹处理和通盘推动解决。

提级巡察方式的运用，一方面，“提”的是站位，从全局和整体的角度，以正视和推动解决问题为出发点和落脚点，高度重视问题，迈过“不愿巡”“不敢讲”的坎。另一方面，“提”的是层级，以更高的视野、更宽的视域、更深的视角看待和处理盘根错节的问题，找到问题之间、原因之间的关联处、关键点，形成“全链条”，阻断“级差”。

3. “机动巡”：用巡视守护绿水青山

2018年12月下旬至2019年1月下旬，云南省委派出3个巡视组，对滇池、洱海、泸沽湖等九大高原湖泊保护治理工作开展机动巡视，监督检查相关州（市）党委对高原湖泊“共抓大保护、不搞大开发”政治责任落实情况。

巡视组立足高原湖泊流域面积大、保护治理专业性强等特点，运用科技手段排查各种异常点，通过听取汇报、个别谈话、下沉调研等方式，发现各类问题77个，移交领导干部涉嫌违纪违法问题线索19件，提出意见建议30条，督促被巡视党组织抓实巡视整改，切实扛稳本地区生态环境保护政治责任。

又见海菜花

清风君说

人不负青山，青山定不负人。当海菜花再一次盛开在蓝天碧水之间，洱海的生态系统逐渐恢复稳定。然而，高原湖泊的生态保护，永远不能松懈。

巡视组对滇池、洱海、泸沽湖等九大高原湖泊保护治理工作开展的“政治体检”，是对落实党中央关于生态环境保护重大决策部署落实情况的政治监督。

针对落实保护治理不力、随意应付等问题，查找工作中的政治偏差，督促相关部门整改落实，多干保护自然、修复生态的实事，多做治山理水、显山露水的好事。

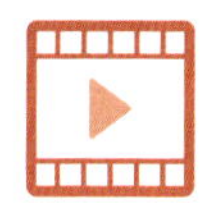

《铁纪护卫洱海清波》

4. “助攻巡”：帮助队友，联系群众

“助攻巡”，就是“一助一攻”。“一助”，是指巡察队伍内部帮助，统一调配力量，集合多方资源，着力解决巡察任务与巡察力量不均衡的问题。“一攻”，是指异地交叉巡察，攻破基层巡察熟人社会监督难，兼顾有形有效覆盖矛盾多，基层巡察力量薄弱等堵点、淤点、痛点问题，有效打通全面从严治党“最后一公里”。

2020年，曲靖市委统一安排，统筹全市巡察力量，组织会泽县、宣威市开展村（社区）党组织巡察工作，以上促下，推进巡察全覆盖一体落实。

精准定位，合理分配

巡察组灵活运用电视、报纸、网络、微信等平台公布巡察任务，采取张贴巡察公告、发放宣传单、广播滚动播放等方式进行宣传，深入一线、深入群众，创新“数据比对”等巡察方式，紧盯群众反映强烈的急难愁盼问题开展监督检查，移交立行立改问题262个，及时开展巡察反馈并督促真改实改，让群众切实感受到全面从严治党就在身边。

曲靖市委组织开展了2轮“助攻式”巡察，共派出18个“助攻式”巡察组，每轮现场巡察时间50天左右，覆盖会泽县、宣威市的201个村（社区）党组织，发现问题1983个，问题线索56件。

清风君说

“助攻式”巡察的开展，搭建起巡察工作和基层干群之间的“连心桥”，着力破解巡察力量薄弱难题，拉近了和基层干部群众的距离，更能精准识别群众反映强烈的痛点难点堵点问题，有针对性地提出整改要求，确保巡察监督“不跑偏”，提升了巡察质效。

“助攻式”巡察中的“异地+级差”“个别+集中”“点穴+下沉”等具体工作方式，确保巡察内容、工作手段、发现问题“尺度”一致，确保“巡”出真问题、“察”出震慑力，有效破解熟人社会监督难题，更好发挥巡察震慑力、推动力。

5. “背包巡”：山高路远水长，巡察脚步丈量

为了确保巡察监督全覆盖、无禁区，云南针对山高坡陡、地形复杂、交通不便的实际，探索组建背包巡察组。

巡察干部认真践行以人民为中心的发展思想，人手一只行军背包，背包里有铺盖、洗漱用具、简单的厨具和食材，把巡察工作向基层延伸、向一线延伸、向群众身边延伸。

背包巡察组深入田间地头、入户走访、巡村住村，利用火塘会、院坝会、路灯会、地埂会，以及街天摆摊设点宣传、发放宣传单等多种形式，对群众反映的问题及时记录核查，做到当日收集、当日分析研判、当日督促整改，推动从实从快解决问题。

“背包巡”的实际运用，大幅降低了巡察工作成本，避免了来回折腾、反复整改等形式主义，在有限的时间内推动巡察工作质效实现最大化、最优化。

自2019年7月以来，文山州马关县、富宁县、广南县，红河州蒙自市、建水县，大理州洱源县，怒江州泸水市、福贡县、贡山县等积极探索背包巡察，共派出54个背包巡察组，对261个村级党组织开展巡察，发现问题4354个，移交问题线索113件，立案36人，党纪政务处分36人，移送司法1人。

党心、民心都装进包里

清风君说

山高路远，阻不了监督向基层延伸，隔不断政策为群众护利。打开一个包，日用品、皮尺、小锤子、螺丝刀等物品应有尽有；背上一个包，走进地处偏远、地形复杂、交通不便的乡村小道，巡在村、住在村、察在村，近距离和群众聊家常，心贴心倾听群众的诉求。这就是“拎包即走、开包即巡、收包即改”的“背包巡”工作模式，让监督的阳光照进大山、照进乡村。

云南类似的做法还有“院坝式”巡察，采用“零距离接触”方式，变“等信访上门”为“送监督下乡”，检查和了解党和国家的惠民利民政策是否贯通到乡民村民的“田里头”，是否贯通到老百姓的“心窝子”，是否切实让问题在基层发现、在基层解决。

《背包巡察沉一线　直击问题暖民心》

6. “交叉巡”：跳出熟人圈

近年来，为着力解决市县巡察“巡不深、察不透，人情干扰多”等难题，云南积极探索开展交叉巡察，各州（市）委组建交叉巡察组，交叉到异地开展巡察。

2018年以来，曲靖市委积极探索开展交叉巡察。巡察组综合考虑地域回避、专业方向、工作阅历等方面情况，在罗平和会泽两县各抽调8名巡察干部，互派到对方组建的4个巡察组，与本地巡察干部混合搭配，开展巡察工作。

通过个别谈话、查阅账目等方式，巡察组很快就发现了水厂、县残联等单位违规发放津补贴、私车公养等问题，并督促立行立改。通过交叉巡察，会泽县发现问题增幅达127.3%，罗平县发现问题增幅达75%。

除了“互派式”交叉巡察，曲靖市还开展了“滚动式”交叉巡察，即从4个县共抽调38名巡察干部，以“循环滚动”方式开展巡察工作。之后，又开展了“全员式”交叉巡察，市委组建巡察工作领导小组，从市直单位、各县（市、区）抽调的成员“全员”交叉。

从两县“互派”到四县“滚动”，再到辖区“全员”“全覆盖”，曲靖市县级交叉巡察工作逐渐铺开。全市4轮交叉巡察共发现问题2659个，领导干部问题线索615件，发现问题数和问题线索数均比常规巡察有大幅度提升。

老问题，新“配方”

清风君说

长期以来，巡视巡察工作有一个最突出的难点：越往基层，“熟人社会”特征越明显，发现问题“浅巡辄止”，“不愿巡、不便巡”，导致“巡不深、察不透”。交叉巡察坚持地域、公务、任职“三回避”原则，有效消除“人情壁垒”，斩断“人情链条”，切实增强巡察工作发现问题的能力。

巡察组工作人员来自不同地区和部门，不仅可以助力解决巡察人手不足、力量分散等难题，而且能够有效解决基层人脉关系复杂、巡察工作易受干扰、熟人社会监督等难题，使巡察组工作人员更好把身子扑下去、把问题捞上来，提升巡察质效。

7. “码上巡”：有问题，请扫码

民情“码上巡”，事情“马上办”，问题“马上改”。手机二维码功能已经在云南巡视巡察工作中得到充分运用，只要打开手机扫个码就能反映问题。

2022年，建水县委巡察机构积极探索创新巡察信访方式，充分发挥“互联网+巡察”优势，开通“码上巡察”

扫一扫，就可以解决问题

问题反映和举报平台，群众可通过扫码随时上传要反映的问题详情、图片资料等，实现群众诉求“一键直达”。

巡察组收到群众反映的惠民资金发放不规范、生活用水困难等问题后，即时受理、及时梳理、分析研判，督促有关问题立行立改，真正做到“线上秒受理”“线下马上办”。通过“码上巡察”发挥的积极作用，群众反映的问题得以有效解决，赢得了群众的点赞。

清风君说

在信息化时代，巡视巡察工作也需紧跟时代步伐，运用新技术，实现从手工纸质模式向网络电子模式转变、从结果评价向过程控制转变，助力巡视巡察工作更加精准、便捷、高效。

巡察组在收到信息后，即时受理、及时转办、持续督办，跟踪督促有关问题，做到快收快处、快结快清，实现“秒受理”，有效发挥了解民忧、纾民困、暖民心的积极作用。

“码上巡”的广泛运用，是坚持站稳人民立场的生动实践，打破了群众反映问题和诉求的时间地点限制，有利于保护隐私、消除顾虑，增强群众参与监督的积极性。

（三）巡视巡察中的负面清单

在巡视巡察中，个别党组织和党员领导干部对巡视巡察重视不够，有的思想认识不到位，敷衍应付；有的上报材料不符合要求，数据不准、瞒报漏报、久拖不报；有的检视问题避重就轻、遮遮掩掩、羞羞答答……这些问题值得我们高度重视、引以为戒。

1. 说了等于做了，做了等于做好了

2019年，省委巡视组在某市开展巡视工作。该市所辖乡镇是重点自然生态保护区，省委巡视组发现游船航线穿越饮用水源一级保护区等问题。

该市在接受巡视过程中，“美化”相关材料，均以“问题已整改完成”上报。2021年，巡视“回头看”发现，上述问题并未真正得到有效解决，并指出上报材料存在弄虚作假问题。

最终，该市政府被责令作出书面检查，该市自然资源局被责令向市政府作出书面检查，相关责任人受到相应处理。

材料“跑”在整改前

清风君说

一些被巡视单位或个人，向组织报送的材料弄虚作假、缺项漏项、迟迟不报，都是回避关键信息的行为，直接影响了巡视组对真实情况的了解，阻碍了巡视组对重要信息的掌握。从本质上说，这是缺乏政治意识和责任担当的表现。

靠材料堆砌包装的“政绩”中看不中用，好比“绣花枕头一包草”，好看的是“面子”，伤害的是“里子”。只注重好看的上报材料，便会助长弄虚作假、虚报浮夸的歪风。

“严”在“实”中求，“治”在“实”中得。巡视巡察工作，要把“病灶”查清楚，将“病根”挖出来，杜绝任何“假把式”，推动工作干出实实在在的成效，赢得群众真真切切的点赞。

2. “咆哮帝”的演技

2019年，省委巡视组在对某县开展脱贫攻坚专项巡视期间，时任县农科局党委书记、县委农办主任连某拒不配合工作，影响巡视工作正常开展。

当省委巡视组要求其提供相关文件材料和数据详细情况报告时，连某竟将一份去年报县委的工作材料改个名字就报给省委巡视组。

面对省委巡视组工作人员的询问，连某态度非常恶劣，对工作人员破口大骂，使用不文明语言进行侮辱攻击。

最终，连某受到党内严重警告、政务记过处分，并被免职。

声音大，心里虚

清风君说

连某拒不配合巡视工作，是干扰对抗巡视的典型表现。从查办的情况看，越是干扰越有猫腻，越是对抗越有隐情。

破口大骂、混淆视听、弄虚作假等干扰巡视巡察行为，往往是此地无银，结果是作茧自缚，非但逃不脱党纪国法的处罚，还会受到更加严厉的惩处。

根深不怕风摇动，身正不怕影子斜。若已犯错，自觉接受巡视巡察监督，才是正确态度。对于自身存在的问题，勇敢承认、主动说明、知错就改，既是争取宽大处理的不二选择，也是迷途知返的唯一出路。

《正风肃纪反腐云南实践》

3. 以忙为理由，把醉当借口

2020年，省委巡视组到某州开展生态环境保护专项巡视。按工作计划，事先通知州政府分管生态环境保护工作的副州长做好谈话准备。

该副州长在接到谈话通知后，以下午州政府有会议、晚上还有接待任务为由，提出调整谈话顺序或安排次日再谈的要求，与省委巡视组讨价还价，反复周旋，态度十分蛮横。

期间，该副州长无视巡视工作的政治性和严肃性，在参加了非公务性宴请活动之后，以醉酒状态参加个别谈话，举止随意、态度轻浮、避重就轻、偏离主题，以各种方式对抗干扰巡视。

根据《中国共产党巡视工作条例》第三十七条的规定，该副州长受到党内警告处分。

美味的小酒，拖延的理由

清风君说

接到省委巡视组个别谈话通知，该副州长却迟迟不肯“露面”，待到谈话时，却以醉态对待，举止轻浮，导致省委巡视组对接不顺畅，无法顺利开展谈话，让巡视干部很难了解到真实情况。

这种“软抗”行为，暴露出少数党员干部马虎应付、欲盖弥彰等心态，政治站位不高、思想认识不深等问题，是典型的不讲政治、不讲规矩的行为，必然逃不脱纪律的惩处。

配合巡视巡察工作，是每个党员干部的义务，要主动加强衔接，全力做好配合，认真做好相关查阅资料的提供、个别谈话的组织等工作，确保巡视巡察工作发现问题，推动解决问题。

4. 前面“不着急”，后面“瞎着急”

2020年，省委巡视组到某市开展巡视工作，发现并指出该市政府生态环境保护责任体系未建立健全、矿产资源管理混乱、土地利用率偏低等问题，要求按照时间规定整改落实。

作为整改责任单位，该市政府对巡视反馈问题没有认真对待，没有按时间要求落实，一些问题久拖不决，一些问题决而不行，一些问题慢行慢改，整改工作一直滞后。

2021年12月，该市市长受到批评教育，被责令作出书面检查，副市长、市自然资源局党组书记、局长被诫勉谈话，责令作出书面检查。

脚底的泥，越踩越厚

清风君说

一些地方党组织落实巡视巡察整改主体责任不力，整改进度严重滞后，常以“手头工作比较多”“原来的领导调整了”

等为理由，能拖则拖，能慢改就慢改。

抓好巡视巡察反馈问题整改是旗帜鲜明讲政治的具体体现。各级党组织面对巡视巡察整改，不能有“等一等”“歇一歇”的心态，要切实增强责任感和紧迫感，树立起“不抓整改是失职、整改缓慢是渎职”的意识，持续用力，紧盯重点难点问题抓整改，下大力气解决“中梗阻”问题，确保立即整改、坚决整改、整改到位。

5. “重要参考”，成了“仅供参考”

2021年，省委巡视组到某县开展巡视工作，发现并指出机关党建“灯下黑”等问题，要求全面整改。

此后，该县委组织部开展党建述职评议考核工作时，却对省委巡视组反馈问题置之不理。1名乡镇党委书记在受到党内警告处分的情况下，仍然被考核评定为“好”；多名县直机关党委委员在受到党纪政务处分的情况下，党工委书记被评定为“较好”。

由于该县委组织部失职失责，县委组织部副部长受到批评教育并被责令作出书面检查，县委组织部部长被提醒谈话。

视而不见

清风君说

综合运用巡视成果，是巡视工作的关键一环，也是巡视工作推动改革、促进发展、发挥标本兼治作用的重要方面。

党的组织部门要充分结合巡视成果，把它作为考核评价使用干部的重要参考，作为加强干部队伍建设的重要标尺，督促党员干部把问题改到位，推动打造高素质党员干部和高质量干部队伍。

6. 整改挂在“空挡”上

2020年，省委巡视组到某县开展常规巡视工作，发现并向该县反馈了产业布局不合理等方面的问题。

该县县委领导班子对巡视反馈问题重视不够，不召开会议专门研究部署，统筹谋划不足。对产业发展等相关问题，不下沉基层调研，寻求解决办法。遇到棘手问题等待观望，挂着整改“空挡”继续溜滑，导致巡视整改工作未取得实质性进展。

2021年10月，该县县委被责令向市委作出书面检查并切实整改，时任县委书记被给予通报问责，县委副书记、县长等相关人员被批评教育。

脚踩西瓜皮，滑到哪里算哪里

清风君说

该县县委班子对巡视整改落实不力，以为应付一下就能蒙混过关，以为等待观望就会保险一点，实际上反映出对问题的回避、对责任的推卸，把自己当作“吃瓜群众”，让问题高高悬起、轻轻放下。

巡视巡察整改是为了克服工作中的“毛病”、解决存在的问题，把工作干出成效和质量。县委领导班子作为“领头雁”，如果不能扛起责任、抓实整改，就会让小问题变成大问题。

落实巡视巡察整改要求，决不能“挂空挡”“溜滑梯”，老老实实改，问题自然越改越少，逐项对照改，工作就会越改越有成色。

7. “算盘珠子”，拨一下、动一下

2014年，省委巡视组到某市某县开展巡视，并反馈了相关问题。2017年，巡视“回头看”时指出该县县委整治问题不力、措施不到位。

2018年，中央环保督察组点名通报该县整改问题不坚决、不全面、不彻底。

灰尘不扫自己不跑，算盘不拨珠子不动

2021年，省委巡视组到该市巡视，再次指出该县县委“见子打子”式整改，仅整改省委巡视组直接点出的问题，但对共性问题避而不改，整改成效存在较大差距。

2022年，县委、县政府被通报问责并作书面检查，时任县委书记被诫勉问责，时任县委副书记、县长被通报问责，其他相关人员受到相应处理。

清风君说

该县抓整改“见子打子”的做法背后，是强烈的功利思想在作祟，不用思考、不用抉择，花最少的时间、最少的精力，能应付就应付过去，赶忙交差了事。

“见子打子”式整改，只会是“按下葫芦起了瓢”，这儿问题解决了，那里矛盾又出来了。真正的整改，不能只是“头痛医头、脚痛医脚”，而是要在整改中举一反三，以点连线带面地把问题从根子上解决。

《推动巡察“有形”“有效”相统一全覆盖》

8. 积极认错，坚决不改

2018年，省委巡视组对某县开展脱贫攻坚专项巡视期间，发现脱贫工作不到位等问题。省委巡视组要求其立即整改，该县虽表态坚决，但并未认真对待。

2019年，脱贫攻坚专项巡视“回头看”时，省委巡视组再次指出上轮巡视整改不力，要求其认真落实整改要求，但该县仍然表面答应、实则敷衍了事。

2020年，中央巡视组对该县开展常规巡视，明确指出其在落实巡视反馈问题整改中政治站位不高、主体责任不牢，对反馈问题整改工作不研究不部署，搞形式、走过场，整改不坚决、落实不到位。

最终，该县县委被责令向市委作出书面检查，县委书记被责令作出书面检查，其他相关责任人受到相应处理。

你说得很对，但我就是不改

清风君说

面对巡视巡察整改要求，一些被巡视巡察地区和单位党组织面上表态坚决整改，却在整改落实阶段避重就轻、随意应付，想当然地认为巡视巡察组走后就是平安“通关”，“差不多”“过得去”就可以了。

这种“过关”心态的存在，归根结底是思想认识出了偏差，缺乏对巡视巡察工作重要性的深刻认识，没有把巡视巡察看作查找问题的重要途径，其实也是一种“讳疾忌医”的心态，对自身问题不愿改、不真改。

各级党组织和广大党员干部要知道，巡视巡察整改是为了“治病救人”，改得越认真、越彻底，越能根治“顽疾”。只有夯实责任担当，不回避、不遮掩、不护短、不怕丑，才能推动各项工作向好向上发展。

9. 羞答答的“政企脱钩”

2020年，省委巡视组对某区委开展常规巡视时发现，一些党政机关没有按照国家有关规定与自办企业实行“政企分离”，仍然与企业之间存在业务往来。省委巡视组要求涉事单位全面整改“未脱钩”的问题。

该区委接到巡视整改要求后，在整改中打折扣，有4家企业未完成脱钩工作，部分领导干部利用职务便利为企业提供帮助，政企之间的利益链仍然存在。

最终，该区委被责令向市委、市纪委作出书面检查，该区委书记被责令作出书面检查，并由市纪委对其进行约谈。

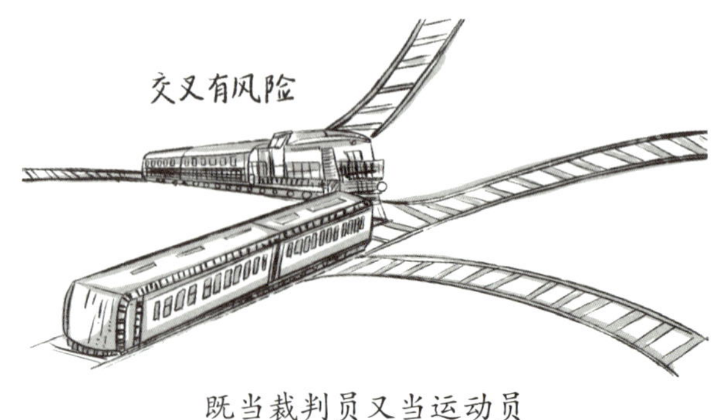

既当裁判员又当运动员

清风君说

当前，巡视巡察反馈问题整改落实“打折扣”的现象依然存在，部分被巡视巡察党组织抱着侥幸心理敷衍应付，以为整改一部分就可以瞒天过海，或者认为打“消耗战”“持久战”就可以搪塞过去。

巡视巡察整改容不得半点含糊，打不得半点折扣。整改小部分和整改大部分都是整改不力的具体表现，任何“打折欠账”的整改都逃不过巡视巡察的“火眼金睛”。

落实巡视巡察整改，是坚决贯彻党中央重大决策部署的具体体现。对各级党组织和党员干部来说，没有任何条件可讲，只要没有整改到位，就必须持续整改、一改到底。

10. 撂荒的责任田

2020年，某县县委常委会会议讨论省委巡视反馈意见整改方案时，将“2017年县公安局在公务接待中违规购买烟酒共计4.63万元”问题，按规定交由该县公安局整改。但是，县公安局党委却推卸整改政治责任，违规安排县纪委县监委派驻纪检监察组开展核实工作。

只挂帅，不出征

2021年，针对省委巡视组发现该县公安局党委没有履行整改主体责任等问题，县纪委县监委对其提出严厉批评，责令作出书面检查，相关责任人员受到严肃处理。

清风君说

被巡视党组织是巡视整改的责任主体，自己的问题必须自己“买单”，自己的“责任田”必须自己耕种，不能发现问题后当“看客”、当“甩手掌柜”。

各级党委（党组）要强化政治担当，把责任担负起来，层层传导下去，要把每条战线、每个领域、每个环节的督促整改工作当作分内之事、应尽之责，抓具体、抓深入、抓到位，确保巡出成果、改出实效。

（四）坚决落实巡视巡察工作要求

巡视巡察是党章赋予的重要职责，是党内监督的重要举措，巡视巡察与被巡视巡察党组织的根本目标是一致的。被巡视巡察党组织及党员干部只有正确对待、自觉接受巡视巡察监督，积极配合巡视巡察工作，认真抓好整改落实，形成同题共答的合力，才能确保巡视巡察工作顺利进行、确保各项工作统筹推进，才能做到对组织绝对忠诚、对自己高度负责。

1. 胸怀“国之大者”，思想认识到位

要深刻认识习近平总书记和党中央高度重视巡视巡察工作的战略考量，全面理解党内法规关于巡视巡察工作要

求的刚性约束。

要切实增强接受巡视巡察监督的自觉性和责任感。处理好自律和他律的关系，做到不遮不掩、不弄虚作假、不说情求情，以自我革命精神涤荡思想积弊、陈规陋习，以抓铁有痕的力度改进作风、提升效能，坚持直面问题、刀刃向内。

要切忌以下几种错误心态：沿用老思维、老习惯、老做法，侥幸、试探、应付、过关的心态；漠不关心、事不关己、高高挂起，当“吃瓜群众”的心态；站在巡视巡察的“对立面”，抵触和对抗的心态。

要把巡视巡察作为开展党性教育、纪律教育的重要途径。巡视巡察是“政治体检”，能起到发现毒素毒瘤，进而治病救人的作用。被巡视巡察党组织和党员干部要敢于自我揭短、主动亮丑，敢于正视问题、克服缺点，以虚怀若谷、闻过则喜的境界和觉悟，诚心诚意接受监督帮助，积极主动支持配合巡视巡察。

要珍惜巡视巡察的机会，借巡视巡察之威，着力解决班子队伍建设、事业发展等方面存在的突出问题，在发现问题和整改落实中，站稳立场、锤炼品质、提升能力、增强意志，推动本单位各项工作顺利开展。

2. 摆正态度，做出行动

巡视巡察是非常严肃的政治监督，必须认真对待。要按照支持配合巡视巡察工作有关要求，在提供材料、个别谈话、参与座谈、协作调研、畅通信访举报渠道、联络协调保障等方面，全力以赴支持配合巡视巡察。

准备工作不马虎。被巡视巡察党组织要将巡视巡察要求传达到各下级单位，做好工作部署，落实各项措施，做好巡视巡察组进驻的各项准备及保障工作，确保巡视巡察工作正常开展。“一把手”要严格对照标准，带头认真撰写党组织和个人报告，深刻检视剖析问题及其根源。按照巡视巡察进驻材料准备清单要求，准备好需要提供的文件资料并及时提交，为巡视巡察组提供必要的工作保障。

会议谈话不敷衍。召开见面会、进驻动员会及其他专项汇报会议，按要求安排好党员干部谈话工作，要求党员干部谈话时要秉着实事求是的原则，按照谈话提纲认真思考、提前准备，找好数据和有关事例，对领导班子成员和单位整体状况进行全面、客观评价。领导班子成员要主动汇报自身问题，深刻进行自检自查，谈深谈透单位的重大问题、关键领域以及领导班子和成员的情况。

提供材料不含糊。对照巡视巡察组的材料清单，及时准确提供各项材料，包括工作汇报材料、专题汇报材料、专项工作材料、党组织会议记录、理论学习中心组材料、领导干部个人有关事项报告材料、财务账目、档案等。

3. 事事有回音，件件有着落

巡视巡察发现问题的目的是督促被巡视巡察党组织从问题中引起重视、提高警觉，进一步统一思想、提高站位、解决问题。被巡视巡察党组织要进一步强化问题共答意识，激发接受监督的内生动力，增强检视问题、整改问题的自觉性、主动性。

要边巡边改、立行立改。巡视巡察组对发现的违反中央八项规定精神及“四风”等问题，要及时移交，督促立行立改。各级党组织对于巡视巡察期间移交的问题，要高度重视，深入剖析问题根源，坚持边巡边改、立行立改、即知即改，推动整改工作有序展开。

要严肃整改、全面整改。巡视巡察不是评功摆好、遮丑护短，而是要找问题、促整改。能不能严肃整改，检验的是被巡视巡察党组织主体责任和纪检监察机构监督责任落实是否到位。党组织书记要带头真检视、真反思，带头推动整改落实，带头攻坚克难。把巡视巡察反馈意见中列出的问题，当作“警示牌”，做到不消极应付，不推脱责任，不软拖硬抗，不大事化小、小事化了。防止和解决该查不查、该处不处、核查不深入、查处不到位等问题，对巡视巡察发现的问题，及时分类处置，做到件件有着落、事事有回音。

要举一反三、长效推进。巡视巡察工作要发挥震慑、遏制、治本作用，必须运用并拓展好巡视巡察成果。要以点带面进行“地毯式”“举一反三式”整改。要针对工作中的薄弱环节，建立风险预警机制，完善各项体制，着力健全长效化制度。

（五）插图：半分钟学习

主动接受巡视巡察监督，是党内政治生活的重要组成部分，是党员干部政治立场、党性修养的直接体现。我们有必要了解掌握巡视巡察工作要求，并按照相关规定认真配合好巡视巡察工作。

按要求准备、提供相关材料

巡视巡察组正式进驻之前，各单位要严格按照巡视巡察组提供的材料清单，认真“照单准备”，确保材料全面、客观、真实，并按时间要求提交上报。

认真参加巡视巡察工作动员会

各单位相关人员按要求参加动员会，严肃会场纪律，准确理解会议精神，抓好工作落实。

有问题有建议，可以直接向巡视巡察组反映

拨打专线电话

投递举报信

当面递交材料

被巡视巡察单位党员群众有问题和建议，可以通过投递举报信、拨打巡视巡察专线电话、找巡视巡察组面谈、扫二维码等方式进行反映。

参加个别谈话要态度端正、严肃认真

认真读谈话通知　　巡视组谈话

参加巡视巡察组个别谈话前，要按照谈话提纲认真

准备，在谈话过程中实事求是回答问题，客观如实反映情况。

边巡边改、立行立改

收到反馈，马上整改

被巡视巡察党组织对巡视巡察组移交的有关问题，要拿出思路举措，针对性地做好边巡边改、立行立改工作。

对照清单全面整改，确保问题“销号清零”

一项一项清洁，全面进行大扫除

问题清单不是摆设，用心思考、潜心研究才能有效破解问题。巡视巡察意见反馈后，被巡视巡察党组织要认真研究整改工作，对自身存在的问题认真查摆原因，找准问题症结，明确整改方向和措施，确保问题得到真正解决。

整改落实情况“双公开”

整改结果很清楚，各个平台都能查

本地区本部门本单位的整改落实情况，既要在党内进行通报，也要通过官方报纸、网站等适当形式向社会公开，接受干部群众和社会监督。

三、有话好好说——信访举报正确表达

（一）信访举报你知道

信访是送上门来的群众工作，是群众反映愿望和诉求的渠道。针对党组织、党员涉嫌违反六项纪律和监察对象

涉嫌职务违法、职务犯罪行为，我们要向纪检监察机关进行信访举报。那么，信访举报是什么、信访举报人有什么权利义务、怎样进行信访举报、信访举报的流程有哪些，这些知识你应该了解、掌握，以便更好地行使监督权利、维护自身权益。

1. 一分钟了解信访举报是什么

信访工作是党的群众工作的重要组成部分，是了解社情民意的重要窗口。我们党历来高度重视信访工作，出台了一系列处理信访举报、保障群众监督权、维护党员干部权益的制度。信访是公民、法人或者其他组织采用书信、电子邮件、传真、电话、走访等形式，向各级人民政府、县级以上人民政府工作部门反映情况，提出建议、意见或者投诉请求，依法由有关党政机关处理的活动。

党的十八大以来，习近平总书记多次强调，各级党委、政府和领导干部要坚持把信访工作作为了解民情、集中民智、维护民利、凝聚民心的一项重要工作，千方百计为群众排忧解难。

“纪检监察信访举报工作”是信访工作的重要分支，主要是指纪检监察机关对涉及党组织、党员以及监察对象的检举控告，党员对党纪处分或者纪律检查机关所作的其他处理不服、监察对象对监察机关涉及本人的处理决定不服提出的申诉，被调查人及其近亲属对监察机关及其工作人员违反法律法规、侵害被调查人合法权益的行为提出的申诉，对党风廉政建设和反腐败工作的批评建议进行处理的活动。

纪检监察信访举报是纪检监察机关服务群众的重要窗口、密切联系群众的重要渠道，也是社会公众对党员干部、监察对象进行监督的重要渠道，是人民群众参与党风廉政建设和反腐败工作的重要形式。对纪检监察机关来说，信访举报是观察党风廉政建设情况的“风向标”、分析政治生态的“晴雨表”，更是获取信息和案件线索的“线索源”。

2. 信访举报人的权利和义务

权利和义务是相对的，信访举报人在信访举报过程中有六方面的权利，也要承担五方面的义务。

信访举报人的主要权利

（一）对党组织和党员、干部以及监察对象涉嫌违纪违法的行为提出检举控告；

（二）申请与检举控告、申诉事项相关的工作人员回避；

（三）对受理机关以及处理信访举报工作人员的失职渎职等违纪违法行为提出检举控告；

（四）因检举控告致其合法权利受到威胁或者侵害的，可以提出保护申请；

（五）检举控告严重违纪违法问题，经查证属实的，按规定获得表扬或者奖励；

（六）党内法规和法律法规规定的其他权利。

信访举报人的主要义务

（一）如实提供所掌握的全部情况和证据，对检举控告内容的真实性负责，不得夸大、歪曲事实，不得诬告陷害他人；

（二）自觉维护社会公共秩序和信访秩序，不得损害党、国家和人民利益以及公民个人的合法权利；

（三）接受党组织、单位的正确处理意见，不得提出党内法规和法律法规规定以外的要求；

（四）对反馈的处理结果等情况予以保密；

（五）党内法规和法律法规规定的其他义务。

3. 信访举报方式看过来

信访举报反映的渠道是来信、来访、来电、网络举报（含新媒介），任选一种方式就可以，不需要多个渠道重复反映。

信访举报的方式

来信：向有权处理的纪检监察机关通信地址邮寄书面材料，建议选择邮政平信（包裹）、邮政挂号信或者EMS寄送。

来访：到有权处理的纪检监察机关群众来访接待场所举报，需要携带本人身份证和相关纸质检举控告材料。

来电：拨打全省统一的12388举报电话（拨打各州市纪委监委12388举报电话时，请在12388号码前加拨该州市区号）。

网络举报：登录全省统一的12388举报网站，网址是http：//yunnan.12388.gov.cn。还可以通过各级纪检监察机关的微信公众号、手机客户端举报平台进入12388举报网站进行举报。

4. 纪委监委是不是啥都可以管

纪检监察机关并不是什么事都可以管，主要是受理反映党组织、党员涉嫌违反六项纪律和监察对象涉嫌职务违法、职务犯罪行为的检举控告。不属于纪检监察机关受理范围的信访事项，需要到各级政府信访部门或有权处理的部门反映。

根据《纪检监察机关处理检举控告工作规则》的规定，任何组织和个人对以下行为，有权向纪检监察机关提出检举控告：

（一）党组织、党员违反政治纪律、组织纪律、廉洁纪律、群众纪律、工作纪律、生活纪律等党的纪律行为；

（二）监察对象不依法履职，违反秉公用权、廉洁从政从业以及道德操守等规定，涉嫌贪污贿赂、滥用职权、玩忽职守、权力寻租、利益输送、徇私舞弊以及浪费国家资财等职务违法、职务犯罪行为；

（三）其他依照规定应当由纪检监察机关处理的违纪违法行为。

扫一扫

有问题想举报？信访举报攻略在这里

5. 手把手教你写好一封信访举报信

举报信的内容不能空洞、泛泛而谈，要有真材实料，能附相关的证据材料是最好的，如不愿意实名举报也可以匿名举报。举报信要包含以下四个方面信息：

举报信需有哪些内容

被举报人信息：被举报人的姓名、单位、现任（曾任）职务、所在地区、联系方式等信息。

举报的主要问题：客观真实地描述被举报人的具体违纪违法行为，写清楚违纪违法行为发生的时间、地点、违纪违法事项、主要证据、涉及人员、涉及违纪违法金额等。

证据材料：尽可能提供证据材料、照片或者录音、视频资料和相关证人信息等。可用光盘、U盘、移动硬盘等存储媒介装载附件，多个附件应列明附件目录。

举报人信息：如实名举报，在反映材料落款处写明举报人的姓名、单位或家庭地址、身份证号码、联系电话等。

6. 一封信访举报信的旅程

属于检举控告类的信访举报件，纪检监察机关都会依规依纪依法按照以下程序处理：

第一步，登记。信访举报件实行“一信一码”，对信访举报材料贴条形码，登记基本信息。

第二步，分流。对属于纪检监察机关受理的信访举报，按照规定移送或转送到有权处理的纪检监察机关具体承办部门办理。

第三步，办理。有权处理的纪检监察机关承办部门对信访举报材料进行核实，经查实存在违纪违法行为的，依纪依法追究相关单位或人员的责任，失实的予以了结。

第四步，反馈。对于实名检举控告，有权处理的纪检监察机关承办部门办结信访举报后，在办结之日起15个工作日内，向实名检举控告人反馈查核处理结果。

7. 有序有效信访举报很重要

依法理性表达诉求。党中央、国务院出台的一系列信访举报文件制度，规定信访人提出信访事项应当客观真实，对其所提供材料内容的真实性负责，不得捏造歪曲事实，不得诬告陷害他人。同时还规定信访过程中信访人应当遵守法律法规，不得损害国家、社会、集体的利益和其他公民的合法权利，自觉维护社会公共秩序和信访秩序。

信访人只有依法理性表达诉求，才能保障好信访工作秩序，确保自身反映的问题得到有效解决。

莫让信访举报资源空耗。不实的信访举报，会让纪检监察机关做许多“无用功”，浪费时间和精力，可能导致对那些真正严重违纪违法问题线索的调查核实反倒被延误，降低反腐败工作效率，弱化震慑作用。

信访举报必须坚持实事求是的原则，让纪检监察机关能够真正发挥好作用，避免出现“一张邮票八毛钱，让你纪委跑半年”的问题，监督执纪执法工作资源“空耗”“空转”的情况。

营造良好社会风气是你我共同的责任。一段时期以来，个别地区和单位的信访举报权利被肆意滥用，诬告陷害多发频发。倘若诬告陷害者不受到严肃查处，加之诬告陷害行为成本过低，就可能助长歪风邪气，以致恶人愈恶，善人愈危，不仅打击想干事、能干事党员干部的积极性，更可能助长诬告陷害者的气焰，损害一方政治生态，破坏了干事创业的发展环境。

营造良好的社会风气，需要纪检监察机关惩恶扬善，也需要党员干部和群众正确行使信访举报权利。

（二）信访举报误区要避开

信访举报是充分保障党员干部和群众监督权利的重要途径，能够进一步加强党员干部和群众对纪检监察机关的信任感、认同感和获得感。现实中，部分党员干部和群众对信访举报还存在一些认识误区。我们结合案例进行剖析，让大家在信访举报时能更加合规合纪合法。

1. “公务员踢狗”也要纪委管吗？

张某和李某同住一个小区，每天吃完晚饭，都习惯到小区的公共区域去遛狗。

某一天，张某和李某像往常一样到小区遛狗，两只狗因争抢一根骨头打了起来，李某见状一脚踢向张某的狗，导致张某的狗受伤。张某打听到李某是公务员身份以后，向纪委监委进行信访举报，要求给予李某纪律处分。

经核实，纪委监委认为该问题为业务范围外的信访举报，不予受理。

纪委监委并非包揽一切

清风君说

随着党风廉政建设和反腐败工作的深入推进，人民群众对纪检监察机关更加关注、寄予厚望。但是，不少群众仍然不了解纪检监察机关的工作职能和职责，认为“纪检监察工作包揽一切”“凡是与公务员相关的问题，纪委监委都能解决”“有事就找纪委监委”，导致反映问题找不对门。

具体到以上案例，张某对纪检监察机关的职能职责认识还不足。宠物狗属于个人私有财产，李某故意将宠物狗踢伤属于损坏个人财物的侵权行为，并不属于纪检监察机关受理的违纪违法行为。

2. 遇到问题，找对部门很重要

某村村民李某芳与李某琼是邻居。李某琼办了一个养猪场，但是环保设备没跟上，导致养猪场周围到处都是污水和粪便，周围村民难以忍受臭气熏天的环境。于是，李某芳就到县纪委监委信访室反映李某琼开办的养猪场污染环境，严重影响了村民的生产生活。

经研判，县纪委监委信访室认为该问题为业务范围外信访举报，按规定请反映人向职能部门反映，同时将该问题通报相关职能部门。最终由环保部门牵头，要求李某琼对其开办的养猪场进行整改，直到达标。

遇到问题首先该找谁

清风君说

党的纪律检查机关和国家监察机关是党和国家自我监督的专责机关，有明确的职能职责，不是什么问题都能受理。群众反映的问题只有找对部门，才能得到顺利解决。

按照职能职责划分，涉法涉诉问题属于政法委、公检法机关受理范围；土地征用以及房屋拆迁等问题属于自然资源部门、住房和城乡建设部门受理范围；土地、林地、水利权属纠纷问题属于自然资源部门、农业农村部门、林业和草原部门、水利部门受理范围；医疗纠纷及乡村医生问题属于卫生健康部门受理范围；环境问题属于生态环境部门受理范围；劳动人事维权问题属于人力资源和社会保障部门受理范围等。

3. 信访举报不能写“无字天书”

某村村民钟某等人来到镇纪委反映村委会主任贪污问题，由该镇纪委工作人员张某现场接待。张某询问钟某等人：“你们村主任什么时间、什么地点、贪污的什么钱？谁可以证明？有没有具体材料？”钟某等村民回答：“这些我们不知道，但是村主任肯定贪污了，你们调查不就清

信访举报需有实质内容

楚了。”工作人员张某耐心解释：“你们反映的问题没有具体内容，也没有相关材料佐证，我们没法受理啊！”最终，该镇纪委因钟某等人无法提供具体内容而不受理此信访件。

清风君说

上述案例中，钟某的信访举报因无具体内容，属于无实质内容的信访举报。

实践中，无实质内容信访举报一般有以下几种情况：一是反映内容含糊不清，明显不合逻辑；二是妄想或者明显不符合常情常理；三是纯属宣泄个人情绪，没有提供任何有价值的信息；四是反映问题仅口号性地表述，没有具体情节；五是仅列举违纪、职务违法犯罪行为名称，无具体内容；六是反映问题明显与事实不符。

无实质内容信访举报纪检监察机关不予受理，因此，党员干部和群众在信访举报过程中，一定要做到真实、明确、具体地反映问题。

4. 举报N次并不大于举报一次

李某又一次来到县纪委监委群众来访接待室，提交了自己的身份证和相关的信访举报材料，提出要举报其村委会主任侵占群众财物等问题。工作人员对该信访举报件进行系统登记录入，发现李某已多次对该事项进行过反映，相关纪检监察机关也已对其反映的问题处理完毕并给予了答复，但因为处理结果与李某所想有出入，使得李某反复到纪检监察机关群众来访接待室进行举报。最终，工作人员对李某进行了耐心的劝回。

重复举报没必要

清风君说

按照信访举报工作规定和流程，党员干部和群众对于信访举报事项可以通过来信、来电、来访和网络举报等方式提交反映，无论采用何种方式，一次信访举报就会被受理，不需要多投多访。

在信访举报件办理期间，若举报人就同一问题重复举报，又没有提供新的证据材料，则纪检监察机关信访举报部门不会再重复受理。因此，“多投总比少投好”“多投几次办理部门才会更重视、办理才会更快”的认识是错误的。多头、多层重复反映相同的问题，不仅浪费自己宝贵的时间和精力，也会白白损耗有限的行政资源。

信访举报，无需重复！

5. 注意啦，这些地方不是“信访接待区”

某村村民武某荣，在其反映的不合理诉求无法得到满足的情况下，多次到县委、县政府大门口闹访。经政府、公安机关工作人员多次劝阻、教育、训诫、拘留后，仍不改正。最终，武某荣的行为触犯了扰乱国家机关工作秩序罪，被刑事处罚。

信访有门

清风君说

案例中武某荣不是到信访接待场所正常反映问题，而是多次到县委、县政府门口进行闹访，经教育仍不改正，其行为已经构成了违法犯罪，受到了法律的严惩。

非法信访是指信访人不到指定的场所和按规定的逐级信访程序到有权处理信访事项的机关或组织提出诉求，影响党政机关办公秩序，损害社会治安秩序，恶意制造社会舆论，妨害国家安全和公共安全等行为。

《信访工作条例》对信访接待的机构有明确的规定，各级党委和政府信访部门是开展信访工作的专门机构；各级党委和政府信访部门以外的其他机关、单位根据信访工作形势任务，明确负责信访工作的机构或者人员。

可见，信访不仅要找对部门还要找对场所，不能到机关、单位办公场所周围、公共场所非法聚集，更不能围堵、冲击机关、单位，拦截公务车辆，或者堵塞、阻断交通。

6. 信访不是官大一级就好使

某村村民唐某向县纪委监委实名举报乡镇干部李某存在违纪违法问题，县纪委监委受理了该信访举报件，并告知其已受理该件。一个月以后，唐某因没有接到信访举报办理结果反馈，误认为县纪委监委办案不力，消极怠工，便直接将该信访件举报到省纪委监委。

越级举报不可取

省纪委监委通过系统查询发现，县纪委监委已经办结该件，按程序要求，自办结起15个工作日内将把办理结果反馈给唐某。唐某的信访件在县纪委监委即可处理，没有必要到省纪委监委信访举报。

清风君说

信访是法律赋予公民的合法权利，信访人应当逐级反映问题，依法、理性地表达自己的诉求，即首先要到对所反映问题有直接管辖处理权的一级机关单位或部门反映，由该机关单位或部门作出处理；若信访人不服办理结果且有正当理由，再向该单位或部门的上一级主管单位反映。

本案例反映了有些群众热衷于搞“不访乡、不访县、要访就访国务院”的越级上访思想。对于信访人越过依法有权处理的本级和上一级机关，到更高一级机关走访的越级信访行为，不仅不利于问题的解决，若存在违法行为，还可能会受到相应的处理。

7. “按闹分配”可休矣

聂某某向某县纪委监委反映，要求县交通运输局给予行政赔偿。纪委监委工作人员当面答复聂某某，但聂某某对答复不满意。聂某某就以县纪委监委、县交通运输局等部门不作为、乱作为为由，多次到县纪委监委缠访闹访，拍打接访台，辱骂工作人员，到县政府办公楼一楼大厅大声喧哗，并在网络上捏造并散布与政府和领导有关的虚假事实，还三次扬言要杀人。最终，聂某某因涉嫌威胁他人人身安全，虚构事实扰乱公共秩序，严重扰乱了信访举报秩序，被公安机关行政拘留并处以罚款。

闹访解决不了问题

清风君说

上述案例中，聂某某无理缠访、闹访的行为已经构成违法。

近年来，在信访举报过程中，出现了个别信访人为了实现自己不合理的利益和诉求，采取吵闹，甚至围堵、冲击各级单位或采用暴力、威胁等非理性手段信访的行为。缠访闹访者打着维护权益、表达诉求的幌子，其实质是用非常规手段谋求私利，一旦缠访闹访行为触碰法律底线，将受到法律的严惩。

8. “过不去”岂能“使绊子”

某村党员韩某某在办理其建房手续过程中因审批手续没有达到自己的预期，认为是本村干部张某某等人“捣鬼”，和自己“过不去”。韩某某便编造张某某等人威胁、阻拦其新建房屋，还对其进行殴打等虚假信息，并连续4日共18次向纪委监委12388网络举报网站进行重复举报，想将张某某等人“拉下马”。经纪检监察机关核查，韩某某反映的问题均不属实，韩某某因存在诬告陷害行为，被给予党内警告处分。

信访举报不能“使绊子”

清风君说

韩某某作为党员，采取捏造事实的方式诬告他人，目的是让和自己“过不去”的几名村组干部“下马”，其行为已构成诬告陷害，因违反党纪受到了处理。

诬告陷害是指采取捏造事实、伪造材料等方式反映问题，意图使他人受到不良政治影响、名誉损失或者责任追究等行为。信访举报鼓励实事求是，同时对诬告陷害坚决予以抵制。《纪检监察机关处理检举控告工作规则》明确规定，对诬告陷害行为依规依纪依法严肃处理，对查处的诬告陷害典型案件，旗帜鲜明通报曝光。

9. 信访举报不是泄愤工具

赵某与村党支部书记高某曾因宅基地纠纷交恶。赵某为发泄个人私愤，捏造杜撰了高某私吞公款、挪用救济款物以及非法占用土地并造成土地大量毁坏等虚假信息，编写了“黑内幕”“刘文彩式的书记高某”等诬告材料，向中央、省、市、县四级政府和纪检监察机关作虚假告发。此外，还编写印制了“唤醒全体村民的一封信”等材料，

举报材料不是小广告

在其所在村内散发、张贴，对高某的身心造成了极大伤害，影响恶劣。最终，赵某被公安机关刑事拘留，后被检察机关批准逮捕。

清风君说

当前有少数别有用心的人将信访举报权利异化为泄愤的工具，通过无中生有、捕风捉影、制造谣言等手段，借举报之名行诬告陷害之实。以上案例中，赵某反映高某违纪违法等问题，均为其个人捏造、杜撰，其原因出于个人恩怨，其目的是要把高某“搞倒搞臭”。

赵某的行为属于打击报复并造成不良影响的诬告陷害行为，已构成《中华人民共和国刑法》第二百四十三条规定的诬告陷害罪。

10. 躲在316件信访举报信背后的人

李某某向某镇政府反映他家隔壁的石木工艺品店存在噪声和污染等问题，因处理结果未达到李某某的要求，便冒用他人身份进行不实信访举报。

冒名举报藏不住

其中，反映镇综合执法队队长王某某暴力执法的有90件，署名曾某某；反映镇党委委员、副镇长陈某利用职权干扰执法的有150件，署名张某某；反映镇党委书记张某某对陈某行为置之不管的有29件，署名梁某某；利用网络侮辱镇领导干部的有47件。后经该县纪委监委核实，316件信访举报均出自李某某一人，其举报的暴力执法、干扰执法等问题均失实。李某某因冒用他人身份并恶意举报，扰乱了正常的信访秩序，被公安机关处以行政拘留8天的处罚。

清风君说

以上案例中，李某某冒名诬告陷害受到了依法处理。在现实中，有一些信访人以不署真实信息、冒用他人信息等方式信访举报，究其原因，有的怕打击报复，又希望得到优先处理，就冒用他人姓名举报；有的直接盗用与被举报者有“矛盾”人的姓名，意图使被举报者与署名者双方矛盾进一步加深；有的不仅冒名信访举报而且还冒名诬告陷害，性质更加恶劣，必将被严肃处理。冒名信访举报不可取，纪检监察机关提倡、鼓励实名信访举报，对实名信访举报优先办理、优先处置、给予答复。实名信访举报不仅有利于纪检监察机关提高工作效率，也有利于纪检监察机关有针对性地开展对信访人合法权利的保护。

11. 信访举报容不得信口雌黄

村民李某因其母亲生病，便以母亲名义申请了几次低保，经相关部门审核，不符合低保条件，申请没能获批。李某便来到该县纪委监委信访室，举报该村家庭条件很好的1户人家享受了低保，而自己生病的母亲却没有获批低保，大病临时救助金也一直没发。

经查，李某反映的问题与事实不符，李某口中条件较好的家庭未享受过农村低保。李某替其母亲申请的大病临时救助金已由县民政局发放到李某母亲的农信卡账户。

信访举报得实打实

清风君说

信访举报、检举控告是党员干部和群众向组织反映问题的重要渠道，一方面，纪检监察机关欢迎大家提供举报线索，另一方面，信访举报人也要坚持实事求是的原则，全面客观真实地反映情况，一就是一，二就是二，是谁的问题就反映谁的问题，决不能为了达到自身的目的，胡编乱造、颠倒黑白。

上述案例中，李某的做法不仅不利于自身诉求的解决，也影响了他人声誉，浪费了纪检监察机关的人力、物力和时间。李某应该如实向村委会反映其真实的诉求，而不是借助编造的信息进行不实信访举报。

12. “动歪心思”追名逐利得不偿失

张某某是某部门的主管，在得知周某拟提拔到该部门任副职的消息后，认为周某能力强，到该部门任职可能会抢了自己的风头，难以驾驭、不好管理，便将捕风捉影的一些传言和议论收集整理后，撰写成4封匿名举报信寄送给有关部门和领导，反映周某存在4个方面的违纪违法问题，意图使其不被提拔任用，达到避免自己手中的地位和权力旁落的目的。最终，张某某被给予党内严重警告、政务记大过处分。

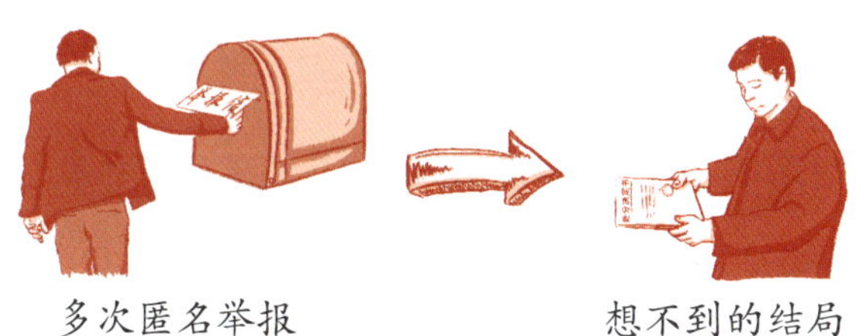

多次匿名举报　　想不到的结局

清风君说

张某某想利用信访举报打击对手，借机达到自己的个人目的，是诬告陷害中的常见类型。

近年来，一些党员干部诬告陷害他人的典型案例不时见诸媒体。诬告陷害者通过歪曲、捏造事实，无端指控、诬告同僚，企图在人事变动或荣誉、利益分配中获取不正当利益。

广大党员干部切不能把信访举报制度当作“名利场”上追名逐利的工具，在诬告陷害他人的问题上动心思、耍诡计。

13. 切勿将嫉妒变成伤人伤己的利器

艾某是某高校副校长，同时也是国家某重点实验室副主任，二级教授，博士生导师，拥有教育部“长江学者”

等多个头衔。班某是该校重点实验室副主任，因与艾某在学术问题上有分歧，且对艾某占有大量科研资源心存妒忌和怨恨，便在艾某获奖公示、提拔推荐等关键时期，以匿名举报方式多次向纪检监察机关反映艾某涉嫌贪污科研经费、论文抄袭、与多名女学生有不正当男女关系等子虚乌有的问题。经相关纪检监察机关调查核实，举报信反映的内容均不属实。最终，班某被依规依纪处理。

“暗箭”伤人

清风君说

班某因为嫉妒心作祟，见不得艾某比自己优秀，采取恶意举报等方式打压他人，最终自食恶果。

像班某这样因妒生怨，不去反躬自问，而是通过捏造事实破坏他人名誉，意图打击被举报人的履职积极性和尽责主动性，大搅他人“庆功宴”、抹黑他人“军功章”的行为，既伤害了被诬告陷害的党员、干部的工作积极性，也扰乱了信访举报秩序。

14. 费尽心思的诬告陷害

某单位刘某某与某监狱干警张某同时被借调到上级

机关工作。借调期间，刘某某认为自己被张某打击排挤，在没有事实根据的情况下，先后通过邮局2次投递6封匿名不实举报信，通过12388网络举报平台2次进行不实举报，冒用某刑满释放人员名义举报张某存在索贿行为，以张某妻子口吻举报张某与他人存在不正当经济关系及男女关系等问题。经调查核实，反映的问题均不属实。最终，刘某某被给予党内严重警告、政务记大过处分，并被调离原单位。

各种手段齐上阵

清风君说

刘某某编造不实内容，通过信件举报、网络举报等多种方式，冒名举报张某具有索贿以及违反生活纪律等方面的问题，真是为了诬告陷害使尽了“十八般武艺”。

实行信访举报制度，目的是加强对党员干部的监督。但也发现，有的党员政治品行恶劣，出于发泄个人怨气、获得竞争优势等动机，不择手段对他人进行匿名诬告、编造丑闻、散布不实消息等。

这些行为，不仅使一些清白的当事人受到伤害，也对本地区本部门的正常工作造成干扰，对单位政治生态造成损害。

15. 揣着判决装糊涂

宋某多次向市、区两级纪委监委、党委政法委、检察院等单位领导发送短信，称区法院工作人员孙某、李某克扣、截留其判决执行款，意图使孙某、李某受到刑罚。

经查，涉及宋某的民事诉讼判决已全部执行完毕，宋某发送短信所反映的问题不属实，属于恶意捏造，主要目的是发泄对法院判决执行的不满。最终，宋某因其行为构成诬告陷害罪，被处以刑事处罚。

对判决书视而不见

清风君说

检察机关如果查实信访举报人的行为属于捏造犯罪事实、意图陷他人于刑事追诉之中，并造成恶劣社会影响的，则举报人的行为可能涉及刑事犯罪。

宋某对判决不满可以走法律途径。但是，宋某故意捏造事实、散布谣言，以散发短信的方式诬告陷害相关审判人员，恶意诋毁司法机关公信力，其行为已构成《中华人民共和国刑法》第二百四十三条规定的诬告陷害罪，最终受到了法律的制裁。

16. 幕后推手，难逃其责

刘某某和沙某某在村里承包了养殖场、农家乐以及温泉项目，但是经营状况一直不太好。刘某某认为是该镇党委书记张某故意刁难，没有将通往其经营场所的一路段进行硬化所致，便一直怂恿沙某某收集对张某不利的材料准备对其进行打击报复。

之后，刘某某听说张某被作为处级干部推荐人选，正在接受组织考察，便鼓动沙某某将提前制作好的300余份反映张某贪污受贿等问题的不实举报材料，先后两次抛撒至市公务中心篮球场，造成了恶劣影响。最终，刘某某和沙某某被公安机关给予行政拘留和罚款的处罚。刘某某还因其他违纪违法问题，受到开除党籍处分。

背后的推手

清风君说

刘某某通过诱导、授意、怂恿等方法，将自己的恶意信访举报意图灌输给本来没有信访举报意图的沙某某，致使沙某某按刘某某的意图进行不实信访举报，是典型的教唆型诬告陷害。其主要特征是教唆人并不亲自实施恶意信访举报行为，而是教唆其他人去实施自己的意图。

在这样的情况下，虽然教唆者没有具体实施恶意信访举报行为，但是教唆者和实施者都要共同承担责任。同时，根据《纪检监察机关处理检举控告工作规则》第四十一条的规定，强迫、唆使他人诬告陷害的应当从重处理。

17. 那些捕风捉影的不实举报

村民白某某在晒谷场与其他村民聊天时听说村集体的房产在出租，一些与集体资产有关的合同也在签署。他没弄清具体情况，就来到县纪委监委信访室，实名举报村干部李某某和杨某某利用职务便利私自出售和出租村集体财产，所得收入未纳入集体账户，也未进行公示等7个方面的违纪违法问题。

捕风捉影要不得

经县纪委监委认真核实，举报人反映的问题只是听信他人传言，并无事实依据，认定其行为属错告，对其进行了批评教育。

清风君说

白某某在无事实依据的情况下，仅凭道听途说或主观臆测举报他人，是典型的错告行为，也属于不实举报的范畴。

不实的信访举报分很多种，有的因不明真相、道听途说而错告，有的动机不纯而恶意举报。虽然“诬告陷害”与“错告”在主观认识上有显著区别，但是都会损害被举报人名誉，也严重挫伤党员干部干事创业积极性，更对政治生态和社会风气造成不良影响。对诬告陷害行为要从严从重从快处理，对错告误告的举报人也要进行提醒教育。

18. 误解不能错告

村民阮某某看到村委会干部正在收取10余名村民交的费用，想到其近期并未收到需要交费事项的通知，这样的收费肯定有问题，于是便向州纪委监委举报村干部违规收费。后经核实，村委会是帮部分村民代收补办证件的工本费。阮某某在没有确认信息的情况下，将村民交的工本费误认为是村干部非法收取的办证费，反映问题不属实。纪检监察机关办理部门对阮某某进行了批评教育。

不了解全貌切勿妄下定论

清风君说

理解错误是引发错告的常见原因，表现为举报人对政策或者事实理解偏差，造成误解而举报。值得注意的是，错告虽然不具备主观的故意性和恶意，但是其举报行为也会对被举报人的心理和工作造成影响，甚至也会造成不好的社会影响。

阮某某因对事实不了解或者了解不全面导致检举失实的行为不可取。阮某某虽然没有诬告陷害被举报人的主观故意，但其行为一定程度上破坏了信访举报秩序，可能会对被举报人的工作和生活造成负面影响，因此纪委监委履行了提醒教育阮某某的职责。

（三）信访举报的正确打开方式

践行以人民为中心的发展思想、维护群众合法权益，推进信访举报工作高质量发展，离不开纪检监察机关依规依纪依法履行职责，也离不开广大党员干部和群众正确行使信访举报权利。我们从“纪检监察机关要履职”“党员干部群众要知道”两个方面，列出了具体的行为要求，以供纪检监察干部和广大党员干部及群众学习遵守。

1. 纪检监察机关要履职

（1）时刻把人民群众放在心中

信访举报工作是纪检监察机关联系群众的重要桥梁和纽带，在保障群众监督权利、维护群众切身利益、密切党同人民群众血肉联系方面发挥着独特作用。

始终站稳群众立场，牢固树立以人民为中心的工作导向，时刻把人民安危冷暖放在心上，把初心使命记在心间，坚持把维护群众诉求作为做好信访举报工作的出发点、着力点，做到知民情、除民害、护民生。

持续改进工作作风，防范和整治信访举报工作中的形式主义、官僚主义问题，深化开门接访、带案下访、问效回访等，热情接谈、解疑释惑，认真处理每一封信访举报，认真对待每一位来访群众，认真接听每一个举报电话，注重人文关怀和心理疏导，让群众感受到纪检监察机关信访举报工作的温度。

紧盯民生领域腐败和作风问题、涉黑涉恶腐败和“保护伞”问题、漠视和侵害群众利益问题，加大检查督办力度，坚决纠正一切损害群众利益的腐败问题和不正之风，解决群众一件件具体的操心事、烦心事、揪心事。

（2）依规依纪依法办好每一件信访举报

信访举报工作是纪检监察机关获取问题线索的主渠道，是监督执纪执法的第一道关口，是人民群众积极支持和参与反腐倡廉建设的有效途径，对于维护改革发展、稳定大局具有重要作用。

在进一步畅通“信、访、网、电”信访举报渠道的同时，进一步提升服务效能，通过深入发动群众积极参与信访举报，加强与职能部门的信息沟通，变接访为出访、下访，深入挖掘问题线索。

规范信访举报登记管理，建立信访举报办理工作台账，狠抓信访举报问题线索的梳理和排查，加大交办督办工作力度，及时受理办理群众信访举报，及时高效处置反映的党员干部违纪违法等问题，确保信访举报事事有回音、件件有着落。

定期梳理信访举报数据，对群众反映强烈、集中的问题进行深入分析研判，既发现反映党员干部个体的问题，及时移（转）送相关承办部门（单位），又挖掘党员干部所在地区、系统中存在的共性问题，扎实做好形势分析与预警，真正发挥信访举报工作政治生态“风向标”、领导决策“参谋部”作用。

（3）为担当者撑腰鼓劲

纪检监察机关既要扶正祛邪，对诬告行为“零容忍”，又要激浊扬清，为受到诬告者澄清是非，真正为担当者担当、为负责者负责、为干事创业者撑腰鼓劲，努力营造风清气正的干事环境。

持续严查诬告陷害，通过对检举控告的分析甄别，属于诬告陷害的，依规依纪严肃处理，或者移交有关机关依法处理。对查处典型案例进行通报曝光，做到发现一起、查处一起、通报一起，形成有力震慑。对于通过诬告陷害获得的职务、职级、职称、学历、奖励、资格等利益，建议有关部门、组织、单位按规定予以纠正。

精准把握“三个区分开来”，常态化推进调查核实与澄清正名，对信访举报反映问题失实的被举报单位和党员、干部，通过召开澄清会、发布通报、出具书面说明等方式予以澄清，最大限度消除负面影响，为清白者正名。

完善制度提供保障，对诬告陷害行为的认定、调查程序、责任追究等方面作出严格细致的规定，出台《查处诬告陷害行为及失实检举控告澄清工作办法》《提醒教育失实检举控告人实施办法》等制度办法，健全完善澄清保护、容错纠错、关爱保障等制度机制。

2. 党员干部群众要知道

（1）学好才能用好

学习了解纪检监察机关工作职责、纪检监察信访举报渠道、实名检举控告政策、举报人的权利和义务等知识，从“要举报”向“会举报”转变，从源头上防止诬告或错告行为的发生。

学习我国信访制度以及纪检监察信访举报工作的起源和发展历程，了解纪检监察信访举报工作逐步程序化、规范化、法治化的过程，认识信访制度是保障党员、干部和群众权益的制度，需要党员、干部和群众认真遵守。

要学习和了解信访举报工作的相关法规制度，特别是要学习《信访工作条例》和《纪检监察机关处理检举控告工作规则》，学习纪检监察机关信访举报指南，了解信访举报中需要提交的材料、注意事项、处理程序等，确保在信访举报过程中找到可以遵照的规则，也能确保信访举报件能够被尽快受理、顺利办理。

（2）你的信任是我的信心

信访作为了解社情民意的重要窗口，推动解决了一大批事关群众切身利益的问题，党员干部和群众首先应信任信访工作，和信访部门相向而行、同向发力，让信访成为群众的“信任之访”。

相信你的信访举报会被认真的受理。无论是通过来信、来访、来电、网络举报还是其他渠道的信访举报，只要是属于纪检监察机关受理范围的信访举报，都会被认真受理、登记录入并进入处置程序。

相信你的信访举报会被依法办理。无论是属于本级纪检监察机关管辖范围的信访举报，还是属于下级纪检监察机关管辖的信访举报，只要一经受理，纪检监察机关就会认真调查核实，按照程序进行办理，并采取一定的方式进行督促检查落实。

相信你的信访举报件会被及时反馈。纪检监察机关会落实好实名检举控告类信访件反馈机制，做到民有所呼、我有所应，做深做实信访举报反馈，确保群众反映的问题事事有回应、件件有结果。

（3）正确行使好你的合法权利

信访是公民的权利，学习信访制度、信任信访工作，就是为了正确行使好这项权利。只有合理表达诉求、依规依纪依法反映问题，才能维护好正常的信访秩序，推动纪检监察信访举报工作提质增效，保障好信访的作用发挥。

信访举报人要实事求是地反映问题，不能听风就是雨，捕风捉影，道听途说，也不能随意扩大信访举报的对象、信访举报的事件、信访举报的结果。更重要的是不能诬告陷害，无中生有、造谣中伤。

严格遵守国家法律法规和《信访工作条例》规定，准备好信访举报材料，依法、逐级、有序、理性行使信访举报权利，不损害国家、社会、集体的利益和其他公民的合法权利，自觉维护社会公共秩序和信访秩序。

（四）澄清工作的云南“辨识度”

对诬告陷害的严厉打击和对干部的澄清正名，体现的是纪检监察机关为担当者担当、为负责者负责的鲜明态度。云南省各级纪检监察机关牢固树立“惩治腐败是纪委监委的政治责任，保护和激发党员干部积极性、主动性、创造性也是纪委监委的政治责任”的理念，努力践行“在执纪监督工作中，既要有高压惩贪治腐的力度，更要有澄清正名的温度”，旗帜鲜明支持改革者、鼓励创新者、保护干事者，为担当者担当，激励广大干部专心致志地为党和人民建功立业。

1. 不让流汗者流泪

云南省纪委监委始终坚持维护群众监督权利与激励担当作为相统一，2020年4月29日印发《云南省纪检监察机关查处诬告陷害行为及失实检举控告澄清工作办法（试行）》，明确提出通过澄清正名帮助清白干部消除影响，为干事创业者撑腰。2023年3月，省纪委办公厅印发《关于在干部担当作为“激励行动”中深化专项整治的工作方案》。全省各级纪检监察机关深刻领会省委关于深化推进

“清廉云南”建设的重大工作部署，从讲政治的高度充分认识做好查处诬告陷害和澄清正名工作对激励党员干部担当作为的积极作用，大力开展澄清正名和查处诬告陷害工作，为敢担当、善作为的干部撑腰鼓劲、当好后盾，有效营造了激浊扬清、干事创业的政治生态和发展环境，形成了奋进新征程、建功新时代的浓厚氛围和生动局面。

为担当者正名

比如，2020年9月，云南省纪委监委在省属某金融企业召开失实检举控告澄清会。会议以“面对面”的方式，对信访举报反映该金融企业党委书记、理事长、主任倪某，省纪委监委派驻该金融企业纪检监察组及组长魏某的有关问题线索调查结果进行反馈，并对相关问题当场予以澄清。2022年9月，云南省纪委监委在省属某企业召开失实检举控告澄清会，对信访反映该企业党委书记、董事长李某的有关问题线索调查结果进行反馈，对相关问题当场予以澄清，并向其当面送达了澄清正名函。

全省各地纪委监委也建立健全工作机制，集中排查了结澄清了一批不实信访举报，严肃整治借检举揭发之名乱告状等行为，及时为多名被诬告陷害的干部澄清正名。2018年以来，全省各级纪检监察机关共开展澄清正名会5854场次，共对6403人次、353个党组织（单位）的不实举报问题进行澄清正名，帮助受到诬告错告的干部卸下思想包袱，激发干部干事创业的积极性主动性创造性。

2. 让诬告者付出代价

在为被不实举报的干部澄清正名的同时，云南省各级纪检监察机关加大了对诬告陷害党员干部、打击报复举报人等破坏信访举报环境行为的查处力度，严查诬告陷害，向诬告者亮剑，公开曝光诬告案。

比如，2023年12月，瑞丽市纪委监委按照诬告陷害查处程序，及时将杨某某诬告该市某局原局长李某在一项目实施过程中滥用职权、挪用项目资金的问题线索移交瑞丽市公安局办理。瑞丽市公安局认定杨某某构成诬告陷害，依据法律相关规定，对杨某某作出处罚。

云南省各地纪检监察机关主动作为，针对挟私报复、诬告陷害等突出问题采取相应措施进行专项整治，对无事生非、歪曲事实、造谣诬告、恶意诽谤他人的行为，发现一起、查处一起、曝光一起，坚决抵制歪风邪气，让“使绊子”“告黑状”者无立足之地。

3. 多举措提升信访举报宣传实效

2022年以来，全省各级纪检监察机关在认真开展澄清正名和查处诬告陷害工作的同时，还注重通过大张旗鼓、立体式的宣传报道，持续扩大澄清正名的正面导向效应，对诬告陷害行为进行法纪解说，不断营造扶正祛邪的浓厚氛围，彰显激浊扬清的鲜明导向。

省纪委监委在“清风云南”微信公众号开设《正确行使信访举报权利》主题宣传栏目和《澄清正名激励担当作为专项行动》专题宣传栏目，先后推送发布相关宣传信息110余篇，点击量累计达120余万次，在全社会充分释放了提倡如实检举控告、抵制歪风邪气、建立风清气正良好政治生态的强烈信号。

2023年10月25日，《中国纪检监察报》刊登的《云南健全完善激励党员干部担当作为工作机制严管有力度厚爱有温度》对云南相关工作情况给予了肯定性宣传报道；11月22日，《新华每日电讯》以及《半月谈》发表了《曲靖：狠刹“乱告状”之风，为304名党员干部澄清正名》，对曲靖的有关工作做法予以了积极宣传报道，云南相关工作的“辨识度”得到进一步凸显。

诬告之恶

以案为鉴以案为镜

一、典型案例知与警

（一）贯彻落实党中央重大决策部署不力

党员干部坚定捍卫“两个确立”、坚决做到“两个维护”，关键在于推动党中央重大决策部署落细落小落地。贯彻落实党中央重大决策部署，绝不允许上有政策下有对策，绝不允许有令不行、有禁不止，绝不允许打折扣、作选择、搞变通，否则就会受到党纪国法的惩处。

1. 东河之问

2021年4月16日，中央第八生态环境保护督察组对8个典型案例进行公开通报，云南保山东河污染问题被点名。

东河被称为保山市的“母亲河”，由于保山市委、市政府对东河水污染治理工作的重要性、艰巨性、紧迫性认识不够，保山市隆阳区委、区政府工作敷衍应付、落实整改要求打折扣，122名河长形同虚设、责任空转，造成近年来东河污染日益加剧，治理问题久拖不决，城市污水处

看得见的牌子，看不见的责任

理能力严重不足。石龙坪监测断面是东河隆阳区出境监测断面，近年来水质一路下滑，2018年、2019年、2020年分别为Ⅲ类、Ⅳ类、劣Ⅴ类，水环境形势严峻，水质持续恶化，曾经的“母亲河”沦为“纳污河”。

针对中央第八生态环境保护督察组通报的问题，云南省纪委监委围绕贯彻落实习近平生态文明思想进行政治监督，紧盯责任主体和履职情况，开展“明厨亮灶式”监督，以“东河之问”推动知责明责、担责尽责，通过直查直办、快查快办，对4个责任单位通报问责，对7名省管干部、12名处级干部、2名科级干部作出相应党纪政务处分。

清风君说

100多个河长形同虚设，100多个河长守不住一条河，“生态环境监管部门的职责哪里去了？行业监管部门的责任去哪里了？东河污染问题背后的作风问题在哪里？保山市、隆阳区两级党委、政府的政治责任、主体责任履行到位了吗？”一个个“问”及思想、“问”及灵魂的问题，是东河的诘“问”，是纪检监察机关的责“问”，是党委、政府以及工作部门的自我拷“问”，也是人民群众对优美生态环境利益诉求的追“问”。

“东河之问”振聋发聩，暴露出有些领导干部学习领会习近平生态文明思想不深入、不深刻，以人民为中心的发展思想树得不牢，维护群众利益的群众观点树得不牢，习惯用文件代替行动、用文件落实行动，让人民群众长期以来的环境诉求被忽视、被漠视。

真正解答好“东河之问”，容不得半点马虎，容不得半点形式主义。唯有以政治担当深入贯彻落实习近平生态文明思想，全面落实河长制，切实履行河长职责，筑牢生态环保责任根基，打出生态环境污染治理“组合拳”，才能守护好“母亲河”，守护住人民的心。

2. 杞麓湖的呐喊

流域面积354平方公里的杞麓湖是云南九大高原湖泊之一。千百年来，杞麓湖一直是通海人民生产生活重要的水资源，被当地老百姓亲切地称为“母亲湖”。早在2016年第一轮中央生态环境保护督察和2018年的“回头看”，就已严肃指出杞麓湖水污染治理问题。2021年4月，中央第八生态环境保护督察组下沉云南省玉溪市时仍然发现，当地为达到水质考核要求，搞“样子工程”，弄虚作假，杞麓湖水质仍未得到改善。

从2020年初开始，通海县委、县政府看到杞麓湖水质恶化趋势明显，难以完成水质考核目标，为“应考”求

为求考核“过关”，不惜造假“闯关”

“闯关”，急功近利、急于求成，有组织地进行多部门、多单位、多企业共同参与的造假活动。临时上马柔性围隔、水质提升、补水管道延伸三个项目，干扰国控水质监测点采样环境，造成水质改善的假象。

云南省纪委监委对杞麓湖污染治理弄虚作假等问题开展政治监督，以事立案，进行直查直办，全面深入调查核实，拍摄制作了8集专题片《杞麓湖的呐喊》，全程以“直播”的方式，将调查核实情况置于公众的监督之下。

经查，玉溪市委、市政府，通海县委、县政府学习贯彻习近平生态文明思想不深不透，严重违反政治纪律和政治规矩，政绩观扭曲、错位，任性决策、公然造假。玉溪市原副市长贺彬与云南聚光科技有限公司总经理、云南中皇环保产业有限公司副董事长叶国兵等人官商勾结、利益输送。6个责任单位被通报问责，5名公职人员被立案审查调查、采取留置措施，13名责任人受到党纪政务处分，11名责任人受到诫勉、通报、批评教育。

清风君说

杞麓湖水质长期得不到改善，折射出当地党委、政府及相关领导干部的政绩观发生了严重扭曲。尤其是贺彬等人利用手中职权公然造假、谋取私利，严重违反政治纪律和政治规矩，是严重的违法犯罪行为，对党不忠诚，对人民不负责，对环境造成了严重破坏。

杞麓湖的呐喊，是对生态环境保护的强烈呼吁，更是对当地党委、政府和相关职能部门、领导干部立场、品质、能力、意志的拷问。领导干部必须做政治上的老实人，始终对党和人民忠诚，弄清楚“政绩为谁而树”“树什么样的政绩”“靠什么树政绩”等问题，牢固树立正确政绩观。保护治理生态环境唯有本着对历史负责、对人民负责的态度，处理好发展和政绩的关系，才能真正做到打基础、利长远、为人民群众谋幸福。

3. 沉默就是纵容，没有立场就是丧失立场

马某在担任云南某县县委常委、政法委书记和县扫黑除恶专项斗争领导小组组长期间，在核查涉黑人员等问题方面，工作作风漂浮，履职不力。同时，履行全面从严治党主体责任不力，对该县政法系统长期存在违纪违法问题失管失察，导致2019年该县17名政法系统干部被立案审查调查。

结合其他违纪行为，马某受到留党察看1年、政务撤职处分，降为四级主任科员。

没有立场就是丧失立场

清风君说

黑恶势力是社会毒瘤，严重破坏经济社会秩序，侵蚀党的执政根基，损害人民幸福安宁。马某作为政法系统主要负责人，不认真履行全面从严治党主体责任，不坚决贯彻落实党中央扫黑除恶重大决策部署，是重大的失职失责，必须受到问责追责。

党中央部署开展扫黑除恶专项斗争，是一项重大政治任务。广大党员干部要切实提高政治站位，自觉对标对表党中央重大决策部署，深刻认识常态化开展扫黑除恶斗争、巩固专项斗争成果的重要意义，坚决扛起政治责任，以更高的政治自觉、更强的政治担当、更大的政治责任，扎实推进常态化开展扫黑除恶斗争各项工作，坚持在依法惩处、深挖根治、源头治理上持续发力，始终保持对黑恶势力犯罪的压倒性态势，确保城乡更安宁、群众更安乐。

《云南省扫黑除恶公益广告》

（二）扫黑除恶“打伞破网”

黑恶势力是经济社会健康发展的毒瘤，是人民群众深恶痛绝的顽疾。黑恶不除，则民不安、国不宁。要坚决查处黑恶势力背后的腐败问题，把打击黑恶势力犯罪与反腐败、基层“拍蝇”结合起来，严惩涉黑涉恶腐败问题，深挖彻查黑恶势力“保护伞”，持续净化政治生态，推动全面从严治党向基层延伸，不断增强人民群众的获得感、幸福感、安全感。

1. 为非乡里的“红皮白心”

云南省冶金集团总公司原党委副书记、云南金鼎锌业有限公司原党委书记杨道群，兰坪县金顶镇金凤村村委会原主任杨鹏程以及杨来周、杨求金被称为“怒江四杨”，多年来盘踞在兰坪县，把持基层政权，行贿、拉拢、腐蚀公职人员，共向18名国家工作人员行贿600余万元，形成了“以商养黑”“以黑养商”的犯罪组织，垄断矿山资源，侵占集体财产，长期实施强迫交易，聚众扰乱社会秩序，敲诈勒索。

“怒江四杨”相互勾结，达成默契。一方面，杨鹏程故意安排村民堵路，阻碍矿山正常经营，再配合杨道群“做好”村民工作，借此巩固、提高杨道群在金鼎锌业公司的威信和话语权；另一方面，杨道群索要、收受贿赂，帮助涉黑组织短期内积累巨额财富，持续发展壮大。

吃人的“杨”

杨道群受到开除党籍处分，依法以受贿罪、行贿罪追究其刑事责任。杨鹏程等17名被告人分别被判处22年至1年8个月不等的有期徒刑。

清风君说

杨道群作为一名领导干部，包庇、纵容、勾结黑恶势力团伙实施非法采矿，与黑恶势力沆瀣一气，堕落为黑恶势力的“保护伞”，严重破坏了当地政治生态、经济秩序和社会安定，与党的根本宗旨相背离，必须受到严惩。

广大党员干部要进一步增强政治责任感、历史使命感和工作紧迫感，牢固树立“四个意识”，坚决做到“两个维护”，认真贯彻党中央决策部署，以案为鉴，警钟长鸣，站稳人民立场，始终坚持以人民为中心的发展思想，牢记手中的权力是党和人民给的，决不允许与黑恶势力狼狈为奸，坚决同各种黑恶势力作斗争。

2. 官员、黑恶势力“拜干爹”“结亲家”

在全国扫黑除恶专项斗争的强大攻势下，盘踞云南保山30余年、横行作恶、称霸一方的“乔氏家族”黑社会性质组织及其“保护伞”被一举摧毁，彻底覆灭。

政商、亲家惨遭“一锅端”

经查，保山市委原副书记、市长吴松在任职期间收受乔永仁200余万元，为其谋取巨额商业利益。保山市人大常委会原党组书记、主任杨建洪干预司法，为乔永仁涉法案件提供帮助，撑腰站台；保山市住房和城乡建设局原副局长朱剑平收受乔永仁贿赂226万元，利用职务便利为其在获取政府工程和土地开发等方面提供帮助，成为“乔氏家族”坐大成势、谋取不当经济利益的“助推器”；保山市公安局原党委副书记孙光华、钟天然以及保山市人民检察院专职委员赵燕忠等65名公检法系统干部被“乔氏家族”腐蚀渗透，为“乔氏家族”团伙成员违法犯罪通风报信、提供帮助。

截至2021年1月底，共有216名公职人员受到查处，其中28人涉嫌严重违纪违法受到党纪和法律处罚，40人受到党纪政务处分，35人接受调查。

清风君说

大大小小、形形色色的“保护伞”及涉黑腐败分子，是人民群众的心头之恨。吴松、杨建洪、陈玉华等人手握权力，本应为民办事、造福一方，却通过“交朋友”“拜干爹”“结亲家”等手段结成利益圈子，政商不分，沆瀣一气，甘当“乔氏家族”黑社会性质组织的“保护伞”。这些现象，暴露出个别党员领导干部对纪法缺乏敬畏、擅权妄为，在吃点、喝点、拿点、要点、收点等小节上疏于防范，甚至自我放纵，一步步突破底线、触碰高压线，直至全线失守等问题。

彻查“乔氏家族”及其“保护伞”充分表明，黑恶势力不论时间跨度有多长、案情有多复杂、背后“保护伞”层级有多高、“关系网”有多密集，都必将受到依法严惩，公平正义必将得以昭彰。

3. “白色警服”下的“灰色人生”

大理白族自治州公安局原副局长、交警支队原支队长刘文章曾经是全省最年轻的穿“白色警服”的高级警官、州级优秀共产党员、党代表、人大代表。然而，他却在“白色警服”下开启了“灰色人生”，一步步坠入违纪违法的犯罪深渊。

在工作期间，刘文章多次收受黑恶势力首要分子李某的贿赂，利用职务便利为其协调办理了两块尾号均为“888”的车牌，并为这一黑恶势力充当“保护伞”，严重损害了公安机关形象，造成不良社会影响。

换装

刘文章受到开除党籍、开除公职处分，结合其他犯罪事实被判处有期徒刑9年，并处罚金30万元。

清风君说

人民警察和黑恶势力本应“水火不相容”，然而，刘文章却包庇纵容涉黑涉恶行为，背离了“人民公安为人民”的初心使命，政治上蜕化、思想上变质、行为上失范、经济上贪婪，对法律和权力缺乏敬畏之心，不讲纪律和规矩，执法犯法、徇私枉法，严重损害了公安机关在人民群众心中的形象。

人民警察永远是人民的“保护神”，决不能充当黑恶势力的“保护伞”。广大公安民警要深刻汲取刘文章违纪违法的教训，自觉忠于党、忠于国家、忠于人民、忠于法律、忠于警察事业，时刻牢记自己的人民警察身份，坚决同黑恶势力划清界限，不折不扣落实党中央关于扫黑除恶的各项部署要求，坚决同形形色色的黑恶势力作斗争，为人民群众安居乐业提供坚强有力保障。

（三）“围猎”国家公职人员

行贿不查，受贿不止。在贿赂案件的链条上，行贿往往是源头、是开端、是起点。对行贿者网开一面，就等于给腐败滋生蔓延留下了机会和空间。必须坚持受贿行贿一起查，斩断“围猎”和甘于被“围猎”的黑色利益链，破除权钱交易关系网，向全社会持续释放对受贿行贿零容忍的强烈信号，铲除滋生腐败的土壤。

1. 开尔行贿记

昆明开尔科技有限公司为了获取不正当利益，长期以金钱开道，“围猎”腐蚀法院系统相关领导干部和技术人员，涉案金额高达上千万元，涉及105名国家公职人员。

靠送钱摆平领导拿下项目，5000元起家的开尔公司短短几年间就将业务做到覆盖云南全省16个州市，在11个州市成立分公司，年营销额达2亿元。其间，公司法定代表人、总经理郑少峰及6名工作人员多次向国家工作人员行贿1300余万元。郑少峰及其下属因涉嫌单位行贿罪被依法移送司法机关审查起诉。

谁能通关？

清风君说

腐败案件的发生，国家公职人员守不住底线是主要原因，但行贿者花样翻新腐蚀拉拢也是重要诱因。为达到谋取非法利益的目的，郑少峰从上打通关系，业务员从下链接“服务”，全公司形成“合力”，对项目业主方进行全方位、立体式、无死角“围剿”，无孔不入，让人防不胜防，深陷其中，造成了全省105名干部受贿的“窝案”大案，严重破坏了市场风气，严重扰乱了市场的有序竞争，影响极其恶劣。

受贿与行贿一体两面，相伴而生，在严肃查办受贿的同时，必须加大对行贿的查处力度，彻底打消行贿者的侥幸心理和投机心态。郑少峰等人以糖衣裹挟着私心，通过言语上恭维、思想上腐蚀、金钱上收买进行“围猎”，既害了别人，也害了自己，最终只能是搬起石头砸自己的脚。

2. 贪腐的“导师”，欲望的“引路人”

昆明医科大学原党委书记袁斌，31岁就主政一方，之后又担任多个副厅级、正厅级领导职务。一些心怀不轨的商人在捕捉到袁斌强烈的“官欲”后，进行了花样翻新式的“围猎”。一方面，“长期式围猎”。20余年间，送其各种钱物，让其沉迷于各种“礼尚往来”的“孝敬”中。另一方面，“培养式围猎”。通过不断“传授”，培养其对奢侈品的兴趣，并高价购买玉石、名表、名酒贿赂他，激发其贪欲。培养出贪腐习惯后，袁斌开始主动向老板索要钱物，其中，多次向同一人索要共计400余万元。最终，4名涉嫌行贿人员被留置。

好马配好鞍

清风君说

作为一名领导干部，袁斌甘于被“围猎”，在“围猎”者花样翻新的进攻中丧失了信仰、违背了初心、践踏了底线，其教训十分深刻。

在社会主义市场经济条件下，广大领导干部一定要加强党性修养，提高拒腐防变能力，练就“火眼金睛”，时刻自重自省自警自励，慎独慎微慎始慎终，始终保持对“腐蚀”“围猎”的警觉，做人不逾矩、办事不妄为、用权不违规，清清白白做人、干干净净做事、坦坦荡荡做官。

3. 中标百分百

丽江某公司张某为了获取工程项目，通过贿赂住建部门领导，要求发包时在投标书中故意指定特定资质、技术参数等，进行量身定制。

在招标过程中，张某发现有另外一名强有力的竞争对手，就打电话给受贿人，让其想办法，确保自己中标。最终，张某被移送司法机关依法处理，涉案的住建部门领导被另案处理。

受人之托，忠人之事

清风君说

项目审批、招投标、资金拨付、监管执法等工程建设的重点环节，往往是腐败高发易发的风险点。目前，在招投标中公告发布、标书编制、评标、签约等关键环节仍存在漏洞，规避公开招标、化整为零、围标串标、违规公示等现象依然存在。“围猎”者与被“围猎”者，往往结成沆瀣一气、暗箱操作的利益同盟。

作为履行招投标职能的部门和相关党员干部、公职人员要切实增强纪律规矩意识，切不可抱有侥幸心理，要严格遵守招投标法律法规和规章制度，坚决维护国家利益和社会公共利益，坚决遏制招投标违规违法行为。

4. 念歪了的“销售经”

楚雄州某村原村民小组长代某为了与楚雄州中医医院开展彝药业务，借用3家公司的资质，在向楚雄州中医医院销售中药饮片、彝药和彝药标本过程中，先后12次送给时任楚雄州中医医院院长杨某某（已另案处理）51万元，每次最少2万元，最高达10万元。代某被开除党籍，以行贿罪被判处有期徒刑2年，缓刑2年6个月，并处罚金20万元。

明修栈道，暗度陈仓

清风君说

利用行业资源进行私人交易、私利交换、私情往来，不仅助长了行贿和受贿的歪风邪气，而且破坏了行业规则和行业风气。代某利用彝药资源“搞关系”“走后门”，就是想通过

"抄近路""走捷径"捞取好处、获取钱财。杨某某甘于被"围猎"，利用彝药业务的职权进行权钱交易，从当初的"小拿""小要"，到后来明目张胆受贿，一步一步地掉进"钱眼里"，也把自己送进了监狱的大门。

党员领导干部要始终保持高度警惕，防止在工作业务中被别有用心之人"围猎"；任何市场主体都要以合法合规的方式开展业务，有"交集"但不能有"交换"，有"交往"但不能有"交易"，努力做良好市场秩序的维护者，增强知法、守法、用法、护法的自觉。

（四）腐败问题和不正之风交织

不正之风和腐败问题互为表里、同根同源，不正之风滋生掩藏腐败，腐败行为助长加剧不正之风，甚至催生新的作风问题。正风肃纪不可分割，必须严肃党纪、匡正风气，坚持风腐同查、纪法同施，斩断由风及腐、由风变腐的链条，以风气的不断净化有效压缩腐败滋生空间。

1. 心意的"小红包"，自焚的"炸药包"

2021年7月30日，云南省纪委监委对方某涉嫌严重违纪违法问题进行立案审查调查，对方某采取留置措施。

经查，方某在担任某厅重要处室的处长、副厅长等职务期间，爱好吃吃喝喝，非高档酒不喝、非高档烟不抽。先后19次在春节、中秋节等节假日期间收受下属及管理服务对象所送的高档白酒共100瓶、高档香烟共62条，收受86人送的红包共计300余万元。

因还存在其他严重违纪违法问题，2022年2月，方某被开除党籍、开除公职，违纪所得被收缴，涉嫌犯罪问题被移送检察机关依法处理。

“斗地主”

清风君说

收送红包是我国社会人情往来中常见的现象，但在官场上却被异化为干部由风及腐的“炸药包”。很多党员干部和公职人员的堕落都是从收受“小红包”开始，在侥幸中难以自拔。方某在思想上放松了警惕，以为每次收的红包金额不大，最多算违纪，不算腐败，最终一步一步地被别有用心的人拉下水，越收越多，无法收手，从违纪沦为破法。

广大党员干部和公职人员要准确认识红包礼金的本质和危害，坚决对红包礼金说“不”。已经违规收送红包礼金的党员干部和公职人员，要珍惜组织给予的机会，及时上交，主动整改。

2. “逍遥群”也不逍遥

云南某市委原常委，市政府原党组副书记、副市长杨某某经常与一些商人老板们吃饭、喝茶、打麻将，从不避嫌。杨某某习惯当大哥、搞结拜、结“干亲家”，处处关照自己的“兄弟朋友”，为他们“出谋划策”“打招呼”，帮助他们谋取巨额利益。

杨某某加入了一个叫“逍遥”的微信群，群里除了他是领导干部，其他的都是房地产老板，每天谈论的都是吃喝玩乐，老板们排起长队请他吃饭。

在众多商人老板的精心“围猎”下，杨某某为他的“干亲家”“朋友”在协调项目资金、承揽工程项目、审批房地产开发、办理矿证手续等方面提供帮助和关照，多次收受他人财物500余万元。即使在中央八项规定出台后，杨某某仍然顶风违纪、毫不收敛，除了收受礼品礼金，还接受老板们的安排，带着家人到处游玩观光。

因还存在其他严重违纪违法问题，2020年12月，杨某某被开除党籍、开除公职，涉嫌犯罪问题被移送检察机关依法审查起诉。

吃完“老板饭”，最终吃牢饭

清风君说

世上没有无缘无故的爱，更没有无法无天的“逍遥”。“逍遥”群里的商人老板，捧的不是杨某某本人，而是其手中的权力。他们专门研究杨某某的各类喜好，精心编织一个“逍遥乡”，在温水煮青蛙中使其迷失心智。最终，杨某某被彻底拉下水。

当官发财两条道，脚踩两船迟早翻。广大领导干部要坚持严以律己，增强拒腐防变的定力和能力，对花样翻新的各种“围猎”行为高度警惕，坚决做到不义之财不取、不法之物不拿、不净之地不去，做清正廉洁的表率。

扫一扫

《“闯关”人的末路》

3. 隐秘角落里的交往

云南某区党工委原副书记、管委会原副主任吕某某任职期间，多次接受私营企业主在内部场所安排的宴请，主动接受高档茶叶、烟酒等礼品。把私营企业主当作长期饭票，把私人会所当作办公场所，在推杯换盏中做权钱交易。

因还存在其他严重违纪违法问题，2021年3月，吕某某被开除党籍、开除公职，涉嫌犯罪问题被移送检察机关依法审查起诉。

清风君说

“四风”问题具有长期性、顽固性、反复性。在中央三令五申下，吕某某仍把落实中央八项规定精神当作“耳旁风”，视纪律为“稻草人”，从一顿饭、一瓶酒、一张卡开始腐化堕落，由风及腐、由风变腐、风腐一体，从不守小节向腐化堕落演变，从人民公仆沦为人民罪人，教训深刻。

当前，“四风”问题穿上“隐身衣”、躲进“青纱帐”，变换花样，改头换面，其实包藏祸心，让人防不胜防，但这些表现只是隐去了形式，却隐不了本质。广大党员干部要严守纪律规矩，牢记公仆身份，规范自身行为，从小事小节上加强修养，从一点一滴中砥砺品质，永葆共产党人拒腐蚀、永不沾的政治本色。

4. “蛀”在专项经费里的文化馆馆长

云南某县文化馆原馆长钟某喜欢交朋友，经常在外面吃喝玩乐，消费也很高，每次出去玩基本都是他请客。为了满足自己吃喝享乐的需求，他的工资月月光，信用卡刷爆，甚至不惜通过网贷满足膨胀的私欲。

“擦”不掉的问题

随着“雪球”越滚越大，钟某动起了歪脑筋，把权力当作提取公款的“密码”。他以单位职工的个人银行卡为“中转站”，通过借支、虚开虚增发票报账等方式，将单位专项经费转入他人银行账户，先后61次安排他人将52万余元非法收入占为己有，用于购买烟酒、彩票和偿还信用卡、借款等。

2021年9月，钟某被开除党籍和公职，涉嫌犯罪问题被依法移送检察机关审查起诉。

清风君说

腐败和不正之风同根同源、相互交织。钟某爱慕虚荣、贪图享乐，为了保持自己的“高档”生活水平不减，掉进了钱眼里，如白蚁般把专项资金这根“良木”渐渐啃食殆尽，最终是“面子”“里子”全丢了。

爱慕虚荣、贪图享乐看似只是作风问题，其实极易成为滋生腐败的“温床”。广大党员干部要严于律己、清正廉洁，强化自我约束、自我控制的意识和能力，管得住欲望、经得起考验，坚决守住纪律底线、廉洁底线、工作底线，坚决抵制奢靡之风、享乐主义。

二、警钟为你而鸣——典型案例选编

（一）政治问题和经济问题交织的腐败

党的二十大报告指出：“坚决查处政治问题和经济问

题交织的腐败，坚决防止领导干部成为利益集团和权势团体的代言人、代理人，坚决治理政商勾连破坏政治生态和经济发展环境问题。”政治问题和经济问题交织的腐败，不仅对党内政治生态产生了消极影响，还严重破坏了经济社会的正常秩序。要严明政治纪律和政治规矩，加强对权力的制约和监督，着力解决“七个有之”问题，坚决斩断权力与资本的勾连纽带，保证公权力在法治的轨道上运行。

1. 他沦为商人老板的“服务生”

构建亲清统一的新型政商关系，“亲”是要求，“清”是底线，“亲”“清”一个都不能少。然而，某镇原党委书记刀某某在工作中，与商人老板称兄道弟，多次收受对方所送财物，并安排老板以虚增工程量、截留产业资金等形式，套取项目资金供自己使用。刀某某对商人老板的服务“投桃报李”，通过主动出面打招呼、亲自帮助协调项目等方式，为商人老板谋取不当利益提供“周到热情服务”，持续获取丰厚回报。在长期“服务”过程中，刀某某还主动结交有“背景”的商人老板，妄图“搭天线”，在仕途上走捷径。在其恶劣示范下，该镇多个中心站所上行下效，违规虚套项目资金，严重破坏了当地政治生态。

2022年1月，刀某某被开除党籍和公职。2022年7月，刀某某因犯受贿、贪污、私分国有资产、滥用职权等罪被判处有期徒刑14年，并处罚金47万元，追缴没收犯罪所得430多万元。

随叫随到

清风君说

刀某某心无敬畏、任性用权、漠视纪法，把党和人民赋予的权力变成了与商人老板进行利益交换的“筹码”，把为人民服务变成了为商人老板“服务”，甘当商人老板的“服务生”“办事员”，对商人老板有求必应，甚至千方百计、不遗余力地为他们跑关系、拉项目、站台助威，给当地政治生态和发展环境造成严重破坏。

党员干部同商人老板交往，根本目的是服务企业、服务发展，而不是服务自己的私心贪欲、服务商人老板的不当利益。政商交往中，“亲”就要真诚交往、积极服务，“清”就要清清白白、坦坦荡荡，不存贪心私心，杜绝以权谋私，不搞权钱交易，真正做到“亲”“清”统一。

《大本曲宣讲：政商“亲清”谨记心》

2. 从"护林员"变为"毁林者"

某州原林业局党组书记、局长付某某从一名林业普通干部逐步成长为林业局"一把手"，但其思考的不是如何守护好当地自然生态，而是如何"靠林吃林"。在工作中，付某某大搞权力寻租，对下级单位、商人老板赠送的礼金来者不拒，还多次向工程项目老板索要现金，用于投资房地产并获得巨额利润。在组织谈话函询时，付某某目无组织，还心存侥幸，欺瞒组织，企图对抗审查调查。由于付某某其身不正，带头违纪违法，各县、乡林业系统干部也有样学样，与民争利、以权谋私等问题屡禁不止。在任职期间，其下辖4个县的林业局局长先后因严重违纪违法被查处，对全州林业系统政治生态造成极大破坏。

2022年11月，付某某被开除党籍，按规定取消其享受的退休待遇。2023年4月，付某某因犯受贿罪、滥用职权罪、徇私枉法罪被判处有期徒刑14年，并处罚金60万元。

靠林吃林

清风君说

政治生态同自然生态一样，稍不注意就容易受到污染，一旦出现问题再想恢复就要付出很大代价。付某某作为林业局党组书记、局长，涵养山清水秀的自然生态、营造风清气正的政治生态都是其分内之事、应尽之责。然而，付某某却带头违规违纪违法，带坏了林业系统风气，成了破坏当地林业系统政治生态的“始作俑者”。

政治生态如何，关键在于领导干部这个“关键少数”，而“一把手”更是“关键的关键”。“一把手”带头净化政治生态，则政通人和、风清气正；“一把手”带头破坏政治生态，则人心涣散、弊病丛生。各级领导干部特别是“一把手”只有做到严于律己、严负其责、严管所辖，才能在营造风清气正的政治生态中以身作则、率先垂范，成为良好政治生态的引领者、营造者、维护者。

3. “偏航触礁”的董事长

某省铁路投资有限公司原党委副书记、董事长宋某某，缺乏基本的政治立场、政治站位和政治担当，对歪曲党史、妄议中央的负面信息，充耳不闻、置之不理，甚至在社交媒体上转发、在席间调侃。宋某某对正风肃纪反腐各项要求态度暧昧、妥协退让，大谈“正常的利益往来是工作的需要、企业追求的目标”，“拿点没关系，大家都在拿”，并多次暗中授意下属向合作公司索要回扣，收受礼品、礼金等，致使一些错误言论和歪风邪气在公司内部盛行。

2022年11月10日，宋某某因涉嫌严重违纪违法，接受纪律审查和监察调查。

偏离航向的“船”

清风君说

党员干部之所以在经济上出问题，根源还是出在政治上。宋某某长期忽视政治学习和党性锻炼，毫无政治纪律和政治规矩意识，从思想“偏航”走向了政治“偏航”，其违纪违法行为严重破坏了国有企业政治生态，严重损害了党的形象。

国有企业领导干部要始终牢记，自己的第一身份是党的干部，而不是“老总”“老板”；是受组织委派经营管理企业的“管家”，而不是“东家”。只有找准自己的角色定位，心有敬畏、行有所止，才能做对党忠诚、勇于创新、治企有方、兴企有为、清正廉洁的国有企业领导人员。

（二）新型腐败和隐性腐败

二十届中央纪委三次全会指出：“强化对新型腐败和隐性腐败的快速处置。”当前，各种隐形变异、翻新升级的新型腐败和隐性腐败层出不穷。新型腐败和隐性腐败无论如何精心设计、不管手段如何隐蔽翻新，都掩盖不了背后权钱交易、谋私贪腐的事实，改变不了公权私用、以权谋私的本质。面对腐败手段隐形变异、翻新升级，我们要适应新形势新任务，紧紧抓住新型腐败和隐性腐败的特征和表现，追根溯源、精准施治、深挖彻查。

1. “军师”局长的权力变现之路

某市审计局原党组书记、局长方某，在自认为仕途无望后，转奔“钱途”，与不法商人称兄道弟、吃吃喝喝，在与商人的交往过程中实现权力变现。方某与市交警支队支队长王某某和市运政管理局局长杨某某，共谋开展机动车驾驶员考试培训项目，其不仅为项目“参谋”选址，还以“中间人”“引荐人”的身份为项目“操盘指点”、疏通关系，力促项目落地。为规避监督，方某以亲属名义入股，获取巨额回报，先后多次收受徐某某以入股分红等名义所送共计522万余元。

2022年4月2日，方某被开除党籍和公职。

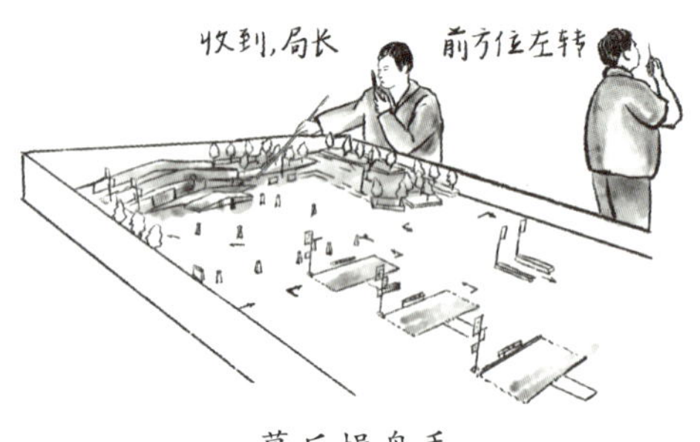

幕后操盘手

清风君说

方某抱着侥幸心理，采取“幕后操盘”的方式，以投资入股为名行受贿之实。然而，手段再隐蔽，也总会留下痕迹。方某这些自诩“手段高明”“天衣无缝”的“障眼法”，最终只不过是掩耳盗铃。

较之传统的“显性”腐败，近年来，新型腐败和隐性腐败呈现手段智能化、隐蔽多样化、危害潜伏期长等特征，致使此类腐败难以被发现，且发现时往往已造成较大损失。党员干部应当清醒认识到，给腐败披上“马甲”，终究是“皇帝的新装”，躲在幕后的操盘者最终总会现出原形，必须高度警惕各种“合作”“投资”“引荐”“咨询”等背后的权力滥用风险，始终做到秉公用权、依法用权、廉洁用权、为民用权。

扫一扫

《入股分红，不可以！》

2. 原始股的“红利危害”

曾经担任某省外经贸厅外资处副处长、处长，商务厅外贸处处长、副厅长的王某，在1996年至2013年期间，利用自己的专业优势，钻制度空子，打政策“擦边球”，为李某在公司成立、改制、国有股权并购等方面“出谋划策”，使李某公司得以突破困局、占领市场。由于看中了李某公司的独有技术专利和良好发展前景，王某向李某提出购买公司原始股的想法。李某为表示感谢，给予王某购买公司股份的资格，使王某以低价购买原始股的方式入股自己的公司，并在公司上市后获得了巨额的溢价收益，构成实质性的受贿。

2022年3月，王某因涉嫌严重违纪违法，接受纪律审查和监察调查。2023年8月，因涉嫌受贿罪，王某被移送检察机关依法审查起诉。

隐蔽的交易

清风君说

王某作为业务主管部门的领导干部，为相关企业提供政策咨询，本是其职责所在。但其以低价购买原始股作为提供政策咨询的回报，上市前以权入股，上市中以权谋利，上市后获取暴利，实现权力变现，最终难逃锒铛入狱的下场。

与传统直接、单一、简单的腐败行为相比，新型腐败、隐性腐败呈现出更大的伪装性、欺骗性、迷惑性。但无论怎么伪装和掩藏，都难以改变其以权谋私、权钱交易的实质。党员干部要辨明新型腐败和隐性腐败的实质和危害，谨记在党纪国法面前，一切贪腐行为即使披上了合法外衣，也将受到严厉惩治。

3. “合法”交易不合法

某市住房公积金管理中心原主任张某，在收受商人老板财物的过程中，为了规避风险，不让他人发现，通过高额民间借贷、签订虚假购销合同、以不合理低价购房并高价出售等方式变相获利，妄图以“合法”交易的形式掩盖非法获利的目的。2008年至2022年间，张某先后利用职务之便，为他人在业务承揽、资金拨付、公积金贷款办理等方面谋取利益，收受他人财物共计350余万元。

2023年3月，张某被开除党籍和公职。2023年8月，张某被判处有期徒刑6年，处罚金50万元，违法所得被没收。

水下的真相

清风君说

张某与商人老板之间的虚假交易行为，名义上交易的是财和物，实际上交易的是权和钱。这种行为源自对纪法的无知、对金钱的盲目追逐。这种自导自演、自欺欺人的行为，是新型腐败、隐性腐败的又一表现，终究逃脱不了纪法的惩处。

与传统腐败“一手办事，一手收钱”不同，新型腐败和隐性腐败一般采取迂回策略，虚构交易的有之，低买高卖的有之……不但严重损害了党员干部和公职人员的职务廉洁性，还严重扰乱了市场经济秩序。党员干部正常的市场交易行为受到法律保护，但如果有权力介入，就变了味、偏了道。必须正确把握公与私、义与利、权与法、亲与清的关系，守住权力边界，防止权力滥用。

4. 虚假的投资，真实的“交易”

近年来，金融领域腐败形式花样翻新、手段更加隐蔽。部分领导干部从直接出资、操作账户，转而由行贿人代为出资、理财，变相行贿受贿。曾任国家开发银行某省分行党委书记、行长的洪某某，靠金融吃金融，利用职务

虚拟投资的高额回报

便利或者职务影响，在为商人洪某承揽工程项目提供帮助后，接受洪某以委托炒股名义贿送的500万元，是典型的委托理财型行贿受贿行为，涉嫌受贿罪。

2022年9月，洪某某被开除党籍和公职，其违纪违法所得予以收缴；其涉嫌犯罪问题被移送检察机关依法审查起诉，所涉财物一并被移送。

清风君说

近年来，有的行贿人抓住领导干部喜欢炒股理财的爱好，以委托理财的名义，在行贿的时间、方式、财物上进行“包装”，隐秘性、复杂性、迷惑性更强。洪某将自己的“投资”资金交给洪某某，委托其操作账户理财，以获取高额“回报”。这种行为看似民事委托，实为变相行贿。

受贿与行贿相伴而生，行贿不查，受贿不止，必须坚持受贿行贿一起查、同遏制。既要对行贿行为坚决予以打击，严惩“围猎者”，追缴行贿者非法获利，让“围猎者”付出沉重代价，也要有效压缩“围猎”与甘于被“围猎”的空间，铲除腐败滋长蔓延的土壤和条件。党员干部要深刻认识“当官发财两条道”的道理，谨记“天上掉馅饼，地上必有陷阱”，自觉远离“花式围猎”，筑牢思想防线，守住廉洁底线。

《红线》第二幕《糖衣炮弹》

5. 只赢不输的麻将

某钢铁控股有限公司原党委书记、董事长杜某某，利用职务便利，为私营企业主强某某等三人谋取利益。强某某等通过打麻将的方式让杜某某赢取大额彩头，以达到其行贿的真实目的。在打麻将过程中，杜某某先后收受三人所送钱款共计142万元，涉嫌受贿罪。

“常胜将军”

2022年1月，杜某某被开除党籍和公职，违纪违法所得被收缴，涉嫌犯罪问题被移送检察机关依法审查起诉，所涉财物一并移送。

清风君说

党员干部和公职人员参赌涉赌背后往往隐藏着腐败问题，赌博成了行贿受贿的“遮羞布”和“障眼法”。杜某某不断上演“干部赢老板，老板拿项目”的戏码，输钱者心甘情愿，赢钱者心安理得，麻将桌成了“围猎场”，赌资和筹码便是手中的权力。其“逢赌必赢”的背后，不过是行贿人投其所好、别有用心罢了。

一些不法商人认为，“不怕领导讲原则，就怕领导没爱好”。党员干部的不良嗜好容易成为其由嗜而贪的导火索，最终为“嗜”所累、为“好”所害。广大党员特别是领导干部要把积极健康向上的生活方式作为抵御围猎诱惑的“天然抗体”，提升精神境界，筑牢思想防线，远离低级趣味，自觉做社会新风的引领者、推动者。

《逢赌必赢的麻将局》

6. “借鸡生蛋”定会鸡飞蛋打

某市政协原党组成员罗某某，利用职务便利和职务上的影响，为私营企业主周某某谋取项目利益，打着民间借贷的幌子，以20%的年利率高息“出借”200万元给周某

高额“回报”

某，5年收受周某某以支付“利息”为名所送钱款共计200万元，涉嫌受贿罪。

2019年，罗某某被开除党籍和公职，其违纪违法所得被收缴。

清风君说

近年来，借贷收息型受贿成为新型腐败、隐性腐败的又一表现形式。行贿人为谋取不正当利益，在没有资金需求的情况下，主动向党员领导干部借款，并支付高额利息。罗某某以借贷收息之名行权钱交易之实，出借的是金钱，收取的是权力变现后的不当得利。当前，除了借息受贿，还存在利用“代理人”收取“中介费”、特定关系人“挂名”领取薪酬、“合作经商型”受贿等表现形式，本质上都是公权力被收买的变异升级。

有的领导干部和商人老板之间相互借款，实际上是打着“名借实贿”的小算盘，既想得好处，又想规避组织审查调查，这种妄图一本万利的行为，将付出难以承受的高昂“利息”——党纪国法的严惩。

《借》

（三）行业性、系统性腐败

二十届中央纪委三次全会指出："深化整治金融、国企、能源、医药和基建工程等权力集中、资金密集、资源富集领域的腐败。"要向行业性、系统性腐败问题亮剑，一个问题一个问题解决，一个领域一个领域突破，以一域治理带动全域治理，以重点突破带动整体提升，坚决清理风险隐患大的行业性、系统性腐败。

1. 把国企变私企的"两面人"

某集团有限公司原党委书记、董事长段某某在领导和同事眼中曾经是一个温文尔雅的国企高管形象，实则背后却有着另一副面孔。随着权力地位的提升，其政绩观全面扭曲，私欲日益膨胀，把国企变"私企"，"揩公家的油、肥自己的膘"，任性用权，奢侈浪费，肆意挥霍浪费公共财产，在单位办公区域安装使用84部香氛系统。采用空单贸易、大肆并表的手段，虚增营收数额，用注水的数字，装裱企业"门面"。在境外大搞资本运作、盲目投

注水的数据

资，造成巨额国有资金损失。

最终，段某某被开除党籍和公职，违纪违法所得被收缴，涉嫌犯罪问题被移送检察机关依法审查起诉。

清风君说

手握国资大权的段某某作为国企“一把手”，本应做国有资产守护人，守护好全民的共同财富，防止国有资产流失，让国有资产保值增值。可他却因权力观异化、政绩观扭曲、事业观偏差，完全忘记了自己是一名党的干部，管理的是党领导下的国有企业，把“一肩挑”变成“一言堂”，把“责任田”当作“自留地”，把国有企业当成“私人领地”，拿着国家的资源搞权钱交易，最终沦为阶下囚。

国有企业关系国计民生，掌握国家资源，容易成为权力寻租和权钱交易的重灾区。作为国有企业的领导干部，特别是“一把手”，更应牢记“国之大者”，树立正确的政绩观，增强纪法意识，自觉把权力关进制度的笼子，从廉洁纪律严起、从日常规范管起，做新时代国有企业的实干家，当好国有资产的守护人，让每一笔国有资产都安安全全、干干净净、清清楚楚。

《“官油子”现形记》（上）

2. 米袋里的“硕鼠”

某市国家粮食储备中转库原党委书记、主任付某随着手中权力越来越大，人生航向愈发跑偏。在既想当大官又想发大财的心理驱使下，用权力换人情，视单位为“自留地”，把粮库当“钱袋子”，为企业和个人在陈化粮收购、粮食购销业务上提供帮助，非法收受他人所送财物。伙同动态粮储备合作企业，通过篡改铁路运输大票、伪造粮食出入库单、伪造动态月报表等方式申报动态粮补贴，共同骗取省级动态粮补贴844万元……小到用公款购买名贵烟酒相送、公款请吃，大到把国家动态储备粮指标、财政补贴“拱手相送”，付某不断破底线、越红线，慷国家之慨、牟个人私利，靠粮吃粮、监守自盗，一步步沦为腐败分子。

2022年，付某被开除党籍和公职，被判处有期徒刑16年，并处罚金95万元。

公粮变私粮

清风君说

由于粮食购销领域相对封闭、专业化程度较高，再加之管理体制不完善、监管责任缺失、内控机制存在漏洞，于是便给付某这样靠粮吃粮的“硕鼠”有了空子可钻。这些从人民的“米袋子”里钻出来的“硕鼠”，造成的负面影响与“大老虎”相比有过之而无不及，严重破坏粮食系统政治生态、损害人民群众切身利益、危害国家粮食安全。

粮食安全是国家安全的重要基础，关系国计民生。端牢14亿多中国人的饭碗，既要种好粮、收好粮，也要储好粮、管好粮，决不能任由“硕鼠”糟蹋。对粮食购销领域的腐败问题要始终保持高压态势，发现一起查处一起，从严从重惩处内外勾结、权钱交易、利益输送等问题，深挖彻查窝案串案，持续形成强大震慑，刹住歪风邪气，护好大国粮仓。

3. 给“黑老大”“撑伞”的人

某州委政法委原调研员李某某，本该是“忠诚卫士”，却一心想升官，将“不跑不送、原地踏步，又跑又送、提拔重用”作为仕途信条，工作目标逐渐由“做事”转向“当官”。他与黑恶势力称兄道弟，是非不分、黑白不辨，甘于被“围猎”，多次索贿、受贿超过百万元用于跑官要官；甘愿充当黑恶势力的“保护伞”，利用职务便利为其在公司经营、工程项目等方面谋取不正当利益。在一次次的官商勾结、相互“帮助”中，他把权力、利益与不法商人、黑恶势力紧紧捆绑在一起，最终把升迁之路走成了违纪违法之路。

2019年9月，李某某被开除党籍和公职。2020年7月，被判处有期徒刑16年，并处罚金230万元。

谁也保护不了

清风君说

李某某身为一名政法干部，本应维护公平正义，守护一方平安，自觉站在黑恶势力对立面，坚决与不法行为作斗争。可是，他不但没有和黑恶势力划清界限，还知法犯法，肆无忌惮地与“黑老大”结成“利益共同体”，无所顾忌地充当“保护伞”，千方百计将手中权力“套现”，成为严重削弱政法机关公信力、践踏社会公平正义底线的“害群之马”。

黑恶势力是人民群众的天敌，是社会的毒瘤，隐藏在背后的“保护伞”危害更甚。扫除黑恶势力，必须在“打伞破网”上作坚决斗争，铲除其赖以生存的土壤，让肆无忌惮为黑恶势力充当“保护伞”的党员干部和公职人员感到震慑进而悬崖勒马。

4. 疯狂逐利的银行“管家”

人民银行某中心支行金融研究处原出纳李某终日沉迷

物质享受，借高利贷投资股票和期货，却血本无归。面对难填的高利贷窟窿，她便将罪恶之手伸向公款。2018年3月至2019年11月期间，她一人经办会计和出纳业务，干起“监守自盗”的营生，私自使用财务印章、法人章等银行预留印鉴出具现金支票，套取、挪用单位资金共计317.81万元，用于偿还个人所欠债务、投资股票期货等。她还以直接领取银行对账单、编制虚假银行存款余额表等方式应付监督检查，并将家人为帮助其“悬崖勒马”千辛万苦筹措的资金继续投入期货交易和炒股中，最终堕入犯罪泥潭而难以自拔。

2020年，李某被开除公职，判处有期徒刑5年。

清风君说

李某作为银行的出纳，更应把握好公与私的界限，严守财经纪律、纪法底线，管好人民的“钱袋子”。可是她却把银行公款当成了诱人的“唐僧肉”，拼命从人民的“钱袋子”里捞钱，将公家财产放入个人腰包，严重违反党纪国法。

金融是国民经济的血脉，是国家核心竞争力的重要组成部分。金融系统的从业人员肩负着推动金融发展、服务经济建设的使命，要深刻把握金融工作的政治性和人民性，严守工作纪律和职业操守，清清白白处理与客户的关系，干干净净对待每一笔业务，牢牢守住廉洁从业的底线和生命线，守护好人民的“钱袋子”。

《让“金融旗舰”从“清廉港湾”起航》

5. 白大褂里的“黑手”

20多年前就享受国务院政府特殊津贴的某州人民医院原党委书记、院长赵某某，本是一名救死扶伤的名医，却调错了人生坐标、迷失了前行方向。2003年至2020年，他利用职权便利和职务上的影响，频繁干预和插手医院工程项目承发包和医疗设备、医疗耗材、医用药品采购等，破坏市场经济活动正常秩序；违规从事营利活动，拥有非上市公司股份，为他人谋取利益，收受不法商人的巨额贿赂，甚至在退休后仍不收手；从逢年过节的红包到高尔夫球杆、数码相机等礼品，再到象牙、股份、房产等，赵某某一次次伸出了白大褂下的“黑手”，一步步滑向贪腐的深渊。

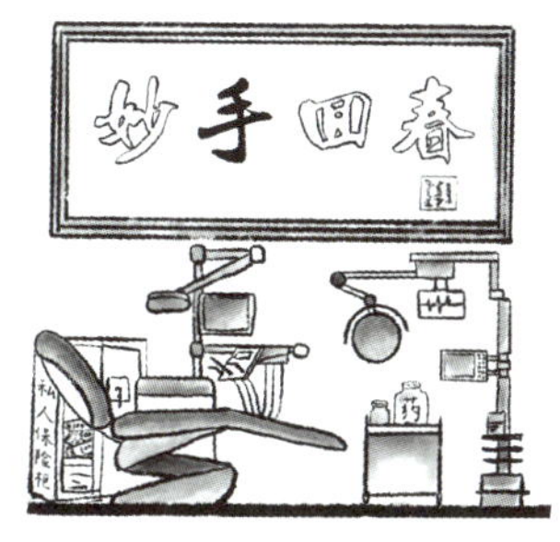

“妙手”变“黑手”

2022年9月，赵某某被开除党籍、取消其享受的退休待遇，违纪违法所得被收缴，涉嫌犯罪问题被移送检察机关依法审查起诉。

清风君说

赵某某身为医术高超、功成名就的一院之长，却放任自己与贪婪的欲望为伍，把治病救人的药品和医疗设备当作索取利益的“印钞机”，从一名治病救人的医者堕落成了一个贪欲成疾的“病人”。

医药领域腐败不仅败坏医德医风，一定程度上加剧了医患矛盾，还会严重污染医疗行业、破坏医疗公平。医务工作者肩负着守卫人民健康的光荣使命，应当牢记白衣天使的神圣职责，守住自己的“本心”“良心”“仁心”，打好廉洁从业“预防针”，抵得住诱惑、经得起考验、守得住小节，当好维护群众生命健康安全的卫士。

《廉洁行医品自高　真心为民赢口碑》

（四）群众身边的“蝇贪蚁腐”

惩治“蝇贪蚁腐”，关系到基层政治生态的风清气正，关系到群众的切身利益。必须贯彻以人民为中心的发展思想，顺应群众所思所想所忧所盼，推动全面从严治党向基层延伸，解决群众反映强烈的突出问题，以全面从严治党实效筑牢党的执政根基，坚持纠正一切损害群众利益的不正之风，让人民群众感到公平正义就在身边，切实增强群众的获得感、幸福感、安全感。

1．“画地为牢”的“土地爷”

某国家级贫困县的某村委会原主任白某某，漠视党纪国法，丝毫不顾群众利益，大肆利用职务便利“坐地生财”，先后8次把村民土地流转后需向村民小组集体交纳的20%土地流转提留款全部侵吞占为已有；在征地拆迁工作中，伪造房屋拆迁补偿协议，非法索取房屋拆迁补偿款；借用他人名字，虚假申报建房用地申请，违规办理集体土地使用证，从中捞取“好处费”。白某某在任职9年间，先后贪污、蚕食集体资金共计23.344万元，收受贿赂共计116万元。

2020年11月，白某某因犯职务侵占罪、受贿罪、非国家工作人员受贿罪，被判处有期徒刑5年零6个月，没收个

“坐地生财”

人财产50万元，追缴个人违法所得116万元。

清风君说

农村集体土地是农民赖以生存的命根子。然而，作为村委会主任的白某某却把村集体土地资源变成个人捞钱赚钱的工具，从村里的“领头羊”摇身一变成为“土地财神爷”。这种“坐地生财”式腐败，虽有制度漏洞、权力监督盲区等客观因素，但更主要的是党性修养弱化、纪法意识淡薄等主观因素。这给党风社风民风造成的不良影响、给国家和人民群众利益造成的损失不容小觑。

“微腐败”损害的是老百姓切身利益，啃食的是群众获得感，挥霍的是基层群众对党的信任。惩治群众身边的“蝇贪蚁腐”，要进一步健全村干部选拔、任用、考核、监督机制，把政治站位高、党性意识强、思想素质好、工作能力强的村干部选出来、用起来。同时，基层党员干部要筑牢拒腐防变的思想根基，自觉抵制腐败诱惑，做好群众的“知心人”“贴心人”“暖心人”。慎初、慎小、慎微，时刻自重、自省、自警，常修为政之德，常思贪欲之害，常怀律己之心，以廉洁自律的良好形象，为群众树好标杆。

《管好“一肩挑”挑出新变化》

2. “一窝贪”“一锅端”

某社区居民委员会原主任、居民小组原组长施某某，居民小组原副组长徐某某伙同居民小组原会计施某，为满足一己私欲，结成“一条绳子上的蚂蚱”，相互勾结、合伙作案，将集体资产的处置当成自己的“香饽饽”，为他人在承揽工程项目、购买集体土地等方面提供帮助，非法收受他人贿赂，千方百计捞取“好处费”；擅自将小组集体资金26万元挪用于做生意和资金周转。施某某利用职务便利，单独或伙同他人通过虚增工程量、集体收入不入账和私自截留款项等方式非法占有集体资金11.374万元，其个人所得8.774万元。

2023年3月，施某某因犯非国家工作人员受贿罪、职务侵占罪，被判处有期徒刑2年零4个月，并处罚金3万元；徐某某因犯非国家工作人员受贿罪、挪用资金罪，被判处有期徒刑1年零4个月，缓刑2年，并处罚金2万元；施某因犯非国家工作人员受贿罪、挪用资金罪，被判处有期徒刑1年零6个月，缓刑3年，并处罚金2万元。

一条绳上的蚂蚱

清风君说

近几年，随着乡村振兴领域不正之风和腐败专项整治深入开展，村“两委”“一把手”单独贪腐的概率大幅降低。然而，一些村“两委”班子间逐步出现“合作腐败”的现象，这些腐败团伙一拍即合，结成利益共同体，形成相互勾结、相互包庇的“抱团腐败”，掌权的、签字的、管账的人人有份、利益均沾，串起了一条项目申报、审核审批、项目实施、资金管理、检查验收的完整的贪腐集体资产利益链。相对于个体腐败，这些一挖一窝、一牵一串的腐败窝案，性质更恶劣、危害更大。

整治乡村振兴领域不正之风和腐败问题，事关乡村振兴的成败。村组干部作为乡村振兴的重要力量，是与基层群众打交道最多、联系最紧密的群体，要时刻牢记自己肩负的沉甸甸的责任，提升履职尽责能力，不断夯实廉洁自律的思想根基，增强纪法意识与自我监督意识，筑牢拒腐防变思想防线，勇当乡村振兴一线的奋进者、开拓者和奉献者。

《精准监督让乡村振兴有“力度”更有“温度”》

3. 村小组出纳的“蚂蚁搬家”

某村民小组原副组长杨某在负责农贸市场建设期间，利用管理小组出纳的职务便利，采取收入不入账的方式，

我只拿一点点

我只拿一点点

每天拿一点

将施工老板向管理小组交纳的13万元工程质量保证金占为己有，找到了不劳而获的“捷径”，由此开启了“蚂蚁搬家”式捞钱的贪腐之路。在此后长达6年的时间里，杨某的贪欲日渐膨胀，贪腐手段越来越直接，从起初的战战兢兢到后来的肆意妄为，打集体资金主意的胆子越来越大，收入不入账、虚列支出、窃取等方式层出不穷，金额也从几百元、几千元，到几万元，甚至几十万元，不停地将贪婪的“黑手”伸向集体资金，靠“长期持续、少拿多次”的“细水长流”战术，先后挪用集体资金6次，侵占集体资金12次，累计涉案金额高达150多万元。

2021年，杨某被开除党籍，被判处有期徒刑3年零6个月，并处罚金10万元，涉案款被依法没收。

清风君说

基层是权力的“神经末梢”，基层的“小苍蝇”、群众身边的“小蝼蚁”，手中之权微乎其微，却能毁了“千里长堤”。蚂蚁搬家式的“微腐败”，看起来不起眼，呈现小额多次、持续周期长的特点，有缝就钻、有洞就穿，逮住机会就贪一点、搬一点、捞一点，虽然每次贪的不多，但日积月累、积少成多，危害不容小觑。

基层小微权力一头连着政策，一头连着群众，事关群众利益，更会影响党的执政根基的稳固。对蚂蚁搬家式的“微腐败”既要“零容忍”，及时堵上制度建设存在的漏洞，将制度的笼子扎得更紧。同时，也要加强基层党员干部的党性教育，不断正心修身，坚决堵住基层党员干部内心的“缝”和“洞”。

（五）年轻有为变“妄为”

年轻干部的成长关系着社会主义事业建设的未来，对党和国家的发展尤为重要。近年来，腐败分子中的年轻面孔屡有出现。他们的腐败方式也呈现出全新的特点：“小官大腐”的有之，“艺高人胆大”的有之，沉迷不良嗜好的有之，沉沦物欲的有之。二十届中央纪委二次全会提出，“高度重视年轻领导干部纪律教育”。在年轻干部成长中必须把严管和厚爱结合起来，切实加强教育、管理和监督，最大限度地预防和遏制年轻干部违纪违法现象的发生。

1. 违纪违法路上的“狂飙”小哥

年轻干部李某某在被借调到某地保障性住房项目指挥部工作之后，在工作中看到了一些工程老板的奢靡生活，心生羡慕。在与更多的老板有了往来后，李某某逐渐不敌诱惑，开始收受管理服务对象的烟酒、水果、土特产等礼品。2017年下半年开始，职务的升迁让他心安理得地在贪

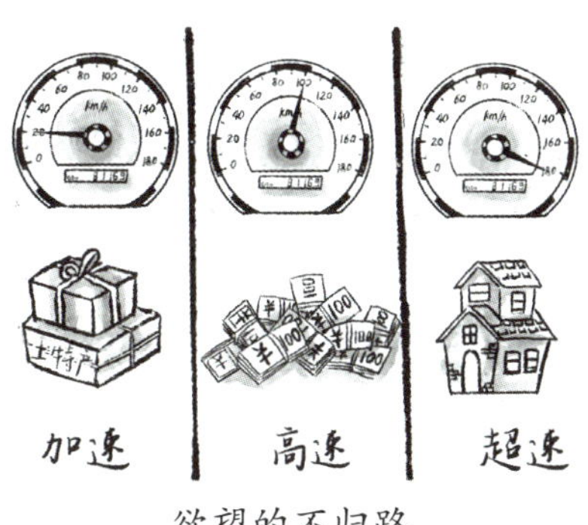

欲望的不归路

欲的路上“狂飙”。在工程招标过程中，为送礼老板大开方便之门。2018年至2022年，李某某与他人共谋，在47个工程项目中采取“低包高报”的方式骗取国家资金共计1367万余元，李某某实际占有586万余元。

2023年1月10日，李某某被开除党籍和公职，涉嫌违法犯罪问题被移送检察机关依法审查起诉。

清风君说

李某某作为年轻干部，初入职场后先是对奢靡生活心生羡慕，再发展到收受他人的小恩小惠，最终在升职掌握更大权力之后开启违纪违法的“狂飙”，根源在于李某某党性观念淡漠、宗旨意识淡化，思想上的滑坡加速了其滑向违法乱纪的深渊。

年轻干部要端正自己的世界观、人生观、价值观，增强政治定力、纪法定力、抵腐定力。面对诱惑，只有明白什么可为、什么不可为，心怀敬畏，守牢底线，才能清廉自守、行稳致远。

2. 监守自盗的年轻“黑客”

对计算机信息技术十分在行的某乡镇公职人员和某

某，有一颗想“暴富”的心。在任会计期间，他利用财务漏洞，通过扫描、PS等方式，伪造、变造了多户农户的征地补偿款材料，窃取了190余万元征地补偿款。岗位调整之后，和某某仍利用乡政府网银U盾及密码管理漏洞，通过远程操作软件，盗取财政资金52.5万元。为了规避监督，他还使用专门的软件修改了电脑IP地址。

隔空取物

2021年4月，和某某被判处有期徒刑11年，并处罚金74万元。

清风君说

和某某本应该将自己掌握的技术用在为人民群众服务的事业上，但他却一心想着“暴富”，认为自己“艺高”可以“胆大”，选择了以窃取集体资金、侵占国家财富的方式，实现自己的“发财梦”。法网恢恢，疏而不漏，和某某违纪违法最终落得锒铛入狱的悲剧收场。

信息技术本无所谓善恶，是人的主观选择导致了其为善或作恶。年轻干部掌握着更多新知识、新技术，但如果他们缺少定力，在各种诱惑之下，反而容易被掌握的技术所反噬，走上歧路。一方面，要积极引导他们以为人民服务为导向，把技术用在正道上。始终牢记“艺高”更要慎行，切不可凭借“艺高”胆大妄为、无视纪法。另一方面，年轻干部要提高法治意识，加强对纪法的学习。谨记网络世界不是法外之地，再高明的信息技术也不可能成为违纪违法的隐身衣，必须要严于自律、遵纪守法。

3. 输掉前途的网赌青年

“85后”副科级干部杨某某，抱着“小赌怡情”的想法，在境外某博彩平台试水，并在该平台上通过购买球赛的方式参与赌博。尝到几次甜头后，杨某某全然失守、深陷其中。直到2023年事发，杨某某已经陆续耗费赌资约350万元。为满足赌博需要及偿还所欠债务，杨某某以家中有事急需用钱、贷款到期等为由，采取借新还旧、“拆东墙补西墙”的手段，先后向同事、亲戚、朋友借款共计119万余元，向管理服务对象借款85万元，最终因借贷金额越滚越大难以为继，相关款项至今未归还。其行为不仅违反了社会公德，还突破了党纪底线，造成了恶劣的影响。

2023年3月，杨某某被给予留党察看2年、撤职处分。

人财两空

清风君说

党员干部“涉网”违纪违法问题往往与不良嗜好密切相关。杨某某身陷网赌不能自拔，就在于没有分清不良嗜好与正常娱乐活动之间的区别，进而在虚拟世界中的骗局里越陷越深，最终断送了自己的美好人生。

作为年轻干部，社会生活阅历尚浅，容易陷入不法分子利用人性弱点精心布置的各种骗局中。年轻干部尤其要注意擦亮双眼，摆正心态，杜绝侥幸心理，认清种种诱惑、骗术的本质，自觉培养积极健康的生活情趣。

扫一扫

《看球莫添“赌”》

4. 迷失物欲的“85后”

某社区原报账员苗某，负责社区集体资金的收入和支出管理工作。因看到身边的同事、朋友比自己吃得好、穿得好、玩得好，而工资收入远不足以支撑她的虚荣心和攀比心，便对自己管理的集体资金打起了坏主意。2016年9月，在收取社区集体资金时，苗某以不把集体资金存入街道集体“三资”委托代理服务中心社区收入账户的方式，将社区的集体房屋租金4.2万元中饱私囊。第一次“出手”无人察觉后，她便更加放心大胆地用公款来满足自己的私欲，先后用侵占的集体资产购买名牌手表共计11块、名牌包包61个、衣服1件、手机1部。东窗事发后，自知无法逃脱责任，苗某主动投案自首。

2019年10月23日，苗某被判处有期徒刑5年零2个月，非法所得被没收。

物欲的漩涡

清风君说

苗某作为刚参加工作的社区年轻干部，在崇拜金钱、迷恋奢侈中，沦为物欲的俘虏，她心存侥幸把集体资金看成自己的小金库肆意挥霍，最终挥霍了自己的前途和自由。

随着国家经济迅速发展，人民物质生活已经非常丰富，年轻干部应当树立正确的消费观，量力而行、适度消费，避免陷入虚荣攀比的怪圈和消费主义的陷阱。尤其是身处财务相关岗位的年轻干部，一定要坚守底线，经受住考验，切不可以权谋私，被贪欲冲昏头脑，损害国家和人民的利益。年轻干部追求的应该是提高自己的业务能力，更好地为人民服务，而不是在盲目攀比中被物欲裹挟，迷失了自我，沦为消费主义的“奴隶”。

（六）“全家腐”的典型

党的二十大报告强调：“严肃查处领导干部配偶、子女及其配偶等亲属和身边工作人员利用影响力谋私贪腐问题。”领导干部身边人员违法乱纪，在一定程度上是得到了领导干部的默许和纵容。更有甚者，一些领导干部无视纪法，利用自身职权或影响力为亲友打招呼、提供帮助。这些乱象折射出的是领导干部权力观、亲情观的错位，家风建设的失败。作为一名党员领导干部，一定要严于律己，树立正确的权力观、政绩观、事业观。管好自己的家属及身边工作人员，积极营造清正、良好的家风。

1. “一切向钱看”的家风

曾担任某厅厅长、某州州委书记的陈某，在“一切向钱看”的家风的侵蚀下，为了能够被经商的岳父“看得起”，公权私用，把职权范围内的国家资源当成自己家的“菜园子”“百宝袋”，对家人失管失教，纵容妻子及妻弟利用自己的职权谋取不当利益。

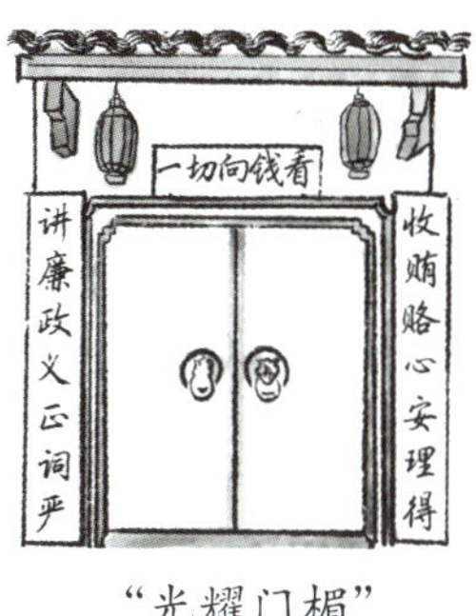

“光耀门楣”

其在职期间，为商人老板在工程项目承揽、招标代理、项目安排、资金拨付、职务晋升、职务调整、建设用地许可等方面提供帮助，干预市场经济正常秩序，合伙收受贿赂2000余万元。

2023年，陈某被开除党籍和公职，其违纪违法所得被收缴，涉嫌犯罪问题被移送检察机关依法审查起诉。

清风君说

家风不正、治家不严往往是领导干部走向违纪违法的重要原因，常酿成家族式腐败的悲剧。陈某面对不良家风的影响，没有主动纠偏，反而附和趋同，放任歪风邪气滋长，使得自己不仅成为不良家风的受害者，更是成了不良家风的助推者。

“家是最小国，国是千万家。”廉洁清正的家风既是良好家庭文化的体现，也是健康政治生态在家庭内的体现。加强对自身和家人的管束、培养良好家风是党员干部应尽之责。要切实引导家庭成员树立正确的价值观、金钱观、家庭观，教育家庭成员既要爱“小家”，也要爱“大家”，用自己的辛勤劳动创造幸福生活，以清正家风筑牢廉政“防火墙”，杜绝“枕边风”“兄弟连”式的腐败。

《“家门”失守的莫局长》

2. 教坏家人的教育局局长

长期在某县教育系统任职的王某某，热衷于用手中的公权力关照家人。在任职期间，其兄弟姊妹相继在该县教育系统做起了生意。其三弟于2012年承建了学校维修、新建等工程；其二弟于2015年到某中学承包食堂；其妹于2012年在某中学开设小卖部，2016年到某中学承包食堂。此外，王某某还利用职权为其子的经营活动谋取利益。通过授意教育局相关工作人员将其子的公司纳入教育系统工程项目招标代理备选名单，共代理县教育系统23个工程项目招投标，收取招标费用共计18.8879万元。同时，由于家风不正、失管失教，其子多次向该县承建教育系统的老板大举借款偿还赌债，造成了恶劣影响。

最终，王某某被开除党籍和公职，被判处有期徒刑11个月，并处罚金10万元。

绝路上的“引路人”

清风君说

王某某出身于教育系统，本应该更加注重家风的教化作用，从而不断加强家风家教建设，但是他却无视纪法，把关爱家人理解为拉着家人搞权力变现，既败坏了自家家教，又带坏了社会风气。

家风是社会风气的重要组成部分。家风好，就能家道兴盛、和顺美满；家风差，难免殃及子孙、贻害社会。党员领导干部要把家风建设摆在重要位置，廉洁修身、廉洁齐家，在管好自己的同时严格要求配偶、子女和身边的工作人员，切实把身边人教好管好。要始终牢记关爱家人、造福家庭要用正确的方式，决不能以权谋私，损害人民利益。党员干部的家人也应该做党员领导干部的监督者，担当其最亲近的“防火墙”和“预警钟”。

3. “变味”的父爱

杨某某是出了名的爱子慈父，对于儿子从来都是有求必应。一些了解情况的商人老板都知道要想和杨某某搭上话，必须用好“杨公子”这块敲门砖。随着杨某某的职位提升，“杨公子”的名号也越来越响亮。2014年至2020年，在杨某某担任某县县委书记、经济技术开发区党工委书记、管委会主任期间，一些不法商人通过联系上“杨公

有求必应

子”，以“借钱”给“杨公子”或承诺“好处费”的由头，请求杨某某利用职务之便，在工程项目实施、政府合作办学、公司经营活动、政府合作开发等方面提供便利。杨某某伙同其子先后非法收受他人财物共计551万元。

2021年，杨某某被判处有期徒刑10年，并处罚金60万元。

清风君说

“父母之爱子，则为之计深远。”对于党员干部来说，为子女“计深远”不是为其谋求物质财富积累，而应该是营造、传承良好家风，培树子女的优秀品格。杨某某爱子本无可非议，但他被“爱子之心”蒙蔽了眼睛，用手中权力为孩子铺就“康庄大道”，实则是一条堕入深渊的“歪门邪道”。“爱子”之心终成“害子”之实。

子女是家庭的未来。家风建设尤为重要的是引导、帮助子女树立起正确的世界观、人生观、价值观，教育好子女如何扣好人生的“第一粒扣子”。党员干部要注意防范自己被亲情绑架，以爱子爱女之名行徇私枉法之实。切记不能为了“小家”的利益侵害“大家”的利益，而是应该以“小家”的守纪守廉带动“大家”的风清气正。

《莫贪身边小便宜》

（七）退而不休继续腐

从近年来查处的案件来看，少数领导干部退而不“休”，利用原职权或者地位形成的便利条件，为他人谋取不正当利益，贪腐受贿。领导干部退而不“休”搞腐败，一个重要原因在于，他们自以为退休后，党纪国法对自身的约束放松了。事实证明，领导干部工作有退休之日，但对其监督和管理却没有留白之时，企图利用退休或离职为幌子逃避监管搞腐败，不管其行为隐藏多深、潜伏多久、花样如何翻新，终究难逃纪法惩处。

1. “退而不休”可休矣

曾担任某电网公司总法律顾问、专家委员会副主任委员的侯某某，退休后利用其在电网公司的地位和影响力，给相关负责人打招呼，帮助与其有过合作的商人胡某某中标下属子公司的智能监控系统项目。中标之后，侯某某收受胡某某以“营销费”名义所送的酬劳30余万元。因还存在其他严重违纪违法问题，侯某某被开除党籍和取消企业退休待遇，涉嫌犯罪问题被移送检察机关审查起诉。

人走“茶”不凉

清风君说

少数领导干部在退休后不甘“寂寞”，以为不在职了就可以逃脱组织的监督和纪法的约束，变着花样捞取好处。侯某某利用原职权和职务上的影响，通过政商“旋转门”获取不菲“报酬”。领导干部自以为退休就可以逃避监管搞腐败，不管行为隐藏多深、潜伏多久，终究难逃纪法惩处。

全面从严治党，离退休党员干部也不例外。《关于加强新时代离退休干部党的建设工作的意见》明确，离退休干部党员特别是担任过领导职务的干部党员要严守有关纪律规矩，不得利用原职权或职务影响为自己和他人谋取利益。离退休党员干部与其对权力恋恋不舍，当名和利的“搬运工”，误入歧途、晚节不保，不如把发挥余热用到正道上，远离“名利场”“荣华圈”，珍惜光荣历史、永葆政治本色，继续以身作则弘扬党的光荣传统和优良作风。

2. “二次创业”有猫腻

2017年，退休后的某省公安厅交警总队原总队长马某某认为组织对其监督约束少了，便多次动用自己“在位”时的关系，“搞投资”“赚回报”“捞好处”。2019年，马某某违反国家《关于县以上党和国家机关退（离）休干部经商办企业问题的若干规定》，协调关系以某企业资质与某高档酒生产企业签订团购合同，以低价购买高档酒5958件，自己获得份额3505件，并将大部分高档酒在市场上高价转卖赚取差价，累计获利850余万元。最终被移送检察机关依法审查起诉。

“二次创业”

清风君说

对于违纪违法问题，严肃追究从来不会缺席。马某某自认为退休之后党和国家对自己的约束监督减少了，妄图利用自己的影响力以“二次创业”谋私。工作有退休之日，但监督追责没有懈怠之时。纵使马某某违纪违法行为再怎么隐蔽、花样再怎么翻新，其最终还是难逃被纪法制裁的下场。

离岗不离党，退休不褪色，廉洁奉公不是一阵子而是一辈子的要求。党员领导干部退休之后，党员的身份不能丢、使命不能忘，思想政治境界应当一如在职之时。退休领导干部面对形形色色的诱惑，更要树牢纪法意识，严格要求自己。一定要明白退休不是“护身符”，坚持原则、坚守底线方能行稳致远、安享晚年。

（八）违反中央八项规定精神的典型

党的十八大以来，以习近平同志为核心的党中央从中央八项规定开局破题，以钉钉子精神纠治“四风”，党风政风焕然一新，中央八项规定已成为新时代中国共产党人的一张“金色名片”。作风建设没有休止符。中央八项规定不是五年、十年的规定，而是长期有效的铁规矩、硬杠杠。新征程上，要常态长效深化落实中央八项规定精神，持续深化纠治“四风”，紧盯作风建设地区性、行业性、阶段性特点，常抓不懈、久久为功，直至真正化风成俗，以优良党风引领社风民风。

1. 问“剑”破局

2023年2月7日至11日，在某州领导干部专题研讨班学习培训期间，某县派出的11名参训人员在明确要求严格遵守学校培训纪律的情况下，违反中央八项规定及其实施细则精神，相互邀约和企业老板在校外聚餐饮酒，接受吃请。5天培训，4天参加聚餐饮酒，每天不是在喝酒就是在去喝酒的路上。张某等9名领导干部在未请假或报备的情况下就到校外饭店和商人张某某聚餐。晚饭结束后，商人张某某结付了餐费。

经省委同意，省纪委监委以事立案、提级办理，以“直查直办直播”的形式，拍摄系列专题片，依规依纪审查调查相关问题，严肃追究相关责任人责任。2023年3月1日，纪检监察机关依规依纪对

味道不正的酒局

县委副书记、县长张某等24名违规违纪参与聚餐饮酒的参训学员、公职人员作出了相应党纪政务处分，对县委等4个相关责任单位和11名相关责任人进行了追责问责。

清风君说

党员干部饮酒聚餐等小事小节看似细微，却关乎党风政风，关乎人心向背。身为党员领导干部，本应该在集中培训期间把全部心思和精力用于强化理论学习、提升政治能力，然而，被通报的11名领导干部却邀约聚餐饮酒，并由私营企业主支付餐费。这味道不正的酒局背后反映出一些党员干部对党中央推进全面从严治党坚定决心和意志的认识还不清醒，政治敏锐性不强，对违规吃喝产生的政治危害缺乏认识；反映出有的党员干部纪律观念淡薄，在纪律和规矩面前习惯于“装睡”，“不把别人的教训当教训”，没有把纪律作为约束自身行为的标准和遵循，仍心存侥幸、“吃心不改”，罔顾中央三令五申顶风违纪、违规吃喝。

破除作风顽疾要用霹雳手段、雷霆速度，发扬自我革命精神。全面从严治党没有“局外人”“旁观者”，人人是因子，个个是环境，营造风清气正的政治生态，每个党员干部都责无旁贷。每一个党员干部都要以此次违规违纪饮酒问题为鉴，真正把自己摆进去、把工作摆进去、把职责摆进去，汲取别人的教训、思考自己的责任，不断进行自我革命，从我做起，从现在做起，成为风清气正政治生态的维护者。

2. “改了道”的培训班

近年来，随着纠治“四风”工作持续深入推进，明目张胆的公款旅游得到有效遏制，但依然有一些单位和党员干部借学习培训之名搞公款旅游。2022年7月下旬，某村党总支书记方某带领村“两委”成员等一行29人，前往某市4个县区学习考察天门冬、露水草种植技术，并参观露水草清洗设备等。学习考察期间，方某擅自改变行程，带着考察人员绕道到景区游玩，并将产生的住宿、餐饮、交通等费用作为学习考察费进行报销，共计1.08万元。

最终，方某受到党内警告处分，同行的村党总支副书记、村委会副主任等人受到诫勉谈话处理，并退赔违纪款。

“寓教于乐”

清风君说

考察培训本就是严肃的公务活动，党员干部应该严格遵守相关纪律要求。方某等借考察培训之名公款旅游，是改头换面的“四风”问题，挥霍浪费了公款，助长了不良风气，严重影响了党的形象。

“世界那么大，我想去看看。”党员干部可以乐山好水，但绝不能踩着纪律规矩的红线出发。公款旅游这一“四风”顽疾，绝非小事，必须坚持露头就打，常抓不懈。要紧紧扭住贯彻落实中央八项规定精神不放松，一个节点一个节点坚守，一锤接着一锤敲，时刻保持警醒，自觉抵制各种形式的变相公款旅游，切莫贪图公家便宜、滥用权力、钻制度的空子，把外出学习考察、会议培训当成待遇和福利。

3. 兽医站里的“官老爷”

某乡镇畜牧兽医站站长罗某某滥用权力，不作为、慢作为，在市畜牧局未有明确规定的情况下，故意设置动物防疫换证条件，增加换证程序；在部分群众办理肉牛换证手续时，仅凭个人经验主观认定群众所持票据为假票，不予办理换证手续。为购买私家车，还分别向其所服务的群众借款7.5万元，未立借据，也未支付利息，在群众中造成了不良影响。

2020年11月，罗某某被给予党内严重警告处分。

层层设卡

清风君说

不担当、不作为既是作风问题，又是能力问题，更是政治问题、党性问题。为官不为，本质上也是腐败。罗某某占着“公仆”的位子，端着“老爷”的架子，故意设置门槛条件为难群众，根本是官本位思想作祟。

形式主义、官僚主义是党内的顽瘴痼疾，倘若任由这种歪风滋长，不仅党风政风浑浊，还会啃食群众的获得感和幸福感。力戒形式主义、官僚主义，必须紧盯产生的思想症结，坚定理想信念、加强党性修养。广大党员干部要站稳人民立场，时刻把人民放在心中，杜绝当官不去干事、揽权不愿担责、出彩不想出力的想法，想群众之所想、急群众之所急，打通群众办事的痛点、难点、堵点，做好人民群众的“勤务员”，用自己的“辛苦指数”来提升人民群众的“幸福指数”。

《向“躺平式”干部说“不”》

4. 上面官僚主义，下面形式主义

2022年10月，某县政务服务管理局为片面追求考核加分，背离上级推广初衷，按照本县户籍人口人均通过“一部手机办事通”小程序办理3件事项的数量，确定了138万件的任务指标，印发文件将指标分解到各乡镇、县直相关部门，要求全县干部职工年度人均办理150件。文件印发2个月内，该县干部职工通过“一部手机

完成率100%

办事通”完成查询、办理、预约类办事138万余件，只能以这种“形式”完成不可能完成的任务，严重增加了基层干部负担。

某县政务服务管理局负责人和其他相关责任人分别受到党纪政务处分和组织处理。

清风君说

形式主义问题捆绑基层手脚、严重脱离基层工作实际，向来饱受诟病。某县为了“好看”的数据、“优秀”的排名，运用网络技术下达考核指标，表面是为基层减负增效，可实际却是搞形象工程，异化成“指尖上的考核”，其本质都是权力观异化、政绩观扭曲、事业观偏差，用热热闹闹的形式代替扎扎实实的落实，用光鲜亮丽的外表掩盖矛盾和问题，不但没能为基层干部松绑，反而让指尖之“便”演化为指尖之“累”，极大增加了基层负担，严重扼杀了基层干部干事热情，损害了党群干群关系。

形式主义、官僚主义之弊非一日之寒，破除起来也非一日之功，必须深挖根源、找准症结，精准纠治、增强实效。要从思想认识和利益根源上破解，找准党性觉悟上的深层原因，坚决纠正背后的政绩观异化、权力观扭曲、事业观偏差等问题。要将整治形式主义与为基层减负工作结合起来，破除形式主义的“怪圈”，持续为基层松绑减负，让基层干部轻装上阵，到群众中间去，到解决实际问题的现场当中去，挤出时间解难题、腾出双手干实事，脚踏实地创造出让党和人民满意的业绩。

弘扬优秀传统廉洁文化

一、云南少数民族廉洁文化知与践

（一）彝族

在云南的彝族主要聚居于楚雄、红河等地，历史悠久，有自己的语言、文字、文学、刺绣等文化形态，特别是十月太阳历彰显出彝族先民在天文历法方面的独特智慧。

千百年来，彝族形成了追求光明、祛邪扶正、戒贪知耻、勤俭节约、遵守规矩的良好社会风气和廉洁文化。它就像火把节上熊熊燃烧的篝火，驱散黑暗、带来光明，照耀着彝族儿女不断前行。

1. 火把节——点燃祛邪扶正的火焰

火把节是彝族地区最普遍而隆重的传统节日，每年农历六月二十四前后举行。

在彝族文化中，火是光明的使者，是正义的化身，彝族人民崇火敬火，体现出他们追求光明、祛邪扶正的文化心理。

跳起你的舞蹈，奏起古老的音乐，熊熊燃烧起正义的火焰

彝族人民相信，火能燃尽污秽之物，贪婪等私心杂念能被熊熊火焰驱散。正是在这种潜移默化的观念影响下，廉洁文化在彝族人民心中有深厚的根基。

2. 彝族古训——世世代代、口口相传的训诫

在彝族古训中，有很多重自律、守规矩等方面的内容，教导人们懂得严于律己、讲求公道正派、崇尚清白干净，依规行使手中的权力、约束自己的行为。

管粮不多一碗米，分肉不多半刀皮。

做人依规矩，牲畜靠圈关。

不是自家羊，不关自家圈。

古训用浅显直白的语言告诫人们：贪婪的种子一旦种下，人就容易在利益面前丧失理智，伸了不该伸的手，占了不该占的利，就要面对道德的谴责和法律的审判。

鸟贪吃落网，人贪财落难。

不贪不义财，贪财必被惩。

生死只一日，蒙羞是一生。

《彝族古训·惩戒篇》

3. 万德碑——那氏土司颁布的禁赌令

万德碑位于楚雄州武定县万德乡，碑文记述了清光绪年间那氏土司颁布的禁赌令。

此令刻于碑上，有力刹住了当地一度盛行的赌博之风，形成了人丁和谐、社会稳定的良好风气，这对于培养积极健康的生活旨趣、引导民众形成遵规守纪的自律意识具有重要意义。

4. 阿细婚俗——喜庆日子，要记得勤俭美德

居住在云南弥勒市的彝族支系阿细人，自古以来崇尚婚姻自主，婚礼别致俭朴。阿细人的婚礼仪式，一般是女方先到男方家劳动两天，不摆酒席不请客。第三天男女双双到女方家认亲，同样不摆酒席不请客。

共同劳动的婚礼仪式体现出阿细人勤俭朴素的价值追求，这与《中国共产党廉洁自律准则》中“坚持尚俭戒奢，艰苦朴素，勤俭节约”的要求相吻合。

背柴见公婆，挑水定终身

（二）哈尼族

哈尼族在云南主要分布于元江与澜沧江的中间地带，以及哀牢山与无量山之间的广阔山区。“哈尼”是山居之民的意思。利用山区自然条件开垦梯田，是哈尼族流传千年的传统。

哈尼族是一个勤劳的民族，相信劳动之后的收获才踏实，不劳而获可耻，贪图公家的东西更加让人无法忍受。梯田象征着勤劳、团结、不屈和敬畏，如锦似绣的梯田，既是哈尼族勤劳智慧的结晶，也是哈尼族廉洁文化的生动写照。

1. 牛宗碑——刻在石头上的廉洁训条

牛宗碑，也叫牛石碑，是哈尼族铭刻村规民约的一种石碑。哈尼族向来注重社会公德，每年各村头人都会召集长老举行仪式共商村寨大事。对于经集体协商制定通过的村规民约，则刻石立碑，以示训诫。各地牛宗碑碑文，包含了不少倡廉拒腐的内容。

村头的碑，刻着智慧，祖先的教导不违背

“为非之徒，利身肥口者，人人切齿。故统众合一，公议条条，若有不矩者，禀罚不辜。”（江城县嘉禾乡洛洒村牛宗碑）

这些刻在石头上的廉洁训条，生动展现了哈尼族以勤养廉、以劳持洁、倡廉拒腐、敬畏法度的文化传统。新时代弘扬哈尼族廉洁文化，就是要常修勤俭之德，常怀廉洁之心，常思奢侈之害，常守法度之制。

2. 哈尼梯田——写在大地上的不屈不挠精神

哈尼族是山的民族，生产生活处处和大山联系在一起。千百年来，哈尼族拾级而上作梯，春耕秋收为田，谱写了一曲不屈不挠、久久为功的奋斗者之歌。

梯田象征着坚定的信念，开垦梯田需要一心一意、心无旁骛、不屈不挠、不畏艰险。梯田还象征着质朴的劳作，一步一个脚印、日积月累、久久为功，来不得半点浮夸。正是在这种梯田精神的熏陶下，哈尼族廉洁美德世代传承、历久弥新。

3. 一罐银子——流自己的汗，吃自己的饭

哈尼族廉洁文化丰富多彩，民间流传着大量有关哈尼族勤劳质朴的小故事。一罐银子的故事就生动诠释了“一勤天下无难事”的道理。

相传很久以前，有一个哈尼人家养了两个懒儿子，父老乡亲都看不起他俩。后来阿爸害了重病不能再劳动，就告诉兄弟俩说有一罐祖传的银子埋在自家的几亩瘦田里。

兄弟俩一听有这样的好事，就扛起锄头到田里挖银子。他们接连挖了几天，一丘田翻了个遍也没有挖到银子。兄弟俩眼看别人家的田里都栽上了秧苗，也放些水到田里把秧栽了下去。禾苗一天一天长高，兄弟俩获得了大丰收！他们望着沉甸甸的谷粒，忽然明白了阿爸所说的那罐银子就是勤劳付出后的丰收果实。

这个故事告诉我们，天底下没有任何可以投机取巧、不劳而获的事情，只有勤劳付出才会有满满收获。

勤劳为笔，汗水为墨

4. 欧斗斗——刻木做天平，分水法传千年

刻木分水，哈尼语称“欧斗斗”，是哈尼族在长期梯田农耕活动中形成的公平分配水源的古老制度。根据一条沟渠所能灌溉的梯田面积，经过集体协商，规定每份梯田应得水量，让沟水通过木刻凹口自然流进梯田。若出于私利暗自移动横木而多得水，则视为违约予以罚款。

刻木分水习俗确保了水源的公平分配，展现出哈尼族追求公平、大公无私的廉洁文化传承。

《云上的村落·云端稻香村》

（三）白族

白族在云南主要聚居在大理、怒江等地。“文献名邦”大理铸就了白族深厚的历史文化底蕴，“三月街”“本主节”“绕三灵”等展现了白族的生活智慧与民俗风情，崇圣寺三塔、石宝山石窟等名扬海内外。

白族自称“白子”“白尼”，“尚白”渗透在白族生产生活的很多方面，融入了白族的精神和血脉。清白做人、干净做事的传家之道，吃苦在前、享受在后、先公后私、艰苦奋斗等传统道德构成了白族的廉洁文化。

1. 清白传家——写在照壁上的廉洁家风

白族喜欢把自家的家风题写在照壁上，其中就包括“清白传家”“琴鹤家声”等廉洁家风。

“清白传家”“四知家风”是白族杨姓的传统家风，这来源于杨震“清白传家”的故事。杨震是东汉时期著名的清官，他为官清廉，曾以“天知、地知、你知、我知”为由拒绝学生王密的十斤黄金，后来“四知却金”的故事传为千古佳话，杨震也被称为“四知先生”，成就了流芳百世的清名。

《中国共产党廉洁自律准则》中要求党员领导干部“廉洁齐家，自觉带头树立良好家风”，白族题写在照壁上世代传承的廉洁家风为践行好这一准则提供了借鉴。

天知地知，何为不知。你知我知，谁人不知

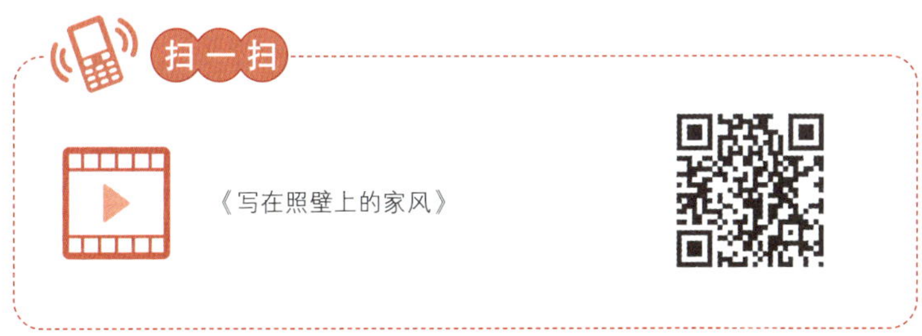

2. 三坊一照壁——方正、洁净的精神追求

“三坊一照壁”“四合五天井”是白族民居的主要形式，代表着方方正正做人。白族建筑彩绘重点突出白色主体色调。白色代表着苍山雪，是最圣洁的颜色，反映了白族崇尚洁白、以白为美的审美理念和价值取向。

走进白族村落，不管是村间道路，还是房前屋后，都非常干净整洁。同时，青瓦白墙的白族庭院中常栽种梅、兰、竹、菊“四君子”，代表着对洁净、正直、坚贞等精神的追求。

3. 三道茶——人生如喝茶，先苦后才甜

“三道茶”是白族的待客礼，第一道茶是“苦茶”，第二道茶是“甜茶”，第三道茶是“回味茶”。“三道茶”中蕴含了“一苦二甜三回味”的人生哲理，即先要吃苦磨炼、艰苦奋斗，才能一步步获得幸福甜蜜的生活。

品白族“三道茶”，悟人生真滋味

4. 谚语——流传民间的廉洁智慧

白族的廉洁智慧在谚语等民间文化中有着生动体现，强调集体利益高于个人利益，做人要先公后私、大公无私，倡导积极进取、艰苦奋斗的精神。

只顾自己的人，不如一根针。

害人命的草乌吃不得，坑公益的事做不得。

不怕山高，就怕脚软；不怕人穷，就怕志短。

（四）傣族

傣族在云南主要聚居在西双版纳、德宏等地，创造了傣语傣文、干栏式竹楼、傣戏、傣医药、孔雀舞、泼水节等绚丽多姿的历史文化。

傣族有“水的民族”的美誉，泼水节是最重要的传统节日。把水视为生命之神，温柔坚韧、透明洁净、荡涤污浊，是傣族廉洁文化的主要特点。崇尚知足常乐、不贪不占、心怀敬畏、遵守规矩也体现了傣族的廉洁观念。

1. 泼水节——以圣洁之水洗尽污浊

泼水节是傣族一年一度的盛大节日，傣语叫作“楞贺尚罕”或“尚罕比迈”，即“六月新年”或“傣历新年”，希望以圣洁之水抵挡万恶、洗尽污浊、带来希望。

相传很久以前，一个无恶不作的魔王霸占了美丽富饶的西双版纳，并抢来七位傣族姑娘做他的妻子。姑娘们满怀仇

盛开的山茶花，摇曳在月光下，

你看那晶莹剔透的水花，把山川融化，把幸福播撒

恨，最小的姑娘拔下魔王的一根红头发，勒住他的脖子，魔王的头掉了下来，变成一团火球，滚到哪里，邪火就蔓延到哪里。为了扑灭邪火，姑娘们轮流不停地泼水，终于在傣历的六月把邪火扑灭了。后来，七位姑娘回到家乡，但仍浑身血污，人们纷纷向她们泼水，终于洗净了污浊，迎来了美好生活。

2. 不贪为宝——向自然“乞讨”

傣族喜欢简单、朴素的生活，体现出知足常乐的精神品质。傣族上山伐木不叫伐木，称为“乞讨树木”；下河捞鱼虾不叫捞鱼虾，叫“乞讨鱼虾”，意为向大自然生态主人乞讨。

不能贪得无厌，学会适可而止

在傣族眼里，自然生态中的一切资源都有主人，正因如此，他们心里才有留有余地、不贪为宝的敬意。

3. 训条——“十不”说廉，说不做就不做

不该去的不去。

不该踩的不踩。

不该走的不走。

不该拿的不拿。

不该答应的不答应。

不该说的不说。

不该吃的不吃。

不该嗅的不嗅。

不该听的不听。

不该看的不看。

这些傣族训条告诫人们，要心怀敬畏，遵规则、守规矩，明边界、严自律。

4. 一日三浴——干干净净做人做事

水善利万物。作为“水一样的民族”，傣族非常喜欢干净，有“一日三浴”的习俗。

在傣族看来，水是圣洁、光明的象征，水可以洗去污浊和污渍，保持洁净美好，寓意干干净净做人做事，守得住清白、稳得住行为。

《我们的家风 · 召存信篇》

（五）苗族

在云南的苗族主要分布于滇南和滇东北等地，创造了《苗族古歌》、刺绣蜡染、花山节（奥道）等丰富多彩的文化财富。

苗族以公私分明、勤劳勇敢、忠厚淳朴为最高美德，形成了以集体至上为重要原则的廉洁文化。强调先公后私、吃苦耐劳，尤其痛恨贪污腐败和偷奸耍滑，以奸诈为最大耻辱。

1. 劳动习俗——公事大家干，私事大家帮

苗族在漫长生产劳动中形成了一个不成文的规矩：对于村里公家的和大家的事情，全村人都会首先去做好；对于缺乏劳动力或丧失劳动力的家庭，全村人都会主动去帮忙，从而使全村都过上更好的日子。

这种先公后私、团结互助的传统美德，展现了苗族视大家之事为小我之职的廉洁观念。这与《中国共产党廉洁自律准则》所倡导的“甘于奉献”精神高度契合。

2. 处世之道——没流汗赚的钱不能养家

苗族在日常生活中讲求信誉，恪守本分，最为看重公私分明、公平公正、不贪不占。

男儿在劳动中养成，团结互助的美德在房屋中建成

苗族谚语说："没流汗赚来的钱是不能养家的"，教导人们清清白白做人、老老实实做事，杜绝一切损公肥私、损人利己行为。守住了自己的本分，自然也就守住了廉洁的操守。

3. 从会——不听"寨老"言，吃亏在眼前

"从会"是苗族独特的社会组织形式。村寨无论大小，都有数位德高望重的"寨老"组成"从会"，制定乡规民约，维护公序良俗。"寨老"熟悉古理古规，公私分明，主持公道，享有崇高的信誉和威望。按照集体优先原则，调解矛盾纠纷。严厉禁止各类损公肥私、损人利己、偷奸耍滑行为。

凡事有规矩，事事都好办

"从会"制度有效维护了苗族生产生活的良好秩序，生动展现了苗族遵规守纪的美好品质。

苗族山歌小合唱《感谢》

（六）壮族

在云南的壮族主要分布于文山等地，有自己的语言文字和深厚的稻作文化。壮族热情好客，有尊老爱幼的传统；山歌曲调婉转、内涵丰富。《坡芽歌书》是迄今为止发现的唯一用图画文字记录民歌的文献。

壮族注重道德修养，重视家风培育，孕育出清白做人、公道做事、遵规守纪、为民谋利的廉洁文化，仿佛春江水长，滋养着一代又一代壮族儿女的心田。

1. 三月三——唱好山歌做好人

壮族每年农历三月初三定期举行山歌会。在此期间，家家户户由长者宣讲祖传家史、族规，以此加深族人对祖先的敬畏，同时学习传承道德规范和要求。

壮族山歌有倡导清白做人、干净做事、要走正路的内容，尤其强调如果当了管事人，说话办事更是要公道正派，要用好手中的权力，维护好老百姓的利益。

山歌唱善歌，好歌唱好人

好篮从来不装灰，好人从来不做贼。
山中有鸟莫要打，鱼塘养鱼莫要抓。
为人莫走歪斜路，不偷不抢不当扒。
谁人当“寨老”，讲话要公平。
“寨老”办事圆，断事要秉公。

2. 乡村小学——孩子学费，不能碰、不能贪

在文山州广南县赛京村，有一座光绪元年兴办的壮族村塾，由本村和邻寨有子弟入学的群众出资筹建学会支持办学，管理学会的人以正直能干为标准从寨中公选。学会有详细的管理规定：“此会实为我寨长久之计，远大之资，除学修外，不准支用。管理此会之人每逢交代之年，上届管事须细心查点若干契据，若干银钱，若干实物交明。下届管事亦须点明收存，若失落于何届，众须向伊赔还，断不甘休。”

对管理者贪挪专款、徇私舞弊的明令禁止，对账目不清行为的明确处罚，是壮族在廉洁用权、杜绝腐败方面的具体实践，蕴含着清白做人、干净做事、崇廉拒腐的廉洁文化。

3. 禀礼——远古礼仪文明的“活化石”

“禀礼”是壮族远古礼仪文明在今天的“活化石”，壮语为“按传统礼仪习俗行事”。壮族的礼俗很多，对出生、周岁、结婚、寿辰、丧葬等，都做出了规范和要求。其实质就是通过礼仪来规范人们的行为。

无规矩不成方圆，有规矩且依规矩而行才能使社会有

序运行。这种礼俗文化有助于涵养人们自觉按原则、按规矩办事的底线意识。

（七）回族

在云南的回族分布较广。历史上，云南回族与本地各兄弟民族交往交流交融，逐渐形成了以纯洁无染、诚一不二为底色，以求真务实、海纳百川、勤劳俭朴为特点的传统文化。

“清洁”既是回族传统文化的写照，也是回族廉洁文化的重要元素。回族恪守脂膏不润、守正拒贪、戒奢止欲的廉洁美德，将廉洁文化不断融入现代社会生活的方方面面。

1. 开斋节——倡导克己、力戒私欲

开斋节与古尔邦节、圣纪节并称为回族的三大节日。每年斋月期间，人们在每天日出至日落的时段内不吃不饮、力戒私欲、扶贫济困、力行善举。斋月结束后阖家团圆，共度开斋节。

斋戒的习俗，在于让人们体验饥饿、戒奢止欲，领悟美好生活来之不易，心存感恩，知足惜福，时刻警醒自己千万不可随波逐流、随心所欲，否则将会误入歧途。

2. 郑和反腐——烧船称钉、刻字问责

郑和是中国古代著名航海家，云南昆阳人，回族，曾率领船队完成七下西洋的航海壮举。由于造船工程耗资巨

大，造船官员多领少用铁钉谋取私利的事情时有发生。为杜绝此类贪腐行为，郑和先行监督建造一条宝船，然后当众烧毁，将船钉收集称重，以此作为造船用铁标准重量，从根本上杜绝了损公肥私行为。

同时，为保证造船工程质量，郑和要求每条船只建成后，所有经手官员和工匠必须将姓名刻于船尾，以便于追究责任。此类制度创新，为当代廉洁文化建设提供了有益借鉴。

船尾刻字流千古，终身追责成伟业

3. 孙青天——至死心无愧，留名照古今

孙继鲁是云南右卫（今昆明）人，回族，明代嘉靖年间的著名清官，有“孙青天”之誉。

孙继鲁耿直忠厚，在当时以清廉节义而闻名。在任淮安知府时，前任留下库存白银一万余两，按照当时的“潜规则”，知府可以将该银两据为己有，也可与达官显贵分享。孙继鲁不仅自己分文不取，也严词拒绝了顶头上司染指款项的无理要求。

孙继鲁曾写有一诗表达自己对廉洁精神的矢志不渝——

忧国忧民意自深，
谏章一上泪沾襟。
男子至死心无愧，
留取芳名照古今。

4. 口唤——记在心间的准则

“口唤”是回族传统文化中的一个常用词语，本义为允许。回族古训教导说：“做人要干干净净，没有口唤的东西不能拿，没有口唤的财帛不能要。”意思是说，没有得到国法家规允许的财物，是万万不能贪占的，否则将会遭受来自良心的巨大谴责。

正是在“口唤”文化的熏陶下，回族世代践行取之有道、守正拒贪的优良传统，不断将传统廉洁文化发扬光大。

（八）傈僳族

傈僳族在云南主要分布于怒江、澜沧江和独龙江流域，以勤劳勇敢、善于狩猎而闻名于世，创造了《创世纪》《我们的祖先》《横断山脉的传说》等神话故事和历史传说，以“刀杆节”“阔时节”等节庆活动最为隆重。

傈僳族是一个敢在刀尖上跳舞、敢在火海中沐浴的民族。正是这种勇往直前的大无畏精神，孕育了勇敢正直、公私分明、守信重义、清白做人、干净做事的廉洁文化。

1. 买卖习俗——说话算数，用“拳”作证

傈僳族自古守信重义，绝不做任何有违契约的事情。在傈僳族习惯法中有这样的规定：一个人向他人借一头牛，约定牛的年利息为一“拳”。那么，如果牛的胸围是六“拳”，一年后则需偿还一条七“拳”的牛才算履行了契约。傈僳族将这种契约精神融入廉洁文化中，无论为官还是为人，都讲求诚信、恪守契约、公平公正、不贪不占，久而久之就形成了崇廉拒腐的良好社会风尚。

2. 刀杆节——纪念清廉的“白马将军”

每年农历二月初八，是傈僳族的刀杆节，这一天，青年们会光脚攀爬由利刃制作的楼梯，再光脚踏过烧红的火炭。相传刀杆节主旨之一，是纪念明代清正廉洁的汉族官员王骥。

明朝正统年间，麓川土司起兵作乱，兵部尚书王骥奉命三征麓川，叛乱很快得以平息。王骥作为军中将领，严明军纪，严查军中部下克扣军饷、敷衍塞责的行为。叛乱平息后，王骥扎根边疆、克勤克俭、忠于职守，与少数民族同胞同吃同住同发展，没有半点朝中大员的架子。王骥去世后，傈僳族同胞奉其为“白马将军”加以纪念。

刀杆节生动展现了傈僳族以大无畏精神对先贤勤政为民、清正廉洁品格的捍卫、传承和颂扬。在新时代廉洁文

化建设中，我们要像“上刀杆、下火海”一样不畏艰难险阻，与一切贪污腐败的思想和行为斗争到底。

3. 火塘、门柱、三脚架——做人不要太贪心

傈僳族视火塘、门柱和三脚架为神圣之物，守护着每一个灵魂。相传很久以前，有一个傈僳族青年上山打猎，收获颇丰，可他还想再打一只最美的猎物带走。归途中遇到一位白发苍苍的老者，老者告诫青年，做人不可太贪心。要不是火塘、门柱和三脚架的佑护，他将因为贪心而受到上天的惩罚。青年惊骇不已，飞快地回到家中，宰了家里唯一的猪做了“处郎”（祭祀），以感谢火塘、门柱和三脚架的保佑，同时对自己的贪心行为深深忏悔。

这个故事告诉我们，做人不可太过贪心，凡事都应当遵从法度、适可而止，否则就会丢失灵魂。只有戒贪止欲，才能守护好自己的精神家园。

不摸锅底手不黑，不拿油瓶手不腻

《过年》

（九）拉祜族

拉祜族在云南主要分布于澜沧江东西两岸的普洱和临沧等地。拉祜语中“拉”是虎的意思，用虎来命名族称。拉祜族创造了《牡帕密帕》等神话史诗和文学作品，以及葫芦笙和葫芦节等丰富多彩的民族文化。

拉祜族认为正心正行是为人处世的第一要务，光明磊落，不做亏心事，坦坦荡荡，不发不义财。正是在公平公正、勤俭质朴等文化精神的熏陶下，拉祜族廉洁文化源远流长、历久弥新。

1. 谚语——狗馋常挨打，人贪毁名誉

拉祜族谚语蕴含着深厚的廉洁智慧，告诫人们凡事不可急功近利，要为人生做长远打算。凡事不可一味贪心，要适可而止、知足常乐。面对诱惑时，更要保持清醒，安守本分。

偷拿别人财物手要断，偷吃别人食物嘴要烂。

见钱莫眼红，见物莫心痒。

莫图眼前吃，要为长远想。

急吃会噎脖子，急找会生邪念。
贪多背袋破，贪吃肚子胀。

好狗不馋，馋狗要打

2. 勤俭持家——结婚不办酒席

拉祜族青年男女找对象，以勤俭持家为重。男的要会犁地、砍柴、铲麻、打猎，为人要本分；女的要会接麻线、织布、缝衣服，为人要勤快。拉祜族传统婚礼无须置办酒席，大家围绕火塘载歌载舞表示庆祝就算礼成。

拉祜族的简朴婚俗，在大摆筵宴、铺张浪费时有发生的现代社会，更显独树一帜、发人深省。推崇勤劳俭朴，鄙视奢侈浪费，看重品行修养，反对外在浮华，这些传统

唱完歌，跳完舞，我们就结婚了

美德，都深深打上了廉洁文化的烙印。

3. 规劝——不是正路莫走，不是良言莫听

拉祜族尤其重视一言一行中的廉洁规范，告诫人们说话做事要坚持正道正行，无论任何处境绝不打歪主意。在大是大非问题上要坚持原则，不能无底线退让。更不可心存侥幸，再隐蔽的坏事也逃不过正义的眼睛。

饿也不抢他人碗，冷也别偷他人衣。

凳子能让，道理不能让。

草丛遮不住鹰眼，浑水挡不住鱼眼。

（十）佤族

佤族在云南主要分布于西南部的临沧等地。佤族有自己的语言，喜爱歌舞，善于雕刻。著名的沧源崖画，生动地反映了佤族先民的生活图景。他们还创造出指导生产活动的“星月历”。

佤族文化中蕴含着维护公共利益，办事公道、吃苦在前、乐于为集体做贡献的廉洁内涵。他们把对这种美好品质的赞颂，融进了对幸福新生活的祈愿中：“阿佤人民唱新歌，江三木落！”

1. 江三木落——教乡亲们盖房的佤族小伙

在佤语中，“江”是公平、公正的意思，三木落是佤族传说中第一个懂得盖房子住的人，大家都尊称他为“江三木落”。

盖房子要四平八稳，做人要公平公正

三木落把方法教给其他人，从此人们才会盖房子。由于他聪明、公正，什么事都能解决得让大家满意，于是佤族集体踏歌时，结尾有对“江三木落”的呼唤，以此歌颂“江三木落”的功绩，也是赞颂一种吃苦在前、甘于奉献、为民谋利的廉洁精神。

在广为传唱的《阿佤人民唱新歌》中，段末都有对“江三木落”的呼唤，这也表达了佤族人民对他的崇敬和感念。

《阿佤人民唱新歌》

2. 鸡肉烂饭——谁也不能多吃多占

在西盟地区，佤族都喜食一种米、菜、鸡肉和佐料等混在一起做成的稠稀饭，称之为烂饭。这种饮食习俗源于平均分配猎物的传统，无论谁人所猎，猎物多少、大小，能够使族中男女老少公平共享。

碗都一样大，大家都不多吃

佤族的饮食习俗蕴含着对公与私关系的深刻理解，即先公后私、克己奉公的公私观。

3. 窝郎——管事人要一碗水端平

历史上，佤族大部分村寨都有“窝郎”，当选“窝郎”的条件是经济富裕，善于讲话办事、勇敢、公平。“窝郎”可世代相传，如遇特殊情况则可以改选。

敢于发声，办事能干，做事公道，选这样的人做首领，体现了佤族对管事人要自觉维护百姓利益的廉洁用权要求。

（十一）纳西族

纳西族在云南主要分布于丽江、迪庆、大理等地。纳西族的东巴文化悠久灿烂，《东巴经》内容极其丰富，哲学、历史、宗教、医学、天文、民俗、文学、艺术等无所不包，被誉为纳西族的“百科全书”。

纳西族文化久远而深厚。庭院天井见证着纳西族世代相传的家风传承；神话故事、民间谚语传承着戒贪知敬的规矩观念；民族史诗里流淌着崇尚正义、追求光明的廉洁血脉。

1. 李氏家训——嵌入大地的家训

李氏家族是丽江有名的书香门第、教育世家，注重道德传家，深知“富贵传家，富不过三代”的道理，在修建宅子时就把家规家训镶嵌于宅院天井的地上，让家族后人在进退间时时得到警醒：面对金钱时，千万不要掉到钱眼里。

正确的金钱观是廉洁自律的重要内容。天圆地方的图案寓意做人做事要守规矩；凸出的“绊脚石”用来提醒后人面对金钱要取之有道，否则就会被金钱绊倒。

小心小心，别掉到钱眼里去

《家风耀古城》

2. 红石崖——被火神爷爷烧死的贪婪鬼

纳西族神话《红石崖》讲述了一则与“戒贪”有关的故事。石鼓镇上的财主发现了藏在山洞里的金银珠宝，贪婪地装了一袋又一袋。山洞主人火神爷爷回来看见财主贪婪的样子，从嘴里喷出一团烈火，石门变成两扇火门，“呼噜噜”一声关严了，财主被活活烧死在里面。大火烧了三天三夜，白色的石崖都被烧成红彤彤的，后来，人们就把它叫作“红石崖”。

纳西族以这样的方式告诫子孙后代，无论做人做事都要知敬畏、守规矩、戒贪婪、走正道，违背道义良知会受到应有的惩罚。

3. 谚语——趁脚没有被刺戳，先把鞋子穿上

纳西族的谚语蕴含着丰富的廉洁文化，告诉人们要敬畏规律、规矩，不能盲目自大、任性妄为，使自己的言行在合法合规合理的范围内。贪婪之人欲望膨胀而不知满足，欲望太多、贪占太多的结果必然是贪小便宜吃大亏，毁了信誉、污了操守，甚至锒铛入狱。

纵有九栋楼，夜寐一张床。

吃炒面贪大口会挨噎，喝白酒贪大口会遭呛。

蓝天不能信手拉下走，大地不能任掌掬起去。

树再高也顶不了天，叶再阔也盖不了地。

4. 黑白之战——正邪势不两立

《黑白之战》是纳西族的英雄史诗。它描写了光明的白部落与黑暗的黑部落之间的战争。最终，光明战胜了黑暗，正义战胜了邪恶！

史诗颂扬了纳西族捍卫正义、与邪恶做斗争的决心和勇气，向世人表明，歪心邪念终将在阳光下无处容身。

（十二）瑶族

在云南的瑶族主要分布于文山、红河等地。歌谣在瑶族文化艺术中占有十分重要的地位，《盘王歌》是瑶族古典歌谣的集成。此外，在长期的生产劳动实践中形成的瑶族医药也是其民族文化的瑰宝。

瑶族注重道德修养，常以“度戒”的形式传授道德规范，以习俗的承袭践行公共道德。在日常生活中，瑶族有多样的祭祀传统，蕴含着持敬守廉的文化心理。

1. 度戒——成人不自在、自在不成人

“度戒”是瑶族特有的成年仪式，是男子长到十多岁时举行的成年礼。没有接受“度戒”的男子，不能担任村里的公职。在“度戒”的过程中，受礼者要拜德高望重的人为师，并接受训诫。

今天的“度戒”，是为了以后“渡劫”

“度戒”中的八条明确规定是瑶族对成年之人应循之礼的具体要求，教导受礼者说话做事懂规矩、守规矩。

不得虐待爸妈。

不得欺老凌幼。

不得怠慢亲友。

不得贪花好色。

不得吹赌败家。

不得偷盗抢劫。

不得杀人放火。

不得做官欺人。

《瑶族度戒》

2. 祭祀——敬心中的神，守族里的规

瑶族世居山区，有崇拜山神的习俗，有祭拜土地神的习俗。此外，还有祭谷神、水神以示敬意的习俗。每年定期祭社时除向社神举行祷告仪式外，还通过“社约”规定一年内生产生活中的各种条规，并制定违反条规的处罚办法。

这些祭祀文化传达出瑶族对自然、对与生产生活相关之事的敬畏，对规矩的看重。敬畏心是人的一种自省自警的态度，规矩是做人做事的尺度，只有存敬畏、守规矩，才能明白哪些事能做、哪些事不能做，做到心有所畏、言有所戒、行有所止、洁身自好。

3. 美德——别人的东西不进自家口袋

瑶族外出劳动或赶路，随时可将不愿意带走的东西放在路旁，只需打一个草结作为记号，别人绝不会去拿；要是砍倒一根木头放在路旁打上一个草结，放上再长的时间也不会被拿走。

无论是否有人监督看管，不是自己的东西坚决不拿。这样的传统，蕴含着瑶族自觉遵守规矩、不贪占他人财物的廉洁之风。

你看到那个草结了吗？

（十三）藏族

在云南的藏族主要分布于迪庆等地。藏族有自己的语言和文字，其文化涵盖了文学、哲理、史地、天文、历算、医药等多个方面。藏族热情好客、尊敬长者，有注重礼节的文化传统。

藏族文化注重道德自律，强调为民奉献、为官有道，把正直磊落作为做人做事的准则，这些精神追求都体现出藏族文化中鲜明的廉洁元素。

1. 格萨尔——为民奉献的精神化身

格萨尔是藏族民间文学中的一位英雄。他为保卫家乡、援助邻国率领军队南征北战，杀死了魔王，斗败了无良的统治者，解救了众百姓。从此四方安定，国家日益富足强大，民众过上了幸福的生活。

格萨尔在藏族中广为传诵。每逢大的节庆，人们总是要说唱格萨尔，纪念他的功绩，表达藏族对为民奉献精神的崇敬和赞颂。2006年5月20日，格萨尔经中华人民共和国国务院批准列入第一批国家级非物质文化遗产名录。

2. 卡佳——促进廉洁修身的民间力量

“卡佳”是生活在迪庆州德钦县藏族的一种古老习俗，是一种民间道德评议会。在“卡佳”中，众人针对违背社会公德、婚丧嫁娶铺张浪费、赌博吸毒、盗伐盗猎、侵占公物、办事不公等不良行为，利用谚语、格言、民谣、俚语，或用幽默诙谐的语言，或用辛辣犀利的语句抨击批评。如果谁恶意中伤别人或被批评后表现出不满小气，将会被全村人看不起。

“卡佳”具有规范道德行为、消除恶俗陋习、加强互相监督、化解矛盾纠纷等作用，有助于营造和谐人际关系和知耻求荣的道德氛围，促进廉洁修身及思想道德境界的提升。

3. 谚语——为人不自私，为官要正直

藏族谚语教导人要多为别人着想，要多做对别人有益的事，不能一味只图自己的利益。强调选拔官员要以德为先，做官要公私分明、克己奉公、公道正派、清正廉洁。

射箭要准，做人要正

选正直人做官，挑端木做秤。

为官应如太阳公正。

欺骗是贪官的本能。

如想办成个人事，首先应该为别人。

专为自己谋算者，事情一定办不成。

（十四）景颇族

景颇族在云南主要分布于德宏等地。“目瑙示栋”作为演唱“目瑙纵歌”的中心舞台，象征着景颇先民从青

藏高原迁徙而来的路线图案，如今已经成为景颇族文化符号。每当吉庆的日子，景颇族都会聚集在“目瑙示栋”周围，载歌载舞，庆祝丰收和胜利。

景颇族创造了独具特色的民族习惯法“通德拉”，倡导大公无私、艰苦奋斗、诚实守信，反对侵占公物、好逸恶劳、偷奸耍滑。经过历史的沉淀，“目瑙纵歌”和“通德拉”已经成为景颇族廉洁文化的重要载体。

1. 目瑙纵歌——一曲勤政为民的赞歌

景颇族在每年农历正月十五举行盛大聚会，演绎“目瑙纵歌”，歌颂太阳和土地，纪念祖先木代，以此缅怀他大公无私、勤政为民，带领景颇族先民万里迁徙、艰苦创业，最后过上幸福生活的历史功绩。

“目瑙纵歌”所歌颂的艰苦奋斗精神，以及对社会公序良俗的不懈追求，正是新时代廉洁文化的宝贵精神财富。

木代心里装着我们,我们今天还念着他

《目瑙纵歌》

2. 通德拉——昔日做人道理，今日村规民约

景颇族历史上通行习惯法，景颇语称为“通德拉”，意为“景颇人的道理”。“通德拉”具有道德的约束性和行为的强制性。“通德拉”对公私界限进行了严格规定，严禁损坏和侵吞公共财物。假公济私行为被视为大逆不道，会受到严惩。

景颇族的“通德拉”，生动诠释了大公无私的廉洁文化传统，如今已沉淀为景颇族的村规民约，高度契合《中国共产党廉洁自律准则》中“公私分明、先公后私、克己奉公”的新时代廉洁文化精神。

3. 宁贯——当官要为民做主

历史上，景颇族山官有获得“宁贯”（猎物后腿）的特权，与此同时，山官必须承担更大的社会责任。每当发生饥荒或者战乱，山官都要拿出自己的积蓄优先帮助百姓渡过难关，否则将被视为不称职而遭罢免。

景颇族的古代官制，严格规定了官员的权利，同时也要求官员承担更多的责任和义务，对廉洁用权做出了明确规定。

少了一些粮食，多了一些民心、口碑

（十五）布朗族

布朗族在云南主要分布于西双版纳、临沧、保山等地。布朗族的“葛布”纺织技术、祭献“茶树王”、“赕佛”节日活动、长篇叙事诗《道高朗》等，在我国民族文化宝库中占有重要一席。

保持干净、清洁、纯净，是布朗族廉洁文化的重要底色。布朗族在“桑堪比迈”节庆日时，喜用清水相互泼洒，表达去污除垢之意，暗喻族人要保持一身清气。

1. 一片茶叶的故事——平平淡淡、从从容容才是真

布朗族每种下一棵树，就叫作“茶魂树”。四年一次的茶祖节大祭上，都要用甘泉泡茶祭祖。相传，布朗族人民在遭遇瘟疫的危急时刻，发现了茶叶可以治病，便对茶树产生崇拜，把茶树奉为护佑族人的神灵。

茶是布朗族的信仰，他们把人生的意义深深蕴含在品茶之中。布朗族人民坚信，只有宁静、淡泊和从容，才能

面对人生的疾苦与得失，要始终保持一颗平常心，做一个内心富足的人。

茶可润口，亦可养心

《云上的村落·情醉茶山》

2. 桑堪比迈——用水洗去污浊，像水一样洁净

在众多节日中，布朗族每年都举行的年节“桑堪比迈”最为隆重和盛大。“桑堪比迈”的时间多在傣历六月中旬，公历的四月中旬。“桑堪比迈”意即六月新年。

节日期间，人们会用少许清水为族人沐浴、泼水，意为洗去污浊、保持干净，表示对洁身守道、清白洁净、志洁行芳的价值追求。

3. 忠诚家庭——布朗族的婚前教育

布朗族十分注重婚前规矩教育。按照传统习俗规定，男女双方结婚前一天，要接受民族长老的教育：夫妻双方在婚后，要自觉履行夫妻义务和责任，男人要守男人的规矩，女人要守女人的规矩，见到漂亮的异性要埋头绕道走，做到相互忠诚、互敬互爱。

布朗族重视婚姻忠诚，表明男女双方组建家庭意味着要抵得住诱惑，珍惜家庭，让家庭美德代代相承，做良好家风的建设者和弘扬者。

一山比一山高，在世间唯你最好

（十六）布依族

在云南的布依族主要分布于曲靖、文山、红河等地。布依族的八音坐唱、大型神话舞剧《太阳三姑娘》、“六月六”节庆、“议榔”会议等传统文化习俗享有盛名。

布依族十分重视戒律，在饮食、习惯、风俗等方面都强调遏制欲望、抵制诱惑，以公为先、以律养廉的廉洁规范。

1. 公权为民——百姓本是官之母，做官要为百姓苦

“百姓本是官之母，做官要为百姓苦”，这句谚语在

布依族当中广为传诵，表达的是布依族对“官”的理解，要知道官位和权力是老百姓给的，如果不能用手中的权力为老百姓解决疾苦，就对不起“父母官”这个称号。

这对今天的领导干部有着重要启示，要用人民赋予的权力为人民办事、为人民谋利、为人民解忧、为人民造福。在使用权力上做到保持自律和接受他律，才能担当起“公权”二字，才能彰显出“公仆”本色。

2. 议榔——在金丝榔树下，村民正在召开会议

在布依族村寨中，一般都会有很大的金丝榔树。每年六月六日，布依族人都要聚集到榔树下召开会议，商讨村里日常事务、处理村寨内部矛盾、解决家庭纠纷等，最终由族人选举出来的“榔头”拍板做决定。一旦做出决定后，族人必须严格执行，否则会受到严厉惩戒。

“议榔”被布依族认为是最公正的制度，发挥了社会公约的“他律”作用，对利益诉求、权力关系、执行行动做出了引导和规范，为形成以公为先、以公为重的廉洁文

大家都发表意见，最终由“榔头”决定

化提供了制度保障。

3. 节俭可养廉——囊中未空先节约

布依族长者经常告诫族人，“囊中未空先节约”，意在表明尽管粮食量产富足有余，但也不能随心所欲挥霍浪费，在日常生活中就要养成节俭的良好习惯。

节约粮食看似是小事，但如果没有形成一种自律和自觉，就会由“舌尖上的浪费”演变为“随处可见的浪费”，最终导致铺张浪费的恶劣风气，甚至埋下消耗资源、盲目比阔、贪污奢靡的隐患。

（十七）普米族

普米族在云南主要分布于怒江、丽江、迪庆等地。普米族的创世纪古歌、“洗麻舞”、“三须”服饰、“给羊子”仪式、“木楞房”建筑等别具一格。

普米族骁勇善战，其民族性格中的斗争精神既表现为与恶劣的自然环境做斗争，也表现为与黑恶势力做斗争，敢于斗争和惩恶扬善成为普米族廉洁文化的典型特征。

1. 骁勇的斗士不是天生的——人在世上练，刀在石上磨

“猎狗要在悬崖上奔跑，老鹰要在风雨中练翅，骏马要在草原上溜达”，这句谚语透露出普米族勇猛果敢的民族性格。

在普米族看来，勇敢的性格和能力是练出来的，只有在悬崖前保持定力，在风雨中经受淬炼，在草原上训练奔跑，才能练就抵抗风险挑战的精神和能力。

真正的勇士，要有风一样的速度，鹰一样的勇气

2. 守护生态就是守护自己——阴暗的地方蚊虫多，清洁的地方孔雀多

“阴暗的地方蚊虫多，清洁的地方孔雀多”，这句谚语的意思是，自然生态环境恶劣，就会虫多为害，自然生态环境干净，就会万物共生。

守护自然生态和净化政治生态亦是同理。政治生态污浊，从政环境就恶劣；政治生态清明，从政环境就优良。这句谚语形象地告诉我们，环境对人的成长发展具有至关重要性。

3. 行好事　做好人　怀好心——做了好事不会变坏事，干了坏事不会成好事

“做了好事不会变坏事，干了坏事不会成好事”，这句谚语说的是如果多做好事、多行善举，就会积善成德而神明自得；要是有歪念，开始做了坏事，就会一步失守而步步失守，追悔莫及。

这对廉洁做人做事有重要启发。只有守住廉洁底线，不以善小而不为，不以恶小而为之，保持善心、坚持善举、多做好事，清正廉洁才会蔚然成风。

《普米族：四弦舞乐薪火传》

（十八）阿昌族

阿昌族在云南主要聚居于德宏等地。阿昌族制造的户撒刀极负盛名。创世神话史诗《遮帕麻与遮米麻》被誉为“西南游牧民族文化的活化石”。《遮帕麻与遮米麻》和户撒刀锻制技艺，已列入国家级非物质文化遗产。

阿昌族是一个勇敢刚毅的民族，在他们的传统习俗、民间故事和谚语中都蕴含着淬火提纯、公私分明、为民奉献、艰苦奋斗的廉洁品质。

1. 头人的故事——公道自在人心，抹去碑上的戒律也没用

传说户撒的阿昌族推举一位熊姓老人当头人，他在石碑上刻下条文：每户每年收地银二钱，如有多收，罢头人；断案不公收受贿赂，罢头人；不要百姓牛马，不占百姓女儿……熊姓老人把坝子里的事务管理得井井有条，赢得了大家的拥戴。

后来，熊姓老人死了，赖姓老人赖老康继位当了头人。他贪心，想要多收地银，就凿去了石碑上的条文。最后，阿昌族发动了起义，杀死了赖老康。“公心”与“贪心”，最终是不同的结局。这个故事告诉人们，公道自在人心，即使抹去了石碑上的戒律也没用。为人为官都要秉持公心，做到公私分明、克己奉公，否则就要受到惩罚。

2. 施桥舍路——以施为德，以舍为荣

阿昌族有“施桥舍路”的习俗，有舍桥、舍路、舍钱、舍物等形式，其中以搭桥铺路最为普遍。当地人致富以后，总要回报社会，修建公共设施等。人们认为用于公共设施的建材不能用于私人建筑，即使是废弃建筑的材料，也无人挪用。

这一习俗体现了阿昌族热心公益、乐善好施的真挚情怀，也体现了戒贪止欲、公私分明的廉洁传统。物质财富的追求是无止境的，一旦欲望越界，贪婪腐败就随之而

来。要克制自己的私欲，严格约束自己的操守和行为，严私德、守公德。

唯有舍财不贪，才能为民得利，才能受人尊敬

3. 阿露窝罗节——颂扬为民奉献精神的节日

每年三月二十日的阿露窝罗节是阿昌族的重要传统节日，以祭祀、歌舞为主要内容。节日那天，人们汇集于庆典中央的窝罗台坊四周，欢歌起舞，庆贺节日。

阿露窝罗节表达了阿昌族对创世祖遮帕麻、遮米麻的赞美，歌颂先祖开天辟地、创造人类，为民除害、造福后人的丰功伟绩。如今的节日更体现出阿昌人民对为民奉献精神的颂扬和传承。

（十九）怒族

怒族在云南主要分布于怒江、迪庆等地。怒族有自己的语言，善于演奏乐器，以木板房和竹篾房为居住建筑，喝“浊酒”、吃“咕嘟饭”，民族文化丰富多彩。

怒族有以集体为上的社会风尚。在长期与艰苦环境斗争的过程中，形成了与集体生活相适应的一套伦理规范。其中，注重来而有往的礼节，崇尚吃苦在前、为民奉献的价值取向，都表现出怒族文化中的廉洁内涵。

1. 礼物馈赠——收了礼，要还礼，做到礼尚往来

怒族坚守自食其力的准则，从不贪占他人劳动成果，对盗窃行为深以为耻。怒族待人真诚公道，只要捕获猎物，见者均可分到一份肉。他们在接受赠物时，总要视赠物人的需要而回赠别物，即使赠物人并不急需，受赠者仍然要主动送去价值相当的回赠物。

投之以桃，报之以李，不能收人一个西瓜，送人一粒芝麻

怒族讲究有来有往的馈赠礼节，就是你对我怎么样，我也对你怎么样，不接受平白无故的馈赠，不能只来不往。我们在社会交往中，要传承平等相处、以情交情、以心换心的优良传统。在遵守法纪的前提下，创造有人情味的美好社会。

2. 仙女节——不要忘记劈山引泉的阿茸姑娘

为了纪念传说中勤劳勇敢的阿茸姑娘，云南贡山的怒族在每年农历三月十五至十七过“仙女节”，当地又称“鲜花节”。传说中阿茸姑娘发明了飞跨怒江的竹篾溜索，劈开了高黎贡山，为人们引出了甘甜的泉水，在邪恶势力面前，塑造了忠贞不屈、英勇献身的形象。

“仙女节”蕴含着对吃苦在前、甘于奉献精神的歌颂，对这种精神的坚守也是我们党的光荣传统。吃别人吃不了的苦，干别人干不了的事，大力发扬吃苦在前、享受在后、甘于奉献的精神，是新时代党员干部应该遵循的廉洁准则。

3. 民间故事——文学中彰显的精神力量

怒族民间故事繁多，英雄人物故事较为广泛，有《大力士的故事》《拳打五虎的孩子》《卢让让》《孤儿除妖》《大力士阿洪》等。故事主人公或是民族领袖，或是民族英雄，都具有非凡的力量。在自然环境和生存环境恶劣的条件下，他们敢于征服自然，与恶势力做斗争，保护了村寨和村民，扫除了人民幸福生活路上的障碍。

这些民间故事蕴含着怒族人民敬仰和崇拜用生命守护人民的英雄。人民群众的眼睛是雪亮的，只有那些一心为民、夙夜在公、奉献所有的人才能真正得到人民的称颂。

（二十）基诺族

基诺族在云南主要分布于西双版纳等地。基诺族的长老制，“太阳花”“孔明印”服饰，耳环花竹楼，叙事长诗《巴诗与米诗》，“塞土”（大鼓），“特懋克”节日等传统文化颇具特色。

基诺族廉洁文化中最鲜明的特征是忆苦养廉、忆苦持洁。基诺族善于反思美好生活来之不易，在食苦茶、诵史诗、编竹具等风俗习惯中，都强调铭记过去的艰辛付出，珍惜当下的既有所得，保持清苦品性、坚持埋头苦干。

1. 凉拌茶——吃得苦中苦，培养高尚人

基诺族喜好吃茶，盛行凉拌茶。以现采的嫩茶尖为主要原料，辅以黄果叶、辣椒、大蒜、盐等佐料，加入少量泉水，用筷子搅匀，一盘“苦得有味”的凉拌茶即可食用。基诺族食用苦茶的饮食习俗，从食之苦味中品鉴苦尽甘来的获得感，传递了一种享受清苦，以清苦涵养高尚人格的精神旨趣。

这对党员领导干部有重要启示，只有守住清贫、砥砺意志、正身守己，不轻信“糖衣炮弹”，不迷恋“鲜花拥簇”，不身陷“灯红酒绿”，才能拒腐防变，才能开出“廉洁之花”、结出“廉洁之果”。

2. 竹文化——像竹子一样正直清高、挺拔洒脱

基诺山盛产竹子，基诺族善于用竹子编制刀鞘、弩箭等生产工具，竹盆、竹篮、竹筒、竹桌等生活器具，以及

吹打乐器、礼物礼品等工艺制品。

竹子的挺拔洒脱、正直清高、清秀俊逸，象征着高尚的人格。竹子不仅是基诺族生产生活的必需品，也是其精神文化的象征物，寓意着基诺人民不断塑造清峻不阿、高风亮节、坚韧顽强的意志品质。

有节骨乃坚，无心品自端

3. 吟唱史诗——从历史中汲取智慧和力量，不断前行

基诺族男性十五六岁、女性十三四岁后要行成年礼。举行了成年礼之后，他们才能正式取得村庄成员的资格。

举行成年礼时，村寨长老要带领适龄青年吟唱基诺族的史诗，歌唱社会生活的习惯法规、生产过程，讲述本民族的艰辛发展历程，传承传统道德规范，对接受成年礼者进行民族的传统教育，提醒和教育青年牢记先祖艰苦奋斗的历史，赓续先辈艰苦奋斗的传统。

扫一扫

《好在了我的家·传承》

（二十一）蒙古族

在云南的蒙古族主要分布于玉溪等地，通海县兴蒙蒙古族乡是云南唯一的蒙古族聚居乡。在长期的历史演变中，蒙古族的文化风俗与当地民族相融合，形成了独特的卡卓文化，有着久远而独特的历史沉淀。

蒙古族的传统习俗、节庆、历史典故及民间故事中，蕴含着公平公正、勤政务实、无私奉公、为民奉献的廉洁文化，一直流传至今。

1. 元帅府的故事——官府无私百姓宁

曲陀关是元代都元帅府的所在地，是当时设立在滇南的最高军政机关。蒙古族都元帅阿喇帖木耳曾经驻治此地。他死后，由他儿子旃檀荫袭其父之职为都元帅。阿帅、旃帅勤于政务、务实廉洁，一面守成边疆，一面建设边疆。经过他们两代人的艰苦努力，整个滇南“无侵叛之患，无扰攘之声”，“人物繁盛，市肆辐辏”。

元人在《曲陀关元帅府》的诗中吟道：“官府无私百姓宁。”阿帅、旃帅勤政为民、奉公无私的精神得到了当地百姓的广泛称颂。

2. 阿扎拉——勤劳勇敢、为民奉献的好姑娘

阿扎拉是个勤劳勇敢、乐于奉献的姑娘，她的名字是“勤劳”的意思。阿扎拉就是蒙古族中最勤劳的人。阿扎拉热心帮助乡亲们降伏恶龙，既治好了涝，又治好了旱。她为家乡做了很多好事，人们为了纪念她，给她修了庙、塑了像。

鞭子抽抽天，这里有雨天

在蒙古族心里，阿扎拉是勤劳勇敢、乐于奉献的英雄，她代表了蒙古族爱族爱乡、无私奉献、勤劳质朴、助人为乐的美德和传统。

3. 鲁班节——公平公正待徒弟

通海县兴蒙蒙古族乡被誉为云南的“建筑之乡”。传说这里的建筑工艺主要是蒙古族弟子旃班从鲁班师傅那里学来的。流传在当地的故事《鲁班和旃班》中讲到：旃班是鲁班的蒙古族弟子，四月初二是鲁班向旃班赠送《木

经》的日子，也是旃班收徒弟的日子，所以在这一天过“鲁班节”。

旃班收徒弟时，对不同的民族一视同仁，对每个徒弟都不偏不倚、公平公正。“鲁班节”体现了蒙古族对恩师鲁班教诲与恩典的感激之情，以及吃苦耐劳、专心致志的敬业精神，更体现了讲求公平、公正的廉洁作风。

（二十二）德昂族

德昂族在云南主要分布于德宏、保山、临沧等地。德昂族善于种茶，素有“古老茶农”的美称。茶叶是德昂族的命脉，在他们心中，茶叶代表着尊贵和权威，折射出德昂族的道德观念和价值取向，成为其文化的主要特征和重要载体。

德昂族的廉洁文化和茶文化紧密相连。茶文化是滋养德昂族廉洁品质的深厚土壤，在茶礼、茶风、茶俗中蕴含的“廉、美、和、敬”等元素在德昂族的廉洁传统得到了充分体现。

1. 茶礼——茶为媒、礼相随，相交淡如水

茶是德昂族日常生活中的重要饮品，在社会生活中有着非常重要的地位。德昂族讲究“茶到意到”，有很多约定俗成的“茶礼”：宾客临门必先煨茶相待；走亲访友和托媒求婚必以茶为见面礼；若有喜事需邀请亲朋光临，一小包扎有红十字线的茶叶便成了“请柬”；如两人产生矛盾时，有过失的一方只要送一包茶，就可求

得对方的谅解。

在德昂族心里，茶的作用是其他钱物无法替代的。“茶礼”体现了德昂族遵守规则、注重礼仪的传统文化，也体现了讲规矩、守规则的廉洁品质。

礼尚往来茶为媒，收下这包茶，我们成一家

2. 达古达楞格莱标——骄奢蛮横失家园

《达古达楞格莱标》是德昂族的创世史诗，其中一部分讲述了德昂族的一段历史故事，“那时德昂势力强，他族面前骄气扬”，“由于往昔多作恶，外凌他族内不睦”，导致“丧失家园四处漂”，“故劝后辈我儿孙，莫随前人恶劣行。外睦他族内修德，凡所到处内相亲”。

创世史诗不只是历史记录，也凝聚着民族智慧，告诫德昂族后人要经常反省自己的言行，做到一日三省吾身，敢于直面问题，努力克服缺点。

3. 谚语——树要干直，人要心正

德昂族很注重道德修养，以谚语的形式提出道德要求：做人做事要堂堂正正、光明磊落，与人相处要真诚善

良、多做对他人有益的事，蕴含着守正崇德的廉洁文化。

标直的树用处大，善良的人朋友多。

不要看人穿的衣裳，要看人的心肠。

以诚实建立的友谊，就像大海奔流不息。

以虚伪建立的友谊，就像野草一燃成灰。

《传德昂优秀文化　育文明家风》

（二十三）满族

在云南的满族主要分布于昆明、保山、普洱、德宏、曲靖、临沧、红河、楚雄等地。《云岭滑竹谣》歌曲、“萨其马”小食、“颁金节”、喜起舞、八角鼓唱腔等内容是满族宝贵的精神文化财富。

满族有讲究细节的行为习惯、精益求精的工匠精神、身正行端的处世准则，这些都反映出慎细慎微、慎独慎初的廉洁品格。

1. 慎细慎微——小窟窿可以沉大船，小缝隙可以透大风

“小窟窿可以沉大船，小缝隙可以透大风”，满族这句谚语告诉我们，再大的船也会因为有小窟窿而沉水，再

小的缝隙也能透过大风，细节上不注意、小事上不检点，就会惹麻烦、酿大祸。

“贪廉一念间，荣辱两重天。”要在“一事”“一念”“一步”之间筑牢思想堤坝，不能以“就一次没关系”放纵自己、“大家都这样”开脱自己、“小问题无所谓”任由自己，努力做到正心明道、怀德自重、严以修身。

针尖大的窟窿，能透过斗大的风

2. 正身修己——心如明月，行如清风

满族老人经常告诫年轻人：做人要保持纯洁，像皎月一样澄明透亮；做事要清身洁己，像清水一样干净透明。

宝贵的东西总会历久弥新，智慧的光芒能穿透历史，满族人民关于做人的教诲在今天仍能得到印证。要像珍惜生命一样珍惜自己的节操，用优秀传统文化涵养品格，时常清扫“思想尘埃”，努力做一个一尘不染的人。

3. 匠心美食——步骤不能少，程序不能乱

满族做人做事稳重严谨，注重按照程序推进，讲究过程完整，该有的环节一个都不缺，该走的步骤一步都不少，这在食品制作工艺中尤为突出。令大众赞不绝口的“萨其马”“火腿四两坨”等，都是严格按照一道道制作工序来完成的，这样的匠心工艺必然成就满族的食品品牌和优质口碑。

在满族人民的心里，做人做事如同按照工序制作食品一样，在整个过程的各个环节都马虎不得、懈怠不得，在任何一个节点上稍有差错、不加注意，都会导致不良后果。

扫一扫

《我们的家风·张桂梅篇》

（二十四）水族

在云南的水族主要分布于曲靖等地。水族的水书典籍、水历、“旭早”说唱曲艺、神话《人龙雷虎争天下》、“滚边”服饰等都是民族文化的瑰宝。

水族的廉洁文化主要体现在交往有度、交友慎重等方面，经常教育本族人民要如水一般清澈洁净，像水一样保持高洁。

1. 饭稻羹鱼——节俭与廉洁如同孪生兄弟

以稻米为饭，以鱼类为菜，是水族的饮食习惯。水族对水资源、粮食、渔产都十分珍惜，并经常教育族人要对养育自己的各种资源保持敬畏，避免浪费，杜绝奢侈。

水族人民认为，节俭与廉洁如同孪生兄弟，老百姓节俭，能够培养德行、兴盛家业；为政者俭朴，可以倡廉明政、造福人民。无论是做人还是为政，节俭都是至关重要的明德养廉之道。

一粒米，一滴汗，浪费的粮食，流走的血汗

2. 交往有度——把跑偏的“礼尚往来”扳过来

在社会交往中，水族注重礼数礼节、以礼相待、礼尚往来。在婚丧嫁娶、乔迁生子、过年过节等各种人情往来中，他们特别强调，礼品、礼物、礼金不能超出适宜范围，甚至可通过“帮工”方式来表示情意、谢意、敬意，避免比阔炫富、人情负担、变相交易。

水族对礼数范围的限制，是其崇尚廉洁的直接体现。面对当今以礼尚往来之名敛财敛物的社会现象，要把跑偏的“礼尚往来”扳正过来，就必须讲究原则和尺度，坚持世风俗礼不背离法纪，营造健康的社会交往环境。

3. 慎重交友——好人相逢，恶人远离

水族有句谚语，“好人相逢，恶人远离”，告诫大家结交品性好的人，如享清泉，近朱者赤；结交品性不好的人，如陷污水，近墨者黑。

这反映出水族人民喜善厌恶的优良品质，警示人们应该慎重交友，不交无德、无义、无耻之人。同时，自己也要努力做一股“清流”，成为身边人的良师益友。

女声小合唱《奴别恒虽（水乡妹妹）》

（二十五）独龙族

独龙族在云南主要分布于怒江等地。怒江贡山县独龙江乡是全国唯一的独龙族聚居区。独龙族是新中国成立后，从原始社会末期直接过渡到社会主义社会的少数民族，实现了“一跃千年”的历史性跨越。独龙族有自己的语言，并在长期的生产生活实践中，形成了独特的历史文化。

千百年来，独龙族形成了不贪不占的美德，朴素的平等观念，集体至上、公共利益大于一切的伦理原则，这是宝贵的精神财富、重要的情感依托，也是廉洁文化的主要内涵。

1. 集体至上——风大就凉，人多就强

在艰苦的自然环境中，独龙族在生产生活中积极发挥集体的力量，相互协作、相互依赖，共同抵御自然灾害，形成了集体至上、荣辱与共、团结互助的美德和传统，这是独龙族赖以生存繁衍的精神支柱。同时，独龙族自古与相邻民族和睦相处，当其他民族受到欺侮时，独龙族同样会给予支持和帮助。独龙族曾与其他民族一道，对英帝国主义妄图侵入独龙江一带的野心，给予了有力回击。

独龙族这种强调集体利益大于一切的观念，增强了民族凝聚力，促进了当地社会的和谐发展，对于今天积极弘扬大公无私、先公后私的精神，具有积极意义。

天时不如地利，地利不如人和

2. 古风传统——路不拾遗、夜不闭户

独龙族地区民风淳朴，“路不拾遗、夜不闭户”的古风至今犹存。不论何人，路上拾到东西，都不会据为己有。人们远路出门，常将随身携带的粮食沿途挂于树上或放于岩洞等处，过路人无论怎样饥饿，也不会擅自取食。人们的住房从不加锁，不会有人私自进入，也不担心被盗。

在独龙族看来，偷盗是最可耻的行为。独龙族的古风传统体现了不贪不占的廉洁精神，一代一代传承至今。

3. 卡雀哇——食亦有道，公平最重要

过年是独龙族唯一的传统节日，独龙语叫“卡雀哇”。一般在农历的冬腊月，即每年的12月到次年1月间举行，节日长短视食物多少而定。节日里，人们举行祭祀仪式，共吃年饭，唱歌跳舞，通宵达旦。

其中最热闹、最隆重的就是剽牛祭天。剽牛后用大锅把肉煮熟并平均分给在场的每个人，未到场的也按旧俗托人捎去一份带皮毛的肉。

这一传统节日中蕴含着讲求公平、一视同仁、平均分配的廉洁传统，这和社会主义核心价值观所强调的平等公正价值理念异曲同工。

《我们的家风·高德荣篇》

努力践行云南少数民族廉洁文化

文化是人们在长期的社会实践活动中创造的精神财富。作为一种重要的文化形态，廉洁文化是中华民族优秀传统文化的重要组成部分。大力弘扬廉洁文化，对发挥思想建党和制度治党的协同作用，推动全面从严治党向纵深发展具有重大意义。

云南25个世居少数民族在漫长的交往交流交融中，孕育了丰富多彩的廉洁文化，蕴含着蓬勃向上的生机和活力，展现出云南各族人民的生活智慧和价值观念。

云南少数民族的节庆活动多姿多彩、形式各异，但却不约而同地礼赞为民请命的英雄人物，赞赏公正无私、乐于奉献的崇高精神。彝族的火把节、傣族的泼水节、回族的开斋节、景颇族的“目瑙纵歌”、阿昌族的阿露窝罗节、布朗族的“桑堪比迈”、独龙族的“卡雀哇”等，各族兄弟姐妹在欢庆节日的同时，表达了他们尚廉敬廉的精神追求，也说明了追求廉洁品德是各民族的共同精神需要。

家风文化是云南少数民族廉洁文化的一抹亮色，他们展现家风的方式，更是让人耳目一新。白族把家风题写在照壁上，壮族把家规传讲在耳边，纳西族则是将家训内容嵌刻于地面，等等。他们在润物细无声的家风传承中，将廉洁文化一代代传扬。这些传统的少数民族家训，既与中华优秀传统家训在核心价值理念上保持着高度统一，又各具本民族的文化特色。

乡规民俗是云南少数民族文化的风情画，都在用自己民族特有的方式，把公平的规矩定下来，把廉洁的道理说清楚。无论是苗族的“从会”、布依族的“议榔”等带有强约束力意味的议事制度，抑或是瑶族的“度戒”、傈僳族的买卖习俗、德昂族的茶礼等民间传统习俗，都饱含着对公平正义的价值追求，彰显了把规矩意识融于日常生活的廉洁文化。

丰富的民间故事、神话传说，表达了对传奇人物的深厚情感，人们仰慕英雄，也提倡学习他们身上的优秀品质。这里有佤族对“江三木落”的颂扬、藏族对格萨尔的崇敬、蒙古族对阿扎拉的纪念，也有怒族对民族英雄群像的塑造、基诺族对民族史诗的传唱等，都浸润着对知荣崇廉文化的追求和对廉洁人格的敬仰。

生动有趣、蕴含生活智慧的谚语，也是云南少数民族廉洁文化最活泼、最鲜活的表达方式。每个民族都有廉洁方面的谚语，拉祜族、普米族、基诺族、满族、水族的谚语体现出对廉洁文化的理解和推崇，根植在人们的日常语言交流之中。

这些启示我们，用身边文化滋养身边人，最易入脑入心。在推动全面从严治党向纵深发展中，云南少数民族廉洁文化是最管用的宝贵资源，党员干部最熟悉，发挥的作用最明显。我们应当更好从云南少数民族廉洁文化中汲取营养和智慧，涵养初心、牢记使命、勇于担当，永葆清正廉洁的政治本色。一是深刻理解云南少数民族廉洁文化的内涵特征和实践意义，把其真正融入日常工作、生活中，切实提高党性修养，增强廉洁自律意识，做好廉洁自律的表率。二是把云南少数民族廉洁文化作为推进不敢腐、不能腐、不想腐的重要抓手，更好发挥文化的自律、教化、育人功能，让制度约束和文化约束相得益彰，切实筑牢拒腐防变的思想防线。三是充分发挥云南少数民族廉洁文化在净化政治生态中的作用，深入开展云南少数民族廉洁文化宣传教育，推动廉洁文化建设走深走实，用少数民族廉洁文化涵养云南政治生态之壤、把好政治标准之关、夯实政治清明之本。

二、云南廉吏知与学

（一）文齐

文齐，生卒年不详，字子奇，四川梓潼县人，汉平帝元始年间（公元1—5年），文齐任犍（qián）为郡朱提（今云南昭通）都尉，后任益州郡（包括今云南大部分地区）太守。

任职期间，文齐廉洁奉公、忠心守土，不顾个人安危，拒绝叛乱者重金“封侯”的诱惑，被朝廷封为“镇远将军”，后代史官更是把文齐称作奉公守法的官员典范。

1. 不义而富且贵，于我如浮云

王莽执政时期，社会矛盾十分尖锐，西南各地起义频发。四川人任贵乘乱而起，杀死地方官员，宣布反叛中央。

为了借文齐的威望震慑当地，任贵以重金、“封侯”诱惑文齐投降，他坚决不从。任贵又将文齐的妻室儿女关押起来，文齐依然不为所动。在当地群众的团结拥护下，文齐凭借滇长城险要坚守领土。后来，他在官军的支持下平定了叛乱，恢复了当地的安宁与祥和。

文齐淡泊名利、不受诱惑，根本上源于他强烈的爱国精神和情怀。可见，清廉为官之道和忠诚爱国之本，始终没有分开过。

富贵不能淫，威武不能屈

2. 官品源于人品，政绩源于政德

汉平帝元始末年（公元5年），文齐任朱提都尉。他发现朱提以南十里处的龙池可以用于灌溉，于是亲自率领民众修建沟渠，引池水灌溉，极大地造福了当地。正因如此，当地百姓在大龙洞修建了文齐的雕像，以此纪念他的功绩。

后来文齐出任益州郡太守，兴修水利、开垦农田两千多顷。他还倡导以文德教化百姓，积极推进各民族融合，使当地呈现出一派和谐景象。

文齐不仅为官清廉，而且理政能力卓著，既能干净做人，又能忠诚做事，这也是我们今天廉洁修身、廉洁从政的要求。

（二）郑纯

郑纯，生卒年不详，字长伯，广汉郡郪（qī）县（今四川三台）人。东汉明帝时期，郑纯出任益州郡西部都尉（辖今云南西北部地区）。永平十二年（公元69年），汉在益州郡西部六县的基础上新设永昌郡（今云南保山），郑纯为首任永昌郡太守。

任职的数十年间，郑纯独尚清廉，拒绝收受贿赂，对各民族秋毫不犯，深受广大民众爱戴。

1. 不讲“潜规则”，不惯坏毛病

东汉时期，益州郡西部盛产金银、琥珀等珍奇异物，来此做官者大多贪婪暴取，当地百姓不堪贪官之苦，时生边患。

郑纯独尚清廉，不侵占当地百姓一丝一毫的利益。有人依循旧例暗中向郑纯赠送金银财宝，他一概拒绝收受，

并要求当地官员恪守廉洁。当地部落首领都十分仰慕郑纯的美德，哀牢王柳貌更是亲率50多万人归顺，东汉王朝顺势在云南新增设了当时全国第二大郡——永昌郡。

收受金银财宝的贪吏古已有之，拒收钱物的廉吏同样古已有之。郑纯崇廉拒腐的精神值得我们传承发扬。

以诚感人者，人亦以诚而应

2. 廉以养民，名传朝野

在永昌郡任职期间，郑纯采取了轻徭薄赋的政策。他与部落首领们约定，各部落每年只需上缴布衣两件、盐一斛，除此之外不再收取任何税款。他还积极推行教育，传播先进生产技术，大大促进了当地的经济文化发展。

郑纯任永昌郡太守十年后卒于任内，身无余财。史书记载，当时的人们对郑纯“汉夷歌咏，表荐无数”，不同民族用不同的语言，共同歌颂这位清正廉洁的父母官，永昌郡当地的民众还专门建盖祠堂祭祀郑纯。郑纯的事迹传到朝廷之后，大家都称赞他的人品官德。汉明帝对郑纯大加褒扬，为他立像，与汉朝开国功臣并列。

历代有许多诗文赞扬他，清代云贵总督阮元诗曰：

治功俯首思张翕，政事从头学郑纯。

（三）梁毗

梁毗（pí）（公元527—610年），字景和，号长璞，安定郡乌氏县（今宁夏固原）人。隋文帝时期，梁毗出任西宁州刺史，治理川、滇边境地区长达十一年，功勋卓著，此后升任刑部尚书等职。

梁毗廉洁爱民、善施教化，使所辖地方转乱为治。由于他贡献突出，执法公允，敢于同不法行为作斗争，其刚正清廉的品格至今为人传颂。

1. 面对黄金，他不笑反哭

隋文帝开皇初年（公元581年），梁毗出任西宁州刺史，他当时任职的地方（含云南），有许多少数民族部落。这些部落以拥有黄金多者为权势的象征，因而竞相争夺，闹得当地百姓一年到头都不得安宁。

梁毗到任后，各部落酋长相约登门，把黄金作为见面礼。梁毗却对着黄金恸哭起来："这些金子饿时不能拿来吃，冷时不能拿来穿，你们因争夺它杀死过多少人，现在又把它拿来给我，是想害死我啊！"哭罢，梁毗将黄金一一退回，分毫不取。面对这位不爱财的父母官，诸酋长顿时醒悟，从此不再相互攻击，百姓们也从此过上了安宁的生活。

黄金不能当饭吃，但却可能引祸端。清白做人，廉洁为官，当从树立正确的金钱观开始。

黄金多了是祸不是福

2. 官大我不怕，就要说实话

因治理地方政绩突出，梁毗升任大理卿，主要负责处理司法案件。

当时，宠臣杨素结党营私、权倾朝野。许多官吏要么害怕他，要么就讨好他，唯独梁毗毫无畏惧，上书检举杨素的不法行为。

隋文帝看了奏折后大怒，令人将梁毗传来当面质问。梁毗说："杨素过于受宠，随意处死将领，事实确凿。太子被废，如此大事，唯独杨素眉飞色舞、嬉皮笑脸，由此可见其为人，还请皇上明察！"见梁毗推心置腹，隋文帝采纳了他的诤言，不再重用杨素。

古语云：文臣不爱钱，武臣不惜死。梁毗为官既不爱财，也不怕死，其高贵的品行被载入史册，为后人所敬仰。

不忌惮权贵，敢于直言

（四）赛典赤·瞻思丁

赛典赤·瞻思丁（公元1211—1279年），全名赛典赤·瞻思丁·乌马儿，元代著名政治家，云南行省第一任行政长官。主政云南的六年间，他兴利除弊，大胆改革，政绩卓著，为云南经济、社会和文化发展作出了重要贡献。

赛典赤为官秉持公心、秋毫无私，深得老百姓拥戴。赛典赤死后，人们立起“忠爱坊”，以纪念他忠于职守、廉洁爱民的一生。

1. 为公不计嫌，大胆使用土酋为官

赛典赤刚到云南时，尊重当地民众的意愿和习俗，任用了不少土酋为官。然而，有几个土酋却因未被任用而心怀不满，专门跑去向皇帝忽必烈诬告赛典赤专横僭越。忽

必烈深知赛典赤为人，下令把这些土酋押回云南，交赛典赤处置。

胸怀纳百川，肚里可行船

赛典赤亲自为他们去掉刑具，并真诚地对他们说：“我不怪罪你们，而且还要任用你们为官，你们能以忠诚来改变自己过去的错误吗？”见赛典赤秉持公心、不计前嫌，几位土酋连忙答应誓死为国效力，以报答赛典赤的恩情。

赛典赤不顾个人私利，公平公正任用官员，以实际行动赢得了云南各族人民的支持，促进了边疆地区的民族团结与国家认同。

2. 今人不见赛典赤，犹见文庙、松华坝

任职云南期间，赛典赤恪尽职守，政绩辉煌。他不仅奖励农耕、首建松华坝水库（当时称为谷昌坝水库），进行云南历史上的大规模屯田，还带头捐出俸禄购置学田，鼓励少数民族子弟入学读书。在他主持下，云南城北建起了规模宏大的孔庙，推进了云南的文风开化。

尽管取得了很多政绩，赛典赤仍然保持廉洁自律。作为平章政事，他的行省官邸十分简陋，装饰也非常一般。常有少数民族酋长来此拜见赛典赤，他们送来的礼品，赛典赤或是“分赐从官”，或是分发给穷人，自己则“秋毫无所私”。

正所谓“君子食无求饱，居无求安”，赛典赤造福云南各族人民，自己却从不贪图享受，他的精神值得后世官员学习。

《云南历史名人》第五集《赛典赤》

3. 忠爱坊背后的故事

至元十六年（公元1279年），赛典赤死于任内。他去世的噩耗传出后，百姓巷哭。元世祖忽必烈下令“云南省臣尽守其成规”，不得随便更改。大德元年（公元1297年），赛典赤被追封为“咸阳王”，谥号“忠惠”，意为忠诚、贤惠。

明代时，云南的父老乡亲们还为他立起了一座“忠爱坊”，至今仍伫立在昆明市中心，将赛典赤忠于职守、廉洁爱民的美德世代传扬。

只此“忠爱”，传颂至今

（五）郑和

郑和（公元1371—1433年），原姓马，云南昆阳州（今晋宁）人，明朝航海家、外交家。郑和先后七次率领庞大船队下西洋，遍历亚非30多个国家和地区，建立并巩固了“海上丝绸之路”，为世界文明进步作出了巨大贡献。

为官数十载，郑和时刻谨记国家利益和责任，在游访邻国和商品贸易中做到毫无私心，展现了中国古代官员刚正无私、廉洁奉公的良好形象，更显示了泱泱大国的威武和气魄。

1. 烧船称钉，刻字问责

海上航行，船只质量至关重要。历史上，由于造船工程耗资巨大，偷工减料、损公肥私的情况经常发生。为了保证船只质量，杜绝造船过程中的腐败，郑和先行监督建造了一艘宝船，建造完成后又将其当众烧毁，收集船钉，称出建造一艘质量合格的宝船应当使用的船钉量。此后，所有宝船建造均以此用钉量为标准，并厉行严格的管理制度。

每艘宝船建成后，经手的官匠都须将姓名刻于船尾。一旦船只出现质量问题，便可立即查到责任者，严格追究责任，这些制度为远航成功奠定了基础。

船尾刻字传千古，终身追责成伟业

2. “廉”通世界

在整个下西洋的过程中，郑和还制定了严格的纪律规定，要求所有的船员和官兵都严于律己，避免与他国民众发生冲突。船队遍历30多个国家和地区，其间从未占领过别国一寸土地，也没有掠夺过别国民众分毫财富。

用廉走遍世界

在同各国开展贸易时，船员和官兵们均能遵

守平等自愿、等价交换的原则，不谋私利，不损害别人利益，因而获得了沿途国家的拥护与爱戴。

3. 廉洁奉公，引领政风

前后七次的航海之行，郑和始终精打细算、统筹规划，合理支配有限的钱财。第六次回国后，郑和受命率下西洋的军队守备南京，将结余下来的一百多万两银子上交国家。

在郑和的影响和带动下，连续几任南京守备长官皆清廉自守、崇尚节俭，“廉洁奉公”成为当时南京官场的普遍风气。

（六）杨南金

杨南金（公元1457—1539年），字本重，明代邓川州玉泉乡（今云南大理洱源县邓川镇旧州）人，弘治十二年（公元1499年）进士，历任江西泰和县令，陕西道、江西道监察御史等职，是中国古代监察官员的杰出代表。

杨南金胸怀正义、心系百姓，坚守高尚的人格和廉正的官德。他刚正不阿的言行，被载入国史；他关心民苦的文章，为后世永存。

1. 为官“三不动”

“刁诈胁不动；财利惑不动；权豪撼不动。”这“三不动”是杨南金的为官准则。

正德初年，杨南金任江西道监察御史，他直接上疏弹劾贪赃枉法、大肆敛财的刘瑾。虽然他的弹劾奏章被刘瑾党羽拦下，但他毫无惧色和退却之意，并冲进公堂大声斥骂："不做此官罢了，怎能向奸臣低头！"说罢，愤然脱下官服，拂袖而去。

杨南金弹劾权奸、挂冠而去的凛然正气震撼了朝野，多名滇籍言官合力终使刘瑾伏法。

宁留果香枝头老，不随黄叶舞秋风

2. 警世"洗心泉"

辞官回乡后，杨南金仍保持了一个监察官"扶弱抑强"的正直作风，始终关心地方民生。

正德十四年（公元1519年），由于忧心家乡民风败坏，杨南金捐资并发动村民在邓川旧州街修建饮用水井一口，为之立碑，命名为"洗心泉"。他亲撰《洗心泉诫》碑文，告诫父老乡亲勿以恶小而为之，勿以善小而不为。

各洗其心，以去恶而从善焉。

洗净其心，除去污浊

3. 留名“高节坊”

在杨南金对良好民风的大力倡导下，他的家乡乡邻和睦，被誉为“仁里”，即一个崇尚仁义、民风淳朴的地方。嘉靖四年（公元1525年），云南的一些地方官员和老百姓，自发为杨南金建起一座“高节”石牌坊，并题有“清风高节”“化民成俗”，向世人永远昭示着这位“三不动”监察官刚直不阿、廉洁爱民的精神。

（七）杨升庵

杨升庵（公元1488—1559年），名慎，字用修，四川新都（今成都市新都区）人，明朝著名文学家，他曾写下“滚滚长江东逝水，浪花淘尽英雄”的名句。

杨升庵出身书香门第，自幼受良好家风熏陶。从政为官后，他始终坚守正道、廉洁奉公。在云南任职期间，他关心百姓疾苦，至今，民间还流传着许多关于杨升庵的故事，人们不仅钦佩其广博多才的学识，更赞誉其不畏权贵的风骨。

1. 茅屋、淡饭、丑妻、蠢子，此生足矣

杨升庵出身于官宦世家，家风家教良好。杨氏先祖曾留下“家人重执业，家产重量出；家礼重敦伦，家法重教育”的“四重”家训。赴任云南前夕，杨升庵还将自己亲笔书写的《四足歌》交与妻子教育子孙。

“四重”、“四足”、崇俭重教的杨氏家风，不仅深刻影响着杨氏后人，更为中华优秀传统文化写下了光彩的一笔。

人生在世，当知足常乐

四足歌（节选）

茅屋是吾居，但得个不漏足矣。
淡饭充吾饥，但得个不饥足矣。
丑妇是吾妻，但得个贤惠足矣。
蠢子是吾儿，但得个孝顺足矣。

2. 以诗劝谏，叫停劳民工程

杨升庵在云南三十多年，淡泊名利、心系百姓。当时，昆明一带有豪绅以修浚海口为名，勾结地方官吏强占民田、敛财肥私。

杨升庵知道后，正义凛然地写下《海口行》《后海口行》等诗篇痛加抨击。他还专门写信给云南巡抚赵炳然，劝其倾听百姓呼声、体恤地方民情。赵炳然最终采纳了杨升庵的意见，停止了修浚海口这个劳民伤财、少数人得利多数人受害的工程。

当知百姓苦，体恤地方情

（八）陈表

陈表（公元1490—1573年），字献忠，号草池，明代云南澄江府新兴州北城（今玉溪市红塔区）人，玉溪历史上第一位进士，历任浙江道监察御史，河北、河南巡按等，有“铁面御史”之称。

陈表为官清廉正直、敬畏法纪、不畏权势，对触犯法律的官员毫不容情，哪怕为此丢掉官职也在所不惜。他要求自己的家人按时缴纳粮税，为百姓做出了表率。

1. 丢官弃职，也要把你拿下

嘉靖十二年（公元1533年），陈表受命巡视河南等地的政务。河南有一个知府，倚仗自己高官叔父的权势，贪赃枉法，以前朝廷派来的巡视官员和当地官员都不敢管。有人“好心”地劝陈表也少管闲事，但陈表说自己是代表皇帝巡视的，就算丢掉官职，也绝不徇私。在发现该地知府搜刮民脂民膏的事实后，陈表依法惩治了他。

陈表在“做人”中完成“做官”的责任和义务，在“做官”中实现“做人”的价值和尊严。

不惧丢官职，但惧心难安

2. 专心做事，不需要别人来抬举

陈表贵重的人品为世人敬仰。镇守云南的黔国公钦佩其人，多次表示想把自己的“勋庄”赠予他，但陈表都坚决拒绝。

陈表回乡后也不与当地的权势人物结交，他集中精力为家乡培养人才，推广教育。在陈表80岁生日时，有些官员想以祝寿为由来接近他，被婉言谢绝。

像陈表这样品性高洁的官员并不孤独，他们心里面有百姓，也有自己的追求，不需要通过结交各种“贵人”来彰显自己的地位。

3. 严以律己，严以治家

陈表不仅对自己要求严格，也要求家人遵纪守法、友爱乡邻，他在《家训》中写道：不依仗家势，不随意拖欠应该缴纳的赋税和应服的徭役；要以真才实学追求功名，不骄傲自满；和睦乡邻，在灾荒年景抚恤贫民。

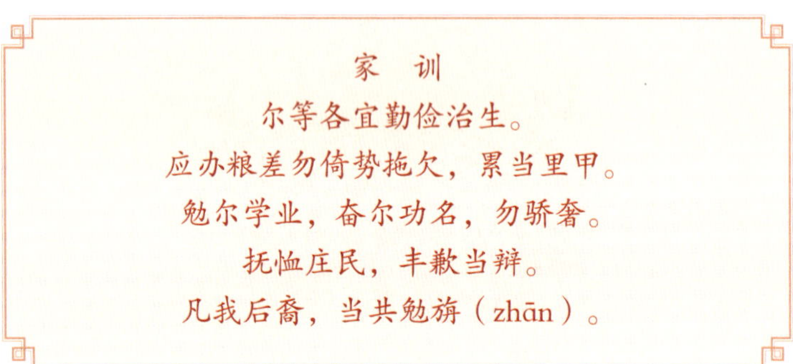
家　训

尔等各宜勤俭治生。

应办粮差勿倚势拖欠，累当里甲。

勉尔学业，奋尔功名，勿骄奢。

抚恤庄民，丰歉当辩。

凡我后裔，当共勉旃（zhān）。

《重走御史故里　传承廉洁文化》

（九）朱光霁

朱光霁（公元1492—1570年），字克明，号方茅，云南蒙化（今大理巍山）人，历任重庆府通判、西安府同知等，有“耆（qí）英”（意思是德高望重的人）之誉。

朱光霁清廉正直，处理司法案件时公正高效，所任职的地方成为疑难案件处理中心，平反了不少冤假错案，百姓将他视为“明代包拯”。朱光霁认为做人必须要有良知，不畏权贵，不留恋官位。他辞官回乡后闭门读书，下田劳作。

1. 宋有包拯，明有朱光霁

朱光霁廉洁公正、明断是非。在重庆任职时，官员们遇到疑难司法案件，多向朱光霁请教，重庆成为四川疑难案件处理中心。在西安任职时，朱光霁公正严明，平反了不少冤假错案，被当地人称为“明代包拯”。

朱光霁审案能够做到既公正又高效，是因为他以良知为做人根本，以法律为做事准绳，同时反对权贵豪强，同情穷苦百姓，是古代司法官员的典范。

2. 躬耕巍山下，悠然得自在

面对官场的污浊，朱光霁始终不愿同流合污。在西安任职时，负责宫廷采购的宦官在地方上作威作福，地方官员畏惧其权势，往往跪拜逢迎。朱光霁对这样的陋习深恶痛绝，上疏皇帝，直斥其弊。宦官怀恨在心，多方调查他，试图搜集罪证，但因为其清正廉明而无隙可乘。

为官多年后，朱光霁决定辞官回云南老家，仅仅依靠几十亩地为生，但他仍一边吟咏着陶渊明的诗歌，一边在田地上辛勤地劳作。

朱光霁为官时敢于反对弊政，辞官后清贫自守，他的淡泊名利、心境高远受到后世高度推崇。

明代清官李元阳曾评价他：

青萍不入内府而利已断坚，
骐骥不入天厩而力已致远。

采菊东篱下，悠然见南山

（十）李元阳

李元阳（公元1497—1580年），字仁甫，号中溪，云南大理人。嘉靖五年（公元1526年）进士，历任江阴知县、监察御史、荆州知府等职。李元阳是明代著名文学家、理学家，被誉为滇中“理学巨儒”“史上白族第一文人”。

李元阳一身正气，面对官场不良风气，冒着得罪众多同僚的风险，也敢于直言上疏皇帝，被同僚称为“真御史”。

1. 不畏皇权“真御史”

李元阳刚正、清廉、有气节，连皇帝的过失都敢直言指责。他直接进谏嘉靖皇帝：陛下继位初期，选拔的大臣多是君子，近年来则多小人。

身为监察御史，他刚正不阿、忠诚履职，发现了很多官场上的积弊陋习。他巡视福建期间，贪官污吏畏惧他的名声，纷纷弃职而去。

亲贤臣，远小人，此先汉所以兴隆也

进谏需要置生死于度外的勇气以及“天下兴亡，匹夫有责”的责任感。李元阳无惧风险、直言进谏，甚至敢于当面指出皇帝过错，这充分体现出了古代监察官员高度的责任意识与担当精神。

2. 至今犹说李公井

李元阳政务清明，人品学识为时人推崇，令众人信服。当发现当地百姓取水很不方便时，李元阳捐献俸禄，筹集资金，组织人手在当地打井数十眼；看到有发生洪灾的危险，李元阳组织人员整修长江江防大堤，地方百姓为纪念他的功绩，称之为“李公井”“李公堤”。

“嘉靖八才子”之一的任忠斋曾评价李元阳：

> 中溪晚年之学，如霜清岁晏，
> 万象森严，长松在壑，
> 剥落英华，收敛神气，
> 复归乎其根也。

（十一）孙继鲁

孙继鲁（公元1498—1547年），字道甫，号松山，云南昆明人，嘉靖二年（公元1523年）进士，历任沣州知州、湖广提学副使、山西按察使等，有“孙青天”之称。

孙继鲁公道正派，虽仕途坎坷，但始终不改廉洁正直的本色，与各种歪风邪气做坚决斗争，以身作则、以德化人。

1. 拒绝“潜规则”

孙继鲁一身正气，不愿与庸官俗吏同流合污，仕途颇为曲折，但他始终不改光明磊落、清廉为民的初心。

在江苏任职时，前任留下库存白银一万余两，按照当时的“潜规则”，孙继鲁可以将那些银两据为己有，也可与达官显贵们分享。他不仅自己分文不取，而且拒绝了顶头上司试图染指的要求。

一个人一时一地廉洁自律、公道正派，不算很难得，真正难得的是一生都正直清廉。像孙继鲁这样意志坚定，始终以政德官德为行事原则的人，是永远值得纪念和学习的。

2. 百姓心中有杆秤

官爱民，民亦爱官。孙继鲁因劝谏皇帝入狱去世后，很多百姓自发走到大街上痛哭哀悼。

狱中未敢忘忧国

近年来，在河南省淇县北阳镇常屯村发现一块纪念孙继鲁的功德碑。碑文中有“数万人把香而来”和“嚎呼震天地”等字样。

狱　中

忧国忧民意自深，谏章一上泪沾襟。
男子至死心无愧，留取芳名照古今。

3. 政敌的感动，是一种敬重

孙继鲁在山西任职时，由于秉公执法，得罪了不少权贵。当孙继鲁离任时，那些人故意找碴，当众拦路翻检他的行李，意图搜集他的罪证，但行李中除了几件破旧衣服之外，别无他物。

那些对他怀有敌意的人深受感动，置办了一桌酒席表达歉意，感叹说，明朝开国以来像孙继鲁一样的好官很罕见了。

（十二）李启东

李启东（公元1503—1552年），字元叔，生于云南楚雄鹿城，嘉靖十一年（公元1532年）进士，任兵部武选司主事等职。

李启东主张通过建章立制选拔官员和惩治腐败，他提出的一些创新性做法成为国家制度。李启东家风优良，他没有辜负亲人的期望，是一个令家人骄傲的清官、好官。

1. 明朝的“制度反腐”

李启东在兵部任职时，兵部选任武官无明确规范，不良官吏徇私舞弊，上下其手。为纠弊正风，李启东经过数月调查研究，写成了规范武官选任的《选法纪律节要》，被兵部认可后成为正式制度，对惩治军队腐败，改善兵部的风纪，发挥了重要作用。

李启东公道正派，敏锐地意识到制度在管人管事上的价值，这在古代政治中是非常可贵的，值得我们借鉴。

2. 拒银子，真君子

李启东自己不贪。一个武官听说李启东要回家奔丧后，知道他俸禄外没有其他收入，就好心登门送银子。李启东坚决拒绝了，对武官说：“规矩是我制定的，我要是收了银子，就口是心非了。”武官非常钦佩。

李启东也不让别人贪。朝廷建造宫殿过程中，他因清廉的声望而被委任为工程监督。他寸步不离工地，所有银两出入从严记账，斩断了皇亲国戚欲中饱私囊的脏手，并为朝廷节省了几十万两白银的营建费。身边的同僚都评价李启东是个真君子。

3. 来自亲人的清廉嘱托

李启东赴京赶考前，父亲问他志向，他说，愿意像历史上著名的清官一样为国为民，不计个人得失。妻子叮嘱他要清正爱民，不辜负她的辛劳。李启东牢记亲人的嘱托，在为官之道上一直将德行视为做人的根本。

当官应立公仆志，从政最贵爱民心

（十三）萧崇业

萧崇业（公元1522—1588年），字允修，号乾养，云南省临安卫新安所（今红河蒙自）人，隆庆五年（公元1571年）进士，历任工科给事中、光禄寺少卿等职，是明代杰出的外交家。

萧崇业直言敢谏、针砭时弊，提出了很多建设性意见，一些建议被朝廷采纳后成为正式制度。萧崇业出使琉球时，多次拒绝当地官员赠送的黄金，百姓们深受感动。

1. 识大体的“萧五条”

萧崇业任言谏监察官时，针对当时整个官场的不良风气提出了很多批评和建议。比如，应该以官员的实际表现作为考核依据，不要被他们华而不实的书面报告所迷惑。又如，朝廷的立法不能太严厉，否则不能持久；也不能太宽纵，否则下面的官员会滥施恩惠。

萧崇业既勇敢地正视现实，直言弊端，又能够提出各种建设性意见，尤其注意以制度来治理和预防弊政，极具远见卓识。

萧崇业的五条建议：

一、崇正学以迪士。
二、核实政以稽吏。
三、斥饰辨以求言。
四、缉阴讦（jié）以维风。
五、禁侈汰以敦俗。

2. 萧大使“四次却金”

万历四年（公元1576年），萧崇业代表明朝出使琉球，表现出了大国使节的风范，受到该国官员的敬重。琉球官员在多个场合情真意切地拿出金饼，要赠送给萧崇业表示感谢，被他坚决拒绝。萧崇业说，我们是朝廷的使臣，不能私下接受馈赠。

萧崇业的四次却金行为深深感动了琉球国，当地为他建起了一座“却金亭”。蒙自新安所也把镇内的一条街道命名为崇业街。

崇业街

却金行（节选）

中山宴罢兼赠金，远人不谅四知心。

义利分明难可昧，敢信金多交始深？

（十四）严清

严清（公元1524—1590年），字公直，号寅所，云南后卫（今昆明）人，嘉靖二十三年（公元1544年）进士，历任工部主事、保定府知府、吏部尚书等职。

严清为人正直、清廉爱民，不攀附权贵、不逢迎上司，节操为百官所佩服。严清生活简朴，为官多年，一直保持朴素的本色。

1. 写入《明史》的清官

严清做官时从严治吏，贪官污吏很怕他。他在河北保定任职时遇到旱灾，严惩贪污赈灾物资的官吏，保证赈灾物资落实到百姓手中。在四川做官时，严清严格约束手下官员，下属畏惧他的威严，贪污腐败的现象大为减少。

一个官员始终如一地清廉正直，就已经很可贵了，像严清这样不仅自己清廉，还能引导下属官员也清廉，无疑更加可贵。

2. 人如其名，一生清贫

严清自甘清贫，衣着俭朴，吃饭和出行不讲究。他做刑部尚书时，曾因贫穷而无法置备官衣上的物件，遭庸官嘲笑。

严清积劳成疾，辞官回乡后神宗皇帝常挂念，问："严尚书病愈否？"皇帝派人专程到云南昆明严清家中慰问，来人发现他身穿粗布衣服，盖着破烂的被子，感叹说："寒士不如也。"

家贫心不贫

3. 奖廉、惩贪有手段

严清在工部任职时，曾负责监督朝廷重大工程的建造。严清的监督工作一丝不苟，让经手官吏找不到非法牟利的机会。同时，他奖惩分明，工程完工后，给遵纪守法的官吏涨了工资。

严清任刑部尚书时，官员普遍攀附权倾朝野的内阁首辅，只有他不贿赂、不攀附、不谄媚。严清感动了众多官员，大家认为他的节操足以为人师表。

（十五）李贽

李贽（公元1527—1602年），字宏甫，号卓吾，泉州晋江（今福建泉州）人，嘉靖三十一年（公元1552年）举人，曾任云南姚安知府，是明代杰出的哲学家、文学家。

李贽为官清廉，在俸禄之外一无所取，常接济帮助穷苦百姓，为百姓做了不少实事。李贽痛恨腐败，辞官后专心研究学问和教书育人。

1. 做官无别物，唯明月清风

李贽居官清正，俸禄之外分文不取，还常常用俸禄接济穷人。他在京为官时，因凑不齐路费而无法回福建老家奔丧；举家移居河南后，他在朋友资助下才买了几亩薄田耕种度日。

做官无别物，只此一庭明月

李贽离开姚安时，百姓拉着马车不舍他离开，行李中仅图书数卷，别无他物。

李贽人品高洁，曾写楹联自勉：

听政有余闲，不妨甓（pì）运陶斋，花栽潘县。
做官无别物，只此一庭明月，两袖清风。

2. 不与伪君子为伍

李贽是中国古代著名的哲学家，他认为要守护“童心”，保持“纯真”，不受外界玷污，这一点也反映在他的仕途中。李贽鄙视那些在官场中只懂阿谀奉承而无实际本领的人，说他们只知明哲保身，置国家安危于不顾，国家真有危难时将无人可用。

他非常痛恨官场腐败，反感那些喜欢用道德说教的官吏。他在自己的著作中尖刻地说："那些满口仁义道德的官吏和学者们，多数都是些言行不一的伪君子。"李贽耻于与这类人为伍，在姚安任职三年后愤然辞官，专心研究学问和教书育人，影响深远。

3. 一桥连通官与民

李贽在姚安任职三年，为官清廉，为当地百姓办了不少实事，深得拥戴。当发现百姓出行不便时，李贽带头捐款，当地官民也踊跃捐助，修建了一座坚固的大桥。百姓为了纪念他，将此桥称为"李贽桥"，保存至今。

李贽是一个将百姓利益放在心上并落实在具体行动上的官员，他的人格魅力通过言传身教感化了百姓。先正己再正人，这是李贽给今人留下的珍贵遗产。

（十六）刘文征

刘文征（公元1555—1626年），字懋（mào）学，号右吾，云南昆明人，万历十一年（公元1583年）进士，历任四川新都县令、浙江绍兴知府、陕西布政使等职，是明代万历年间的著名清官。

刘文征关心百姓疾苦，对于苛捐杂税，敢直言上疏请求废除；为官清廉，在俸禄之外，对于公家的钱财分毫不取。

1. 亲赴深山寻“大木”

明朝推行“一条鞭法”赋税制度时，刘文征亲自到田间地头丈量土地，编订收取赋税的土地账册，作为官府收税的依据，账册之外，分毫不取。

心系百姓苦，躬身解民忧

刘文征心系民利、爱民如子。朝廷为建造宫殿，摊派“大木”（珍贵木材）三根。刘文征前后三次亲自到山中寻找，避免了劳民累民。

2. 千里送财，不收

刘文征从浙江病休回家时，任上积存的公款一分未动，后任官员派人专程到云南送公费若干，他全部退回。在四川任职时，往来经手巨额钱粮，刘文征严格照章办事，公款全部公用。

刘文征是一位公私分明、严守法纪的好官。明熹宗继位后朝廷公开求贤，他被百官评价为清廉第一。曾任兵部尚书的傅宗龙对其评价：

以余耳目所睹记，
公盖天下一人而已矣。

3. 不以私交获利

刘文征在浙江任职期间，与朱阁学相交，相互视为知己。朱阁学后来做了大官，要重用刘文征。他以光武帝和严子陵相交的故事为鉴，不愿以故交的缘故升官，以年老多病为由回到家乡。

古代清官大多能做到不徇私情，不取不义之财，而刘文征哪怕是正常私交带来的合理利益都毫不领受，其廉洁自律达到了更高的境界。

（十七）王元翰

王元翰（公元1565—1633年），字伯举，号聚洲，云南宁州（今玉溪华宁）人。万历二十九年（公元1601年）进士，后为谏官，以敢言闻名。他多次上疏揭露时弊、弹劾奸臣。

王元翰忠于职守、光明磊落，虽官微言轻，却仗义执言，以荡清明朝末期官场污浊之风为己任，是明朝有名的谏官。

1. 做个清官来报恩

万历二十九年（公元1601年），王元翰中了进士。宰相看了王元翰的文章后，将他提拔为第五名。当时有人私下对他说：“你准备怎么报答宰相呢？”王元翰正色道：“若是宰相真的了解我，必然会知道我将怎样报答他。何须我去卑污地钻营？”宰相听闻后，更加器重王元翰，举荐他担任吏部给事中。

在王元翰心中，认真履职、不辱使命才是对宰相知遇之恩最好的报答。

2. 当街亮家底

王元翰任谏官四年，直陈是非，得罪了不少人。那些人联合同党，诬告他贪赃枉法。王元翰愤慨至极，搬出家中的箱子陈列街市，任凭官民检看。他大哭道：“我的职责是监督上谏，见到违纪触法之事不敢不言，因此得罪了奸人。现在竟然被诬告贪污，哪里还有脸面再做谏官！”事后他写道：“病中虽有千魔，心上却无一事。”

面对恶人的陷害，王元翰铁骨铮铮、面无惧色，因为他始终坚守清廉为官的初心，他囊中清白、心底无私，所以襟怀坦荡。

箱内空空如也，箱外污秽横流

3. 刚直不阿振朝纲

王元翰为官以诤谏为己任。明崇祯时期，党争频繁，他秉持公心、直言敢谏、不畏权贵。他甚至直斥明神宗怠政，陈述天下的弊端，并列举了当时可痛斥的八件时弊。

他不畏权贵，不患得失，先后上疏弹劾过户部尚书、礼部尚书等要员；还曾先后参劾过“勒索商民”的太监、“顽钝污秽”的两广总督、“生事误国”的贵州巡抚等。

纵使身处政治纷争中，王元翰仍然独善其身、恪尽职守，扶正除恶决不退缩，举朝上下都敬畏其刚直不阿。《明史·王元翰传》载：

> 元翰居谏垣四年，力持清议。摩主阙拄贵近，世服其敢言。然锐意搏击毛举鹰势，举朝咸畏其口。

（十八）赵士麟

赵士麟（公元1629 —1699年），字麟伯，号玉峰，云南澄江府河阳（今玉溪澄江）人，康熙三年（公元1664年）进士，历任河北容城县县令、浙江巡抚等职，为康熙名臣，廉吏楷模。

赵士麟为官总是将百姓的安危和福祉放在心上，清理弊政、兴修水利、清廉能干，种种举措都为百姓称道。

1. 公开晒权力，反腐得民心

赵士麟在河北任职时，当地很多政务都偏离了法律和朝廷诏令的规定，摊派繁多苛刻，百姓苦不堪言。他为了表明不贪占的决心，将朝廷有关赋役的法律政令刻在石碑上，公开表明不在规定之外索取。赵士麟说到做到，百姓称他为“赵青天”。

赵士麟将权力公开在阳光下，督促地方官员按制度行事，防止他们以权谋私，扭转了当地官场的不良风气。

刻起碑来安民心

2. 舍私利，谋民利

赵士麟可以为了百姓舍弃私利。在浙江任职时，杭州一些贫民向驻防官兵借高利贷，因偿还不起巨额本息而引发了社会动荡。赵士麟家人变卖了家产，将2万两银子送到军营，替百姓还债。驻防官兵深受感动，大幅度削减了利息，官民一致称颂。

赵士麟将道德视为做人根本，入仕做官后写下《苏武》《关羽》等歌颂忠贞名臣的诗文，称赞他们“历尽难中难，心如铁石坚”的崇高气节。15岁的他就曾写下诗句：

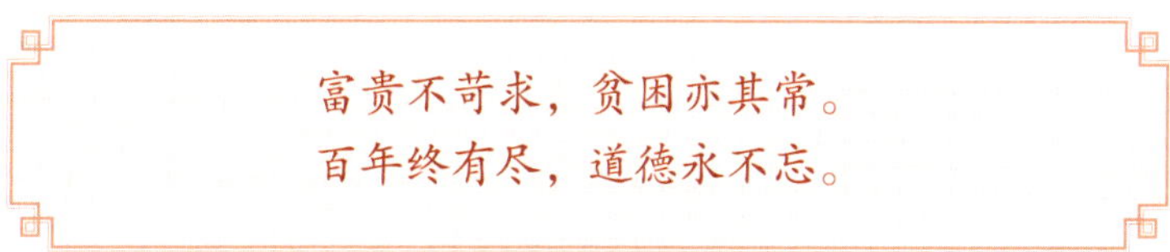

富贵不苟求，贫困亦其常。
百年终有尽，道德永不忘。

3. 精打细算，慎用公款

赵士麟出任浙江巡抚后，发现杭州运河堵塞不通、异味不绝，于是计划组织疏浚运河，有人预计需要白银十多万两。

赵士麟亲自实地勘察，精打细算、严格监督，让专人各负其责，完工时实际用银只万余两，大大节省了经费。杭州人称赞他：兴修水利的官员，唐有白居易，宋有苏东坡，清有赵士麟。

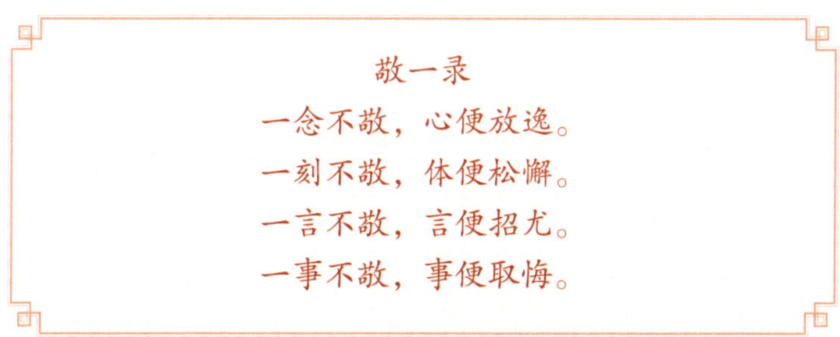

敬一录
一念不敬，心便放逸。
一刻不敬，体便松懈。
一言不敬，言便招尤。
一事不敬，事便取悔。

（十九）杨名时

杨名时（公元1659—1736年），字宾实，号凝斋，江

苏江阴人，康熙三十年（公元1691年）进士，康熙五十九年（公元1720年）任云南巡抚，乾隆元年（公元1736年）奉诏还京，任吏部尚书。他离滇之日，百姓沿途泣送。

他在云南十七年，始终勤于政事、清正爱民，百姓称他“包公再世”。雍正皇帝亲笔书写“清操夙著”对其褒奖。

1. 把隐形收入用在“刀刃”上

雍正年间，盐商有把除应缴税以外的部分盐业收入付给地方官府充作隐形收入的惯例。杨名时到任后，将巡抚衙门收受各种礼物的陈规陋习一律革除。他向皇帝上疏，建议对这笔银子除留作盐业生产者的民生所需、驻藏官兵的军需费用外，所剩的钱用于补贴运粮的老百姓。杨名时此奏得到了皇帝的许可。

因为心持戒律，所以破除收礼旧例；因为胸怀苍生，所以思谋用之为民。杨名时身为父母官的这份自律和担当，是对“为民、务实、清廉”的生动诠释。

2. 以前你为民作主，现在民为你申冤

雍正元年（公元1723年），杨名时被浙江巡抚李卫、继任云南巡抚朱纲诬陷，含冤入狱。

当地军民得知消息，群情激愤，拥集官府门外大呼：“要是杨公受刑，我们只好造反了！”朱纲被民愤所震慑，只得停止刑讯。经详细调查，他找不到杨名时丝毫贪污罪行。雍正皇帝知道杨名时是被冤枉的，下特旨宽免。

为官者如何？老百姓心中有杆秤：不贪私利、克己奉公、勤政为民，是民心秤盘上最重的分量。像杨名时这样把百姓装在心里的人，自然会被百姓放在心上。

百姓为他敢喊冤

（二十）朱若功

朱若功（公元1667—1736年），字曰定，号学斋，浙江武义上仓人，清朝年间曾任昆明、呈贡知县，勤理政务、清理积案、昭雪冤狱。

朱若功治民宽仁，居官不贪占、拒腐蚀、敢作为，为百姓办了很多实事好事，留下“民之父母”的口碑。云南按察使曾称赞他说：“昆明朱令，清、勤、慎为第一。”

1. 留下钱财，留下爱

朱若功在云南前后任职八年，为没有学堂的呈贡捐出俸禄创建“凤山讲堂”；闲暇时授课教学，用自己的收入接济生计艰难的学生。他离职前，将在云南为官时的俸禄约白银千两都捐给当地的公益事业。他说："聚集金钱留给子孙，子孙未必守得住；聚集书籍留给子孙，子孙未必能读；我所留给他们的，唯有心而已。"

朱若功卸职返乡时，行囊空空，却心意沉沉。他把深沉的爱留在了云南，这份爱里有为官一任，造福一方的真淳，也有为官一任，清气长存的勤慎。

行囊空空，心里满满

2. 黑夜不掩清白人

朱若功为官兢兢业业，从不以权谋私。有一天，一个行贿者深夜带着银子前来拜访，想让朱若功为其谋官。遭到拒绝后，来人又劝说道："夜深人静，无人知晓。"朱若功反问："天知，地知，我知，你知。纵是夜色，怎么能说无人知晓？"行贿者听完，羞愧地带着银子溜走了。

即使独处时，也要表里如一、严守本分，不做违背底线原则的事。这种"慎独"的境界，是中国传统文化所倡导的君子人格，它在一代代中华廉吏的身上传承、发扬。

（二十一）孙士寅

孙士寅，生卒年不详，字羲宾，出生于浙江杭州府钱塘县的书香门第，自幼喜好弹琴，康熙三十八年（公元1699年）考中举人。康熙四十五年（公元1706年），孙士寅携带一张古琴出任云南平彝（今曲靖富源）知县。

孙士寅勤于政事、爱民如子，以苦干实干换来了百姓的安居乐业。他用自己的俸禄接济百姓，一心为公、丹心系民，是为官者之楷模。

1. 孙知县卖琴

在云南任职期间，孙士寅兴水利、垦农田、办教育、除匪患、严吏治，深得民心。清廉爱民的孙士寅任满离开时，连路费都无法凑齐。百姓感其恩德，自发捐助，孙士寅谢绝了好意，分毫不取，把自己的古琴卖了充当路费。

别离当日，百姓依依不舍，十里相送。为颂其清廉、念其德泽，当地百姓为他立了一块“鬻（yù）琴碑”。

光绪末年，当地著名文人李恩光感佩孙士寅的事迹，写下《鬻琴碑记》。200余字的碑文，是对孙士寅履职平彝6年政绩政声的高度浓缩和总结褒扬。同时，也将一个朴实的道理昭然于世：执政为民，民心所向；掌权为己，自取其辱。

鬻琴碑记（节选）

来携此琴来，去鬻此琴去。
三年课绩循良奏，百姓见肥使君瘦。
磋磋一碑何足异，去思德政塞天地。
争似史笔照空山，刻划龚黄无多字。
呜呼！贪夫读此当汗泚。

2. 心怀大爱的“草鞋县令”

孙士寅任职期间，一心扑在公务上，他在乎的全是百姓的衣食住行，还用俸银救济穷苦百姓，自己常穿草鞋体察民情，百姓爱称其为“草鞋县令”。

为了百姓的幸福，孙士寅鞠躬尽瘁、一片丹心，在他看来，老百姓能够安居乐业就是自己为官最大的成就。他以一心为公的“无我”，书写了造福百姓的“大我”。

安危冷暖记心间

（二十二）陈宏谋

陈宏谋（公元1696—1771年），字汝咨，广西临桂人，清代雍正、乾隆年间任云南布政使。任职期间，他兴利除弊，求真务实、政绩卓著。

陈宏谋为官廉洁自律，严惩污吏。面对下级官员的各种贿赂，他严词拒绝，倡导“以俭养廉”。

1. “戒贪”才是无价宝

陈宏谋虽然位高权重，但从不理会行贿之人，当场拒绝了一官员送的珍稀砚台。

行贿官员带上家里的宝石二次登门，“陈大人，这宝物叫‘如意龟’，它有去腐生肌、助眠祛邪的功效”。陈宏谋故意问：“它值多少钱？”官员忙凑上前答：“它值千两黄金，这是下官的一点心意，请您笑纳。”

“且慢，也让你见识一下我的宝贝。”陈宏谋蘸着茶水在桌上写下“戒贪”二字：“这就是我的无价之宝！我若收了你的有价之宝，就失去了我的无价之宝，岂不亏大了？”听罢，官员抱起宝石羞愧地走了。

清风明月廉无价

2. 践行《从政遗规》

陈宏谋始终以清正廉洁的准则要求自己，他在《从政遗规》中提出两条做官要求：一是要端正做官动机，官员只能为老百姓办事而不能为自己谋利益；二是要正确对待钱财，告诫官员不可贪图不义之财。

正因为如此，陈宏谋在云南任上，清正廉洁、干事成事，为推动经济社会发展尽心尽力。为解决云南个别地方苛派征税情况，陈宏谋明令，如有官员不严格执行“耗羡归公”（即由中央统一耗损比例来征收赋税），必定依法严惩。

陈宏谋以清正务实的作风，维护了百姓的切身利益。由此可见，树立正确的权力观、政绩观，不务虚功、为民谋利，无论什么时候，都应该是为官者坚守的初心。

（二十三）周於礼

周於礼（公元1720 —1779年），字绥远，云南嶍（xí）峨县（今玉溪峨山）人。乾隆十六年（公元1751年）考中进士，曾任江南道监察御史、太常寺少卿、大理寺少卿等职，他是清代著名书法家。

周於礼为人诚实谨慎，办事公正不阿，为人处世严有律度。他在朝廷任职多年，家中没有多余的物品，只有书籍碑刻而已。

1. 父兄有善行，子弟学之

周於礼的父亲秉性醇厚，好读书，每日以教书为己任。哥哥周於智，在多地任过地方官，爱民如子，然而病故于救灾路上。

周於礼忠孝正直、学识广博、作风谨慎。兄弟俩勤政廉政，传承了周家尚德明义的家风。直至今日，周氏后人还在遵循着周家古训,笃信践行。

周家几代人明德正派、深明大义，由此可见，良好的家风对涵育人的德行影响深远。

孝子之门出忠臣

2. 诚实、小心、谨慎人

周於礼严格按规矩办事，公正不阿，不接受他人请托。他曾两次主持四川乡试，三次担任京城考官，无徇私舞弊、借机敛财的行为，得到他人称赞。他断案既明辨是非，又情法相宜，因此得到乾隆皇帝“诚实、小心、谨慎人”的评价。

履职时恪守法度，是他能始终坚定信念、廉以自持的准绳。

（二十四）尹壮图

尹壮图（公元1735—1808年），号楚珍，云南蒙自人，乾隆三十一年（公元1766年）进士。他曾任江南道、京畿（jī）道监察御史、礼部侍郎等职，参与编修《四库全书》。尹壮图去官返乡后，在云南各地讲学，致力于家乡的教育事业。

尹壮图品性端方、生活清俭、不畏权贵、不计得失，敢于揭露多位当朝要员的贪腐行为，甚至敢于面谏皇帝，即使连累自身，仍无所畏惧。

1. 记住家乡豆汤的味道

尹壮图之父尹均，为荣禄大夫、内阁学士。尹均治家有方，每餐都要让家人吃豆汤，并告诫家人，这是家乡的味道，如果有一天身居富贵，也不能忘了朴素的作风。

在良好家风的熏陶下，尹壮图为人节俭自持，养成了耿直清廉的德行。他曾说平生尚节约，即使晋升了官职，也未曾有一日纵情享乐。《尹楚珍先生年谱》记载：

> 一介之取必严，见义之为必勇，
> 以正率家，以宽御下。

从父亲到儿子，再到后代子孙，尹氏朴素节俭的家风代代相承，在日常生活中，潜移默化地塑造着优良品质，在从政处事时，促成清正自持的为官之道。

2. 认真当一日官，老百姓就沾一日实惠

尹壮图任京畿道监察御史时，按例每年冬季都设厂施粥，以济贫民。他每天监察，从不间断。年终，兵马司禀告他，除夕、初一两天不施粥，可以休息。尹状图问：“这两天向太仓领的米是不是会扣除呢？”答复：“按例不扣除。”他说：“不扣除又不施粥，难道不是冒领吗？这两天我必定亲自来监察，可告诉广大贫民们！”

结果贫民纷纷来领。尹壮图借此对部下说：“为官者认真一日，老百姓就能沾一日实惠！”部下们听完，都心存敬畏。

但愿苍生俱饱暖

作为官员，会做小事、勤做实事、甘做苦事，能做到这些事，于百姓便是最大的好事。自己肯多吃一点苦，把老百姓的事多放一点在心上，就能让老百姓从中获得更多的实惠。

（二十五）钱沣

钱沣（公元1740 —1795年），字东注，号南园，云南昆明人，乾隆三十六年（公元1771年）进士，历任监察御史、湖南学政、礼部尚书等职，为乾隆年间声望卓著的清官，也是清代著名书画艺术大家。

钱沣作为御史，参与了乾隆年间三大贪腐案的监察和审理，对贪官污吏绝不手软，不畏权势，不逢迎上级，以纠弊和改良官场风气为己任。

1. 钱沣来了不要钱

钱沣曾在湖南主管教育，按当时的惯例，学政到各县视察考试情况时，学子们要凑钱打点，时人称之为“棚规”；某些官员也会趁机私下拜访或行贿，以求自家子弟能在考试中得到照顾。钱沣既不接受所谓的“棚规”，也不接受私下拜访及贿赂，秉公办事，成为湖南官场上的一股清流，湖南百姓因此有“钱沣来了不要钱”的民谣。

钱沣对所有人一视同仁，看似“憨直愚笨”，实则是大智慧，这与庸官、贪官左右逢源的小聪明截然不同。我们今天也要在“愚笨”和“聪明”之间，有自己的选择和坚持。

2. 瘦马御史

古语有“官清马骨高”，意思是清官的坐骑常因营养不足而瘦骨嶙峋。钱沣的坐骑即是如此，一匹瞎了一只眼的瘦骡子是他唯一的交通工具。

清代民间有一出歌颂钱沣的戏剧叫作《瘦马御史》，《清史稿》中赞他“以直声震海内”。昆明近代众多文化名人捐资为其修祠堂，《钱南园先生像赞》说：

> 身致富贵，躬守清贫……
> 正色立朝，遇事直陈。

堂堂真御史，落落旧词臣

3. 勇斗皇亲与国戚

钱沣以捍卫法纪为己任，甘肃“冒赈折捐”一案从犯毕沅，因乾隆皇帝的宠爱而逍遥法外。钱沣毅然上书揭发其罪行，乾隆皇帝将毕沅连降三级。

山东巡抚国泰是皇亲国戚，又有和珅撑腰。钱沣顶着各种压力，与另一清官一起查实了国泰的贪腐实证。此举震动朝野，贪官深受威慑，廉吏倍感振奋，官场风气蔚然一新。

（二十六）谷际岐

谷际岐（公元1744—1815年），字凤来，号西阿，云南弥渡（今大理弥渡）人。他历任御史、刑部郎中等职。先后在昆明五华书院、扬州孝廉堂讲学。谷际岐堪称大儒，曾参与校勘《四库全书》。

谷际岐为官清正刚直，遇不平之事，勇于向朝廷痛陈时弊。他不畏强权，伸张正义，主张惩罢无能官将、罚治贪官污吏。

1. 誓为老百姓谋碗饭吃

嘉庆年间，云南发生了“压盐政变”，长期被官府欺压的老百姓围城焚屋，打死恶吏。远在外地的谷际岐经多方调查，比较外省盐务制度，写成奏折痛陈云南在盐运及赋税中官商勾结盘剥百姓，对违抗者严刑逼供的恶行，他主张惩治贪官，改革盐政。

在他的强力推动下，盐政改革得以在全滇实行。从此盐政积弊得以清除，叛乱宁息，官民两便。老百姓交口称赞：是谷际岐给了我们活路！后世百姓都对他深怀感激和敬意。

绝知此事要躬行

2. 与贪腐作恶者势不两立

嘉庆三年（公元1798年），谷际岐两次上疏，说明陕甘总督、陕西巡抚等“官逼民反”的情况，得到皇帝认同，命他负责稽查京都储藏皇粮、俸米的官仓。

嘉庆七年（公元1802年），谷际岐又上疏参劾湖广总督蔡永清的家奴勾通权贵、行贿朝廷，最终朝廷解除了蔡永清的官职。

腐败是老百姓最痛恨的现象，贪腐之徒是国家的蛀虫。为官者当常怀警醒、坚定立场、严以修身，坚决与贪腐之风作斗争。

在《六事廉为本》诗中，他表明了自己的为官准则，自勉一心为公，廉政为民。

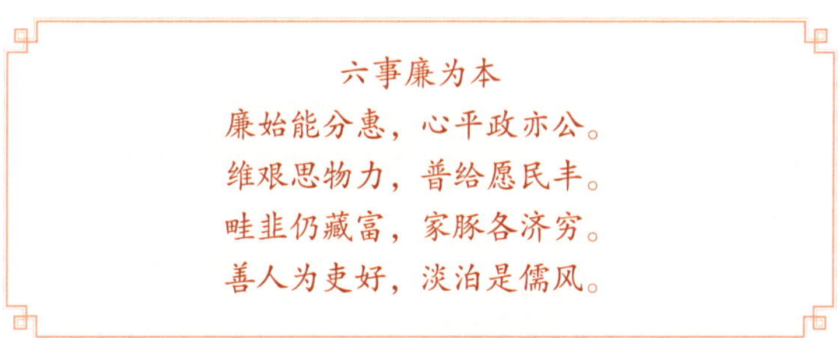

六事廉为本

廉始能分惠，心平政亦公。
维艰思物力，普给愿民丰。
畦韭仍藏富，家豚各济穷。
善人为吏好，淡泊是儒风。

（二十七）宋湘

宋湘（公元1745—1826年），字焕乡，号芷庵，广东嘉应（今广东梅州）人。嘉庆十八年（公元1813年），宋湘先后担任曲靖、广南、大理、永昌、楚雄等地知府及迤西、迤南道尹等职，在云南任职长达13年。

宋湘离开云南时，送行群众夹道十里，自发筹钱为他建祠立碑。《云南通志》言其“历官皆著治绩，而奖掖后进，成就尤多，士林传其遗事，以为美谈”。

1. 马吃秧苗，我赔

宋湘到云南任职时便提醒自己：要对得起百姓和自己的良心。

有一次，宋湘和随从送妻子到马龙教授织布，一不留神他的马吃了几十簇秧苗。宋湘马上叫随从把所损秧苗总数按成熟稻谷计价赔偿。此事很快传遍曲靖各县，之后随意放牧糟蹋庄稼的事就很少再发生了。

在宋湘身上，鲜明地展现了廉以律己的思想道德境界。他不仅自己不贪不占，也不干任何损害百姓利益的事情。

以百姓心为己心

2. “宋公布”

宋湘在云南多地任职，经常访贫问苦。在曲靖马龙，宋湘带头捐薪购买棉籽，筹措资金购买纺车并无偿分发给百姓，让妻子教他们纺纱织布，此举带动了当地手工业发展。

百姓深记他的政绩和厚德，把所织之布称为“宋公布”。

在广南、大理、永昌等地任职时，宋湘还捐资解决用水、赈灾等民生问题。

（二十八）马汝为

马汝为（公元1762—1831年），字宣臣，号悔斋，云南元江人，康熙四十二年（公元1703年）进士，历任国史馆纂修、贵州铜仁知府等，也是清代著名书法家。

马汝为家风优良，数代人一直传承端正做人、克己奉公、不计个人得失的家训。他廉洁爱民、言行如一，看不惯权贵的奢侈生活，大力反腐，尽可能救济穷困百姓。

1. 知府马汝为到此

马汝为忧国忧民，痛恨腐败。他对权贵的腐朽生活毫不留情地批判，“豪家一夕宴，贫氓终岁资”，指责这些人一顿饭就花了贫穷百姓一年的生活费。

马汝为在贵州任职时，常微服私访，探查民间疾苦，遇到豪强霸占民田，他在路边一棵大树上写下“皇法不容强占民田，知府马汝为到此”的字样，豪强知道后归还了民田。

法者，天下之至道也

2. 后人不及我者，不得修墓立碑

马汝为家风优良。父亲为了让孩子有书可读，曾费心从建水向朋友借书，并每天督促孩子学习。马汝为做官后，父亲常写信要求他克己奉公、廉洁自律，做一个好官。

马汝为也要求子女努力向学，端正做人。临终立下规矩，“后人不及我者，不得修墓立碑，任其淹没于荒野”。马汝为的这种教育理念，也值得后人借鉴学习。

（二十九）李文耕

李文耕（公元1762—1838年），字心田，号复斋，云南昆明人，嘉庆七年（公元1802年）进士，历任山东邹平知县、浙江盐运使等职。

李文耕重义轻利、克己奉公、甘于清贫，尤其在审理案件方面有专长。他善于将法律和道德结合起来，以理说法，这种方式产生了良好的社会影响。

1. 重义轻利，君子固穷

李文耕少有大志，一生重义轻利。他做官后仍生活朴素，粗茶淡饭，不蓄私财。山东邹平百弊丛生，许多官员不愿去做官。李文耕则说，越是贫苦地方的人，越是盼望有一个好官。他欣然赴任，为官多年，一直两袖清风。

有史料提到李文耕时不吝溢美之词：“文耕平生以崇正学、挽浇风为己任，在山东久，民感之尤深，殁祀名宦。”李文耕确实当得起这么高的评价。

2. 破山中贼，兴办官学

李文耕在山东邹平任职时，当地百姓生活困苦，盗贼多发，衙役甚至与盗贼勾结。一方面，李文耕严明法纪，严厉打击盗贼、渎职衙役和窝藏者；另一方面，他捐献俸禄，补贴衙役，兴修义学，引导官民向学向善、守礼遵法，治安和社会风气从而逐渐好转。

提笔安天下，上马定乾坤

公生明，廉生威。李文耕公道正派，没有私心杂念，使得他能够清楚地看到政务民俗弊端之所在；清廉如水，使得他虽官职不大，却因官民信服而成就大功。

都中与赵直夫孝廉别

欲别频谋聚，离怀苦不禁。
切磋吾辈事，沟壑古人心。
云指黔山近，波愁济水深。
他年此共对，何以证胸襟。

（三十）杨名飏

杨名飏（yáng）（公元1773—1852年），号崇峰，云南云龙人，嘉庆十三年（公元1808年）举人，历任陕西延榆绥道员、陕西巡抚、右副都御史等职，官声闻于天下。

杨名飏严于律己、恪尽职守，为百姓做了很多实事，至今在滇、陕两地还有人自发到杨名飏的诸多遗迹前纪念。

1. 为官不计个人名利

杨名飏誉满朝野。道光皇帝多次召见他，称赞他“官声本好，我已早闻”。因为欣赏杨名飏廉洁的声望和才能，道光皇帝想要把他调到京城担任更高的官职，但陕西的百姓希望他留任。杨名飏不计个人得失，并没有将升迁之事看得很重，继续留在陕西，全身心做好本职工作。

杨名飏主张“政在得人”，为官要“仁廉”。在百姓利益和个人名利之间，他选择了前者。这种以民为本、看淡名利的价值观，是很多廉吏的共同选择。

2. 技术专家型的廉吏

杨名飏不仅廉洁自律，还刻苦钻研生产技术，想方设法增加劳苦百姓的收入。

杨名飏在陕西任职时，不辞劳苦，研究在贫瘠土地上种植土豆的方法，撰写了《种洋芋法》，引导农民种土豆解决温饱。他熟读史书，发现陕西历史上曾是桑蚕业发达的地方，就号召农民种桑养蚕，以增加收入。

回到家乡云龙后，杨名飏继续发挥余热，捐献自己的俸禄，创办了彩云书院。为了书院能长期办学，又倾尽财力购买了田地出租，用于筹措经费。

一寸光阴一寸金，少年易老学难成

杨名飏简静敦惠，学行坚白，守土理民，累有名迹。
——《新纂云南通志》

点苍南去钟英地，太白西来建节天。
——林则徐

（三十一）王禹甸

王禹甸，生卒年不详，陕西三原人，嘉庆十三年（公元1808年）任云南恩安县（今昭通）县令。

王禹甸为官勤慎清廉、心怀百姓，史料中关于其生平的记载不多，但他为官一任、造福一方的事迹一直被当地百姓传颂至今。

1. 看多、做多、商量多

嘉庆十三年（公元1808年），王禹甸出任恩安县令。当时的恩安仅有两个小水塘供居民生活使用，城内用水经常告急，百姓叫苦连天。

王禹甸到任后，面对百姓用水难的问题，他首先是“多看”，主动走访调研。其次是“多商量”，在掌握详细情况之后，他带头捐款并倡议当地乡绅商贾共同出资，兴建新的储水池。

一人难挑千斤担，众人能移万重山

在修建过程中“多做”，王禹甸和地方乡亲一起商量、严格管理捐款的使用，做到账目清晰，一分一毫都用到水塘的建设上，防止出现贪污腐败问题。储水池主体竣工后，王禹甸给它取名“三多塘”，典出《玉海》：“看多、做多、商量多也。”这不仅是王禹甸对自己的勉励，也是对世人的劝谕。

2. 清白名留清官亭

在恩安任职期间，王禹甸勤勉务实、清廉为官，深受百姓爱戴。他卸任之后，恩安百姓自发为其修建了一座“清官亭”。不少文人墨客常汇聚于清官亭中，作诗题联，歌颂王禹甸的官德事迹。

任职一方，不论任期长短、职位高低，既要做到清廉自守，更要对当地做出应有贡献。为官者自当戒贪戒惰、勤慎将事、克己奉公，以强烈的责任感谋百姓福祉，思一方发展。

清官亭楹联：

者点水无多，一官已留清白去。
此间尘不染，何人更踏软红来。

（三十二）林则徐

林则徐（公元1785—1850年），字元抚，福建侯官（今福州）人，清朝政治家、文学家、思想家，民族英雄。道光二十七年（公元1847年），林则徐出任云贵总督，因维护云南边境安定得力，加授太子太保。

为政三十余载，历官十四省，林则徐始终以重民思想服务人民，以廉洁刚正要求自己，其高尚的道德品质为后人树起了一座不朽的丰碑。

1. 自律尚俭，不讲排场

道光十年（公元1830年），林则徐出任湖北布政使。还未到任，他先发出告示：就职途中一切费用自理，不得劳民伤财，以公款逢迎；更不得有官员从中谋取私利，如有违犯，立即严办。

道光十九年（公元1839年），林则徐以钦差大臣身份赴广东查禁鸦片。到任之前，他又发出通告，强调此行不讲排场，并宣布随行官员不配书吏、交通费用自行解决、借宿公馆只用家常饭菜而不备办整桌酒席等纪律规定。自奉如此之俭，律己如此之严，林则徐的正派作风可见一斑。

2. 俸禄以外，一毫不取

林则徐到广州后不久，便责令洋行头目伍绍荣向外商传达谕令，将鸦片尽数交出。伍绍荣见事态严重，妄图用巨额钱财行贿。林则徐痛斥：本大臣不要钱，要你脑袋！伍绍荣只好向外商传达了林则徐的谕令。

壁立千仞，无欲则刚

英国商务代表义律曾将一套价值不菲的鸦片烟具，捧送给林则徐。林则徐说道：这套烟具属于违禁品，本当没收，但两国交往，友谊为重，请阁下将烟具带回贵国，存入皇家博物馆当展品吧！义律被讽刺得无地自容，只好将礼品收回。

对于林则徐的刚正廉洁，不少外国人都深感佩服，他们说“林钦差的手就没有被贿赂玷污过”。

3. 结交清官，成就佳话

林则徐为官清廉，同时也喜欢和清廉的官员打交道。他在听闻内阁中书张亮基严词拒绝巨额贿赂之事后，他便与张亮基结交。道光二十六年（公元1846年），深知张亮基才华与为人的林则徐，便密奏朝廷推荐重用。不久后，张亮基因平定边患有功，被破格提拔为云南按察使。

张亮基虽战功显赫，却毫不张扬；林则徐不仅清正廉洁，而且求贤若渴。两位清官互相成就，堪称一段佳话。

德不孤，必有邻。林则徐和张亮基身为廉吏的精神和品格，相互之间的惺惺相惜，值得后人赞颂和弘扬。

（三十三）朱嶟

朱嶟（zūn）（公元1791—1862年），字仰山，号木堂，云南通海人，嘉庆二十四年（公元1819年）进士，历任翰林院编修、四部尚书、军机处行走、内阁大学士等职。

朱嶟为官四十余载，直节勤勉、清廉爱民、政绩卓著，在嘉庆、道光、咸丰、同治朝中均被委以重任，是名副其实的四朝重臣、国之栋梁。

1. 御史执法，眼里没有乡情

朱嶟为人谦卑，以诚待人，朝中不少滇籍官员都尊他为老师。进士何桂清是云南昆明人，在朱嶟提携下任两江总督。朱嶟告诫他应“忠于职守，效忠国家”。但他不顾恩师忠告，玩忽职守，导致江南被攻占。

朝廷命朱嶟督理“何案”。何桂清的亲友多次找他说情，他却秉公执法、不徇私情，最终何桂清被判处死刑。

大贤秉高鉴，公烛无私光

2. 堵住买官、捐官的野路子

道光十二年（公元1832年），北京附近遭遇灾害，广东贡生潘仕成捐了一大笔钱用于赈灾，被赐予“举人”功名。

此后，不少人想要效法潘仕成，通过捐赠获取功名。时任御史的朱嶟立马上疏反对。他认为如果人人都仅靠捐赠钱财就可获得功名，长此以往，国家选拔人才的公平公正制度将会被打破。面对“买官捐官”的不正之风，朱嶟挺身而出、纠治腐败，为后世监察官员树立了榜样。

（三十四）池生春

池生春（公元1798—1836年），字龠（yuè）庭，别号剑芝，云南楚雄人，道光三年（公元1823年）进士，明清楚雄“八大翰林”之一，历任陕西主考官、南书房行走、广西提督学政、国子监司业等职。

出身寒门的池生春为官清廉、克己奉公，积极推动学政改革，不仅得到了皇帝的嘉奖，更深受百姓的爱戴。

1. 拒收考场“黑钱”

池生春出生于一个穷秀才家庭，年少时便胸怀大志，学习勤奋刻苦，同情、尊重劳动人民。为官后，池生春供职恭谨、廉洁爱民。道光八年（公元1828年），他奉旨主持陕西乡试，热情接待考生，到处走访，体察民情。

男儿欲遂平生志，六经勤向窗前读

道光十二年（公元1832年），池生春任广西学政。他发现本土考官经常徇私枉法，向考生索要贿赂，致使贫苦子弟被拒于学门之外。池生春坚决反对这种做法，他以身作则，拒绝考生贿赂。道光十四年（公元1834年），按惯例都要更换学政，但由于功绩显著，池生春得以留任，道光皇帝专门赐《西域战图》一幅，以示嘉奖。

志不在温饱论

播种五谷，吾得而食之。

百工技艺作为器用，吾得而用之。

披坚执锐以守土，吾得而安之。

2. 行德政，振文风

在广西主持学政期间，池生春以修身、治经、讲学的方式造福当地百姓，先后创办了十余所书院，供十二府州的学子就读。经费不足时，他就用自己的官俸添补。在他的努力下，广西文风大振、人才辈出，有言道："数百年来的广西督学，只有池生春最得人才！"

道光十六年（公元1836年），池生春因积劳成疾，与世长辞。门人弟子们有感于他的知遇之恩，在桂林西华门内修建起了一座池公祠，广西巡抚梁章钜为其撰写《池司业庙堂碑》，记述他勤以治学、廉以为官的一生。

学习云南廉吏事迹，推进新时代廉洁文化建设

廉洁文化，是中华优秀传统文化的重要组成部分。中国历朝历代涌现出很多清廉为民的好官，整理挖掘他们的清廉事迹，大力弘扬清廉文化，对推动党风廉政建设持续深入具有重大意义。

云南地处祖国西南边陲。历史上，无论是云南本土的，还是中央政权派驻的官吏，很多都是清正爱民的廉吏。他们所展现的当官一日便尽职一日、造福一方的为官之道，至今依然闪耀着浩然的政治品格和高洁的人格光辉。

廉洁拒腐是其持之恪守的为官之道。不受为廉，不污为洁，这是中国传统廉政文化尤为注重的品质。在云南吏治史上，把“戒贪”看作无价宝的陈宏谋，严拒行贿的梁毗、孙继鲁、李启东、萧崇业、朱若功、池生春，开箱陈市的王元翰等，都深知当官为公不为私，不贪取不应得的钱财，秉持光明磊落的作风，才是为官者珍贵的无价之宝。

秉公办事是其从政为官的基本素养。为官者肩负重任，系家国兴盛、百姓福祉于一身，必须要有很强的原则性、正义感，要有先公后私、克己奉公的格局和情怀。敢批“逆鳞”直陈君主过失的李元阳，不惧权贵力参贪腐的杨南金、陈表、钱沣，爱憎分明誓与奸臣斗争的谷际岐，

秉公执法的朱嶟，“烧船称钉”的郑和等，始终恪尽职守，在原则面前毫不退让，在“无我”中书写“大我”。

一心为民是其不懈追求的初心使命。中国自古就有“民贵君轻”“富民强国”“恤民忧民”的“民本”思想，一直为廉吏们所遵奉。亲寻“大木”的刘文征，舍私利、谋民利的赵士麟，丹心系民的“草鞋县令”孙士寅，捐出俸禄办教育、买棉籽的宋湘，想方设法为百姓增收的杨名飏，为民修“三多塘”的王禹甸，务实为民的赛典赤等官员，始终把百姓捧在心间，百姓同样以为其立像、建坊、修亭、刻碑、盖祠堂等方式把他们记在心头，其体现的是对清官廉吏的爱戴、对为官清廉的期盼。

良好家风为其绘就清正的人格底色。家风涵育家族成员的价值取向、道德观念，并将之内化为恪守的伦理准则，指引着人生方向。从“四足”传家的杨升庵、牢记父亲叮咛的杨名时、“豆汤”养成清廉品格的尹壮图、诗书传家培养出的清官周於礼、重视家风的马汝为等廉吏的事迹中能发现，优良的家风可涵养官德，优良的官德又淳化家风。

严以修身是其提升道德修养的自我要求。修身，是一个不断提升思想道德境界、完善人格操守的过程。在中国传统“修身、齐家、治国、平天下”的文化当中，“修身”是基础、是根本。官品源于人品的文齐，不讲“潜规则”的郑纯，清贫自守的朱光霁、严清，不与伪君子为伍的李贽，重义轻利的李文耕，不讲排场的林则徐等廉吏，始终以“慎独”的君子人格要求自己，坚守着廉洁修身的道德追求。

云南廉吏在历史上留下了许多感人肺腑的故事，他们清廉自律、刚正不屈、务实奉献的高尚品质，是留给我们的宝贵廉洁文化资源。我们应当大力宣传、弘扬，让中华民族优秀传统廉洁文化助力党风廉政建设，教育引导广大党员干部牢记使命、忠于职守、律己正身、拒腐防变、永葆清廉。

一是加强对云南廉吏事迹的挖掘、整理、宣传，传承中华文明崇廉尚洁的文化基因，厚植廉洁文化基础，培育为政清廉、秉公用权的文化土壤，为推进全面从严治党向纵深发展提供文化支撑。

二是倡导对云南古代廉吏优秀品质的学习，培养党员干部廉洁自律的道德操守，引导领导干部明大德、守公德、严私德，把廉洁要求贯穿于日常教育管理监督之中，把家风建设作为领导干部作风建设的重要内容。

三是加深对云南古代廉吏为民奉献思想的认识，强化党员干部全心全意为人民服务的宗旨意识，把为群众排忧解难的要求落实在具体工作中。弘扬克己奉公的社会风尚，加强对典型模范的表彰宣传，拓展利用廉洁文化资源，不断推进廉洁文化建设走深走实。

三、做有示范学有榜样——清廉建设故事

（一）矢志推进民族团结进步的人民好法官

1. 人物简介

鲍卫忠，男，佤族，中共党员，云南沧源人。生前系云南省沧源佤族自治县人民法院党组成员、执行局局长。2021年10月，鲍卫忠在工作岗位上突发疾病，经抢救无效不幸去世，年仅45岁。先后荣获“全国模范法官”“云岭楷模”“云南省优秀共产党员”等荣誉称号。2023年，中央宣传部追授其“时代楷模”称号。

2. 动之以情清风事

他的电话，从早到晚响个不停。

“喂，鲍局长！”

重症监护室里，鲍卫忠正与死神殊死搏斗，而守护在侧的妻子周红一次次地替他接起电话。

奇迹终究没有到来，鲍卫忠永远地离开了。

“我连夜从家中赶来，只想送这位好法官、好兄弟最后一程……”名叫艾嘎的被执行人抹着眼泪。

“这个年轻人以前经常到我们村里讲党的政策，讲国家法律，说话都是说到我们心窝子里啦，多好的一个人啊！”一位老人满眼惋惜。

年轻的生命定格在45岁。

“就是头拱地也要把人民的事办好”

沧源县班老乡班搞村农村危房改造结束后，建房尾款却迟迟收不上来。建房公司的法人代表代海龙，一纸诉状把

班搞村20多户村民告上法庭。面对不愿意还款的6户村民，鲍卫忠来回跑了四五趟。他一边给村民说：“按照开始的合同协议，支付这个钱合法合理，你们打工是为了挣钱养家，人家小代也要挣钱养家呐。”一边又对代海龙说：“你看他们没有打工的地方，每月靠割胶，只有千把块的收入，能不能给他们点时间？”解开了“心结”，促成了“案结”。

在一个标的额10万元的案子中，被执行人想通过卖土鸡来筹款，但又找不到销路。鲍卫忠知道后，自己掏钱买了3只土鸡，然后带着大家在微信朋友圈里吆喝叫卖。在刷屏带货中，一天最多时竟然可以卖掉50只鸡。被执行人有了可供执行的钱款。

“案款到账，赶紧支付”，鲍卫忠常常提醒财务工作人员，“这点钱看起来不多，但对群众来说是维持生活的钱，有的还是救命钱”。

“再小的案子，如无法执行，会对群众权益、法律权威造成极大伤害”，这是鲍卫忠对执法工作的理解，“结案不是最终目的，想尽一切办法解决当事人的愁事和难事才是根本”。

“我来自边疆少数民族家庭，最大心愿就是边疆和谐安宁”

“咱们多个民族向来都是一家人嘛，各族人民一家亲，九老九代不丢伴。”鲍卫忠嘴边常挂着这句话。

法官“和事佬”

一场延宕8年之久的土地纠纷案落到鲍卫忠手上，争执双方一边是傣族村民，一边是佤族村民。一次又一次折返穿林，吃过闭门羹，挨过无数次骂，劝过好几场架，鲍卫忠都没有放弃调解。反复商讨后，最终定下了双方都认可的补偿款。

边疆地区群众生活困难，改善民生、为民造福，同样是鲍卫忠的心头大事。

下派到乡镇挂职期间，“基础弱”“出行难”“运输难”等重重困难摆在鲍卫忠面前。他带领干部和村民修房、修路，所在村200余户村民的旧房换了新颜，全村老少900多人住上了新房，5条进出村公路也修通了，围困在山里的群众终于能够走出大山。

“不准为案件打招呼、不准接受送礼、不准打听案情”

被告提出到家里吃饭，同事俸俊玲觉得一顿便饭没啥关系，鲍卫忠却拒绝了。然后，他从背包中拿出早上买的包子发给大家："饿了吧？先吃个包子垫一垫。"吃完，鲍卫忠还不忘叮嘱俸俊玲："我们有规定，不能接受执法对象吃请，哪怕原告、被告都不介意，我们也要自觉遵守。"

一对老夫妇送来一袋新鲜核桃，正好撞上出去办案的鲍卫忠。他们递上核桃，感谢鲍卫忠化解了纠纷。"心意我领了，但东西你们拿回去，我们有规定，不能收！"鲍卫忠连忙推让。但他们把东西一塞就跑了。下午，鲍卫忠专程去老夫妇家里，付了核桃钱。

由鲍卫忠的同事根据他的事迹创作的歌曲《守望》

3. 晓之以理清风评

鲍卫忠被当地群众称为佤山法治"老黄牛"，他矢志践行"为人民司法"的崇高使命，把法、理、情融合起来，把解决当事人的愁事难事作为"心中最大的事"，既坚守司法公平正义的最后一道防线，维护各族群众合法权益，守护法律的权威和尊严，又以善意文明的执行方式，妥善化解矛盾纠纷，使良法善治的温度得到彰显。鲍卫忠为党和国家法治事业、人民司法事业奋斗到生命最后一刻，诠释了新时代基层人民法官的忠诚担当和法治信仰。

（二）“燃灯校长”张桂梅

1. 人物简介

张桂梅，女，满族，中共党员，黑龙江牡丹江人。现任丽江华坪女子高级中学党支部书记、校长，华坪县儿童福利院院长，丽江华坪桂梅助学会会长。中共二十大代表，中华全国妇女联合会第十三届副主席（兼）。先后荣获“云岭楷模”“全国三八红旗手”“全国优秀共产党员”“时代楷模”“全国道德模范”“感动中国2020年度人物”“全国脱贫攻坚楷模”等荣誉称号。2021年，党中央授予其“七一勋章”。

2. 动之以情清风事

“我生来就是高山而非溪流，我欲于群峰之巅俯视平庸的沟壑。我生来就是人杰而非草芥，我站在伟人之肩藐视卑微的懦夫！”

一遍遍吟诵，从大山深处传来，如此铿锵，如此不屈。

这是云南丽江华坪女子高中的校训，是大山孩子穿透命运的呐喊。

呐喊声在校长张桂梅的大喇叭中，日复一日，年复一年。

决不认命，打碎被大山围困的命运

“你一个女娃娃，读书有什么用嘛？！早点结婚生孩子，还能给家里减轻负担。弟弟还小，要用钱的地方还多呢……”这样的“家庭教诲”困住了大山里很多女孩的求学梦想。

让山里的女孩通过教育改变命运，成为张桂梅一定要办女子高中的坚定信念。

“要办一所免费女子高中？你是不是有神经病？”顶

着被质疑讽刺、被误解谩骂的巨大压力，张桂梅一趟又一趟跑上级部门争取支持、在街头募捐筹资、上电视录制节目宣传……她一遍遍表达办学心愿，一次次讲述乡村女孩的求学故事。

在各级党委的支持和社会各界的捐助下，张桂梅的办学梦想最终实现。2008年9月，全国第一所免费女子高中——云南丽江华坪女子高级中学落成开学。

崖畔的桂，雪中的梅

决不认输，师生齐心创造奇迹

建校之初，整所学校只有一栋教学楼，没有食堂、厕所，学生和女教师挤在教室里睡觉，男教师睡在楼梯间。

条件如此艰苦，女孩们的基础又普遍薄弱，再加上没有休息日地“连轴转”，让好多老师打了“退堂鼓”。有的女孩跟不上、读不下去，也离开了学校。

不但“高考过关率”成为天方夜谭，就连学校还能不能办下去，也成了问题。

“只要有党员在，就没有办不成的事。”张桂梅面对党旗，带领老师们庄重地许下承诺。

为了留住学生，张桂梅一家一家去家访。她摔断过肋骨、迷过路、发过高烧，还旧病复发晕倒在路上……

这一次次的家访，把女孩们找回来了，也更加坚定了她将女子高中继续办下去的信念。

女孩们也没有让张桂梅失望。在张校长大喇叭的指挥下，女孩们“抢”着吃饭，“跑”着走路，下苦功夫学，下硬功夫学，10多年来高考综合上线率100%，创造了令人惊叹的“教育奇迹”。

决不放弃，一盏灯点亮一盏灯

由于长年累月地过度劳累，张桂梅的身体状况每况愈下。年过六旬的她，被查出有20多种病：左手骨瘤、右手神经末梢瘤、类风湿性关节炎、支气管炎、肺气肿……病痛让她很难继续站在讲台上。

“豁出命改变她们的命，值！”

为了把女孩们送出大山，张桂梅每天比闹钟还准时，

校长妈妈的家访

早晨5点提着喇叭喊学生们起床、吃早点、晨读。晚上12点检查完所有的宿舍才去休息。

“女孩受教育可以改变三代人”，张桂梅始终坚定地认为。

被燃灯校长的“灯”照亮的女孩们，成为更多的“燃灯者”，奔赴祖国最需要的地方，坚守在警察、医生、教师等平凡的岗位上，树木成林，势如参天。

3. 晓之以理清风评

张桂梅坚守教育报国初心，牢记立德树人使命，甘当人梯、蜡炬成灰，做提灯引路的“燃灯者”。她用知识改变山里女孩的命运，用教育“扶志”“扶智”，斩断贫困代际传递，托举起山里女孩的梦想和希望。她秉持坚韧纯粹、艰苦奋斗、不屈不挠的崇高精神品质，践行“只要还有一口气，就要站在讲台上”的铮铮誓言，激励着广大教育工作者在筑梦路上守持初心、无私奉献、照亮他人，为党和国家培养更多栋梁之材。

（三）带领独龙族脱贫致富的老县长

1. 人物简介

高德荣，男，独龙族，中共党员，云南贡山人。曾任贡山县委副书记、县人民政府县长，云南省怒江傈僳族自治州人大常委会副主任。第十届全国人大代表，云南省第八届、第九届人大代表，中共十九大、二十大代表。先后获得“全国民族团结先进个人”“时代楷模”“全国优秀共产党员”“全国爱岗敬业道德模范”等荣誉称号和“全国脱贫攻坚奖”。2019年，习近平签署主席令授予其“人民楷模”国家荣誉称号。

2. 动之以情清风事

把办公室设在独龙江。

谁也不曾想过，这是一位独龙江老县长的梦想。

这个地方深藏于千山万壑之中，全乡独龙族群众生活在海拔1000米至3000米的山坡上。玉米、苦荞是主食，很少见肉、蛋，基本温饱都很难维持。再加上一年有半载被风雪围裹，长期与世隔绝。

老县长高德荣，却要在这里办公。

“我受党的培养，独龙江需要我”

过江靠溜索，出门走天路。

高德荣就出生在这个山沟沟里的贫苦家庭。18岁那年，高德荣考上了怒江州师范学校，毕业后留校担任学校团委书记。但是，高德荣对家乡与外界的差距始终忧心忡忡：“我的民族还没富裕起来，我要回去帮助他们。”

说走就走！高德荣回到了独龙江乡。他先后担任了独龙江区（乡）副区长、区长、乡长、党委书记，对这里的贫困感受很深。

路不通，就什么都不通。高德荣奔走在乡间小路上，哪里要铺路，哪里要架桥，都摸得清清楚楚。每年大雪封山，他与交通局的职工一起睡工棚、吃干粮、清雪通路。

为筹措修路资金，他多次上省城、进北京。历经4年的艰难建设，独龙江乡终于在1999年告别了无公路的历史。

但一下雪，路又封了。

当上省人大代表后的高德荣，“斗胆”向党和国家“要路”。2014年4月10日，全长6.68公里的独龙江隧道全线贯通，全长79公里的独龙江公路全线贯通。在绿水滔滔、清波荡漾的沿江两岸，一条公路改变了一个民族。

在独龙族居住的社区，最显眼的标语就是“感恩党中央，感谢总书记”。

在获授“时代楷模”“人民楷模”荣誉称号的高光时刻，高德荣代表独龙江干部群众衷心感恩党的领导、感谢党的信任和培养：“共产党和兄弟民族，才是我们独龙族人的阿角朋。”（阿角朋：独龙族神话中的英雄形象）

“作为党员，就是要带领族人过上好日子”

路通了，拿什么致富呢?

老县长高德荣光荣退休后，丝毫没有闲下来。

老县长根据独龙江自然气候特点，决定开一家“绿色银行”，在独龙江畔种上草果。草果贴地生长，喜阴，适合在林下种植，易成活，少病害，好管理。几番考察后，

脱贫攻坚先行者

高德荣带领群众大力发展草果产业，手把手教种植方法。

有一次走在山林间，高德荣发现树丫或者山洞边放置着原木桶，中间开着个小窗，上面密封着，里面传来一阵熟悉的嗡嗡声。没错，这就是当地的蜂箱，这种蜜蜂叫中华蜂，是一种很适合山区饲养的蜜蜂。他用科学实用的方式改良蜂箱，总结出了一套中华蜂的特色养殖法，传授给乡亲们。

仅种植草果和养蜂这两项，就让独龙族群众平均每人每年增加收入1700多元。

紧接着，重楼、漆树、蔬菜、独龙牛、独龙鸡等一批特色生态种植和养殖项目在独龙江边发展壮大。移动通信、广播电视、卫生院、中心校、银行等基础设施，从无到有，从有到好。

如今，独龙族同胞人均15000多元收入，户均也在5万元以上。群众腰包鼓起来了，脸上笑容多起来了。46岁的独龙族村民孔志强一边忙着给自家种的41亩草果地除草，一边满足地说："每斤七八块钱，一年卖了三万二！"

"如果大家当了县长都去给儿女安排工作，那会怎么样？"

高德荣的儿子高黎明刚刚大学毕业，正处于找工作的关键时期。

身边有的朋友看在眼里，急在心里，纷纷劝高德荣："老高，儿子的工作你要上点心。""你当县长的，能帮娃娃就帮。”……

被催急的高德荣说：“当县长的娃娃可以安排工作，不当县长的百姓娃娃，谁来安排工作？”

高黎明与未婚妻到昆明拍婚纱照，得知高德荣恰好也在昆明开会。他小心翼翼地拨通了高德荣驾驶员的电话，想着搭一趟“顺风车”。高德荣叮嘱驾驶员，让他们自己坐公交车回家。

一块戴了30多年的手表，一套缝了又补的藏蓝色西装，粗糙的双手，沧桑的面容，高德荣就像山野间行走的一名老农，看不出是一名副厅级干部。“他从来不让自己有‘奢侈’的念头，乡里人都知道，跟着老县长别想沾他什么光。”

慢慢地，高黎明越来越能理解和支持父亲的工作。“这是父亲的做事原则，我知道。”女儿高迎春也说：“我好像更懂我的父亲了，他是我和弟弟的父亲，更像是所有独龙族孩子的父亲。”

公家的“顺风车”不能搭

3. 晓之以理清风评

有人评价高德荣：“不是‘和群众打成一片’，而是‘长’在群众中。”这位独龙族老县长，把带领群众过上好日子当作毕生追求，把群众渴盼的利民政策和惠民项目，一件一件抓实变现，心甘情愿为独龙江经济发展、民族团结进步、百姓生活改善奔走劳累，为造福一方百姓倾注了心血和汗水，带领独龙族群众摆脱贫困、创造幸福美好生活。高德荣严格管教家人亲人，弘扬克己奉公、艰苦奋斗的优良作风，诠释着共产党员的政治本色、公仆本色、清廉本色，矗立起永不过时的精神丰碑。

（四）“拼命三娘”谢成芬

1. 人物简介

谢成芬，女，汉族，中共党员，云南西畴人。曾任云南省文山州西畴县蚌谷乡长箐村委会海子坝村小组组长，现任西畴精神展览馆讲解员，中共二十大代表。先后荣获“云南省优秀共产党员”“云岭楷模”和全国“五好家庭”“全国三八红旗手”等荣誉称号。

2. 动之以情清风事

中国石漠化程度最严重的地区之一——云南省文山壮族苗族自治州西畴县，这个被地质专家断言为“基本失去人类生存条件”的地方，谢成芬不甘心、不妥协。她向大山发起挑战，与命运顽强抗争，同贫困抗战到底，生命不息，拼命不止。

大家称谢成芬是“拼命三娘”。提到这个称呼，谢成芬满怀自豪地说：“就想凭着不服输的干劲，改变家乡的贫困面貌。”

拼勇气，把“不可能”变成“可能”

山大石头多，出门就爬坡。只见石头不见土，玉米种在石窝窝。春种一大坡，秋收一小箩……一个贴在石壁上的村庄，全村找不到一块大过1亩的平地，靠石缝中种出的那点玉米根本填不饱肚子。

18岁的谢成芬嫁到西畴县海子坝村时，望着这座山，思绪万千。

谢成芬被选为村民小组长后，做的第一件事就是带领大家修路。开山修路要炸石头，最危险的环节就是点炮，大家发怵了。谢成芬撸起袖子，硬着头皮就上，在大山深处炸响了村里修路的“第一炮”。没有机械设备和炸药，只有原始的办法，那就是用火烤、水淋使石头裂开，再用錾子、铁锤、铁钎一下一下砸，就这样硬是把路给凿出来了。

“我不仅要管理工地上的所有事务，还要抬着风钻机像男人一样打炮眼、挖土方、背石头……总觉得浑身有使

等不是办法，干才有希望

不完的劲，总和男人们分组比进度，从来不认输。”谢成芬向“地球癌症”石漠化宣战成功。

拼毅力，决不向病魔屈服

就在谢成芬带领村民干得热火朝天之时，一个晴天霹雳来了：她被确诊为乳腺癌中晚期。

“那段时间，我非常害怕，害怕天黑一睡下去就再也醒不过来，怕见不到家人，怕路修不好。”谢成芬回忆时说，“如果我倒了，修到一半的路怎么办？”经历了一番心理斗争后，牙一咬，心一横，她在村口烧掉检查单据，决定一边修路一边治病。

为解决资金缺口，谢成芬跑部门、找亲友，又先后多次到州、县、乡有关部门争取修路款。经过4年苦干，终于贯通了8公里长的水泥路，群众出行难、运输难、商品交易难等问题，终于得到解决。

后来谢成芬去医院复查，身上的癌细胞竟然完全钙化。医生惊讶地说：“真不敢想啊！你的癌细胞竟然控制住了。”那一刻，谢成芬激动地感慨：“原来，生命真的有奇迹，病魔居然被我干掉了！”

拼韧劲，拼出家乡新天地

当地人说：“女子当家饿死全家。”谢成芬硬气地回答：“女人当家发枝大桠！”

谢成芬凭借着一股不服输的干劲，带领乡亲们实施农村电网改造、修建水窖、种植核桃。拉上17户村民，带着3400元集资款、联名申请书，一趟又一趟地找电网改造部门协调，最终“磨”出了村里苦苦期盼的一片光明。在山地里种下1100多亩核桃，户均种植10亩以上，村民人均收入增长近10倍，生产生活发生了巨大变化。

当选为党的二十大代表之后，谢成芬把总书记的嘱托传递到千家万户，引领大家感党恩、听党话、跟党走，把石头缝里拼出来的“西畴精神”发扬光大。

苦熬不如苦干！等不是办法，干才有希望！谢成芬是西畴精神的缩影。她说：“一定要让党的二十大精神和省委系列重要部署在文山大地开出‘富裕花’、结出‘幸福果’。”

扫一扫

“拼命三娘”谢成芬

3. 晓之以理清风评

“拼命三娘”谢成芬积极践行“苦熬不如苦干，等不是办法，干才有希望”的“西畴精神”，她全程靠“拼”，向大山挑战、与病魔抗争、同命运较量，用顽强拼搏、埋头苦干，战胜了“没有路”的挑战，创造了“开新路”的奇迹。广大党员干部要像谢成芬一样，弘扬敢于斗争、善于斗争的精神，自强自立，迎难而上，在各自岗位上一个难题一个难题去破解，一件事接着一件事去落实，靠“拼”创造价值，靠“干”成就事业。

（五）用清廉书写山乡传奇的老支书

1. 事迹简介

云南省临沧市沧源县边境村的10名老支书，从20世纪七八十年代开始就陆续担任村党支部书记，一任任接续奋斗，见证了在党的光辉照耀下，阿佤人民实现“千年跨越”的伟大成就。沧源县老支书群体被授予“云岭楷模”称号。2021年，10位老支书给习近平总书记写信，汇报佤族人民摆脱贫困、过上好日子的情况，表达了世世代代跟着共产党走、把家乡建设得更加美丽富饶的坚定决心。同年8月19日，习近平总书记给云南省沧源佤族自治县边境村的老支书们回信，勉励他们发挥模范带头作用，带领乡亲们建设好美丽家园，维护好民族团结，守护好神圣国土。

2. 动之以情清风事

“读了来信，了解到脱贫攻坚给阿佤山带来的深刻变化，感受到了阿佤人民心向党、心向国家的真挚感情，我很欣慰。”2021年8月19日，习近平总书记给云南省沧源佤族自治县边境村的老支书们回信。

“总书记给我们回信了！”大家奔走相告，分享喜悦。

心里有好多话，真想对党说

“我们这些老支书为什么要给习近平总书记写信？主要是感恩，感谢我们的共产党！”这是老支书们的心声。

地处祖国西南边陲的沧源县，是全国最大的佤族聚居县。新中国成立后，阿佤人民告别原始社会，一步迈入社会主义社会，实现了第一次“千年跨越”。党的十八大以来，在习近平总书记的亲切关怀下，阿佤人民整族脱贫，与全国人民同步全面建成小康社会，实现了第二次“千年跨越”。

“以前住的茅草房，房顶多次被吹跑，一遇刮风下雨就提心吊胆；现在咱班老乡家家户户住着砖瓦房，不仅吃穿不愁，而且连我这样的老人都有了手机，要不是亲眼见证，以前想都不敢想！”班老乡帕浪村老支书三木嘎激动得热泪盈眶。

心里有好多话，真想对党说。10位老支书商量着，想通过一封信，向总书记汇报佤山的沧桑巨变，表达佤山人民对党的感恩之情。

更懂得边民富、边疆稳的意义

“你们都是老支书，长期在边境地区工作生活，更懂得边民富、边疆稳的意义。”殷殷嘱托，纸短情长。

“粮食产量很低，吃不饱的时候，就上山挖野菜。”岩翁担任村支书后干的第一件事就是带着大家修水沟、挖水田，提高粮食单产。

为解决班搞村“出行难”“饮水难”等问题，尼红担任村支书之初，就带领村民修路、修水渠。没有推土机，没有挖掘机，全靠人力一锄头一锄头地挖。耗时两年多，他们挖通了长达11公里的水渠，解决了近800亩水田的灌溉用水问题。

“班洪抗英”纪念遗址是爱国主义教育和国防教育基地，支书们十分珍视这个红色文化资源。“佤族汉族是一家，九老九代不丢伴”，“一心跟着共产党”……爱党爱国爱社会主义的赤子情怀薪火相传。

“守好边，不仅是为了我们的小家，更是为了守护好国家的每一寸土地。”从159号界碑到160号界碑，21公里的边界线，边境上的支书们带领干部群众共同守护着。

群雁高飞头雁领，再唱阿佤幸福歌

“对于群众来说，讲得再多不如办成一件实事。群众选你们当村干部，不能光占着岗位不干事，更不能仗着有权拿群众的东西……”在班洪村院坝里，“老支书之家宣讲”定期开展“清廉课”，引导党员干部正心正行，发挥先锋模范作用。

“不要怪我不收你的东西，我是共产党员，为困难群众争取政策帮扶，是我应该做的。”老支书三木嘎拒收了群众表达感谢的礼物。

老支书们带领党员干部和群众发家致富，采取“党员+农户”模式，探索发展橡胶、坚果、茶叶、甘蔗等传统产业的新路子。一边学习新理念、新技术，一边联合当地企业，让“班老坚果”“班搞茶叶”等农特产品下山、进城、出海、上网。

班老乡党委把党建工作延伸到各党支部“神经末梢”：自治、法治、德治、共治“四治协同”的乡村治理路子，边疆党建长廊建设的“班老示范”，现代化边境幸福村与乡村振兴衔接起来……基层党组织的坚强战斗堡垒作用充分彰显。

“我们一定感党恩、听党话、跟党走，在新征程上带领乡亲们，再唱阿佤新歌！”新一代支书们信心满满、斗志昂扬。

院坝会

3. 晓之以理清风评

一代接一代的沧源老支书，传承了感党恩、听党话、跟党走的红色基因，赓续了爱党爱国爱家的红色血脉，积极发挥“领头雁”作用，以党建引领经济发展、产业建设、民族团结、强边固防等各项工作，把党和国家的好方针好政策，变成一项项兴边富民、稳边固边的好办法好经验，为建设好美丽家园、维护好民族团结、守护好神圣国土接续奋斗，不断推动山乡发展，把阿佤人民幸福之歌越唱越响亮。

（六）医者仁心的义诊老中医

1. 人物简介

李伯藩，男，汉族，中共党员，云南大理宾川人。擅长治疗瘟病、伤寒、结石、肝炎、糖尿病等疾病，以及慢性肾功能衰竭、各类癌肿、心脑血管疾病等险恶疑难重症。先后被表彰为“民族地区先进科技工作者”，被评选为云南省第三届“道德模范提名奖”，荣登2014年“中国好人榜”，荣获“全国离退休干部先进个人”“全国五一劳动奖章”荣誉称号。

2. 动之以情清风事

“叮铃铃……叮铃铃……”一阵急促的电话铃声，将刚刚入睡不久的李伯藩惊醒。墙上挂钟显示：凌晨1点40分。

“哦！对不起！对不起！我是从美国旧金山给您打的电话，这里是白天，我忘了您那里是深夜。”

电话那头是一位女士。她说，60多岁的丈夫患了肺癌，无意中得知李伯藩医术高明，多番周折问到了他家的电话号码。老两口求医心切，便打来了电话。

“祖辈传下的医德、责任和使命，就是支撑我的力量”

回想起20出头的时候，李伯藩被派去偏远的拉乌彝族乡负责建立卫生院。“那时的拉乌，不是缺医少药而是根本无医无药，有病也没地方看。”当年的李伯藩找到当时的宾川县领导：“我们不要钱，只要县里承认医院资质、批准编制，其他的我自己想办法。”

8间旧平房，几箱从县医院搬来的药材，就是医院的全部家当。李伯藩立志一定要传承救死扶伤的医德，尽自己最大努力解决群众看病难、治病难的问题。

李伯藩出生于中医世家，他潜心研读中医经典名著，结合自己的临床实践，对瘟病、伤寒、结石、肝炎、糖尿病、慢性肾功能衰竭、各类癌肿、心脑血管疾病等疑难重症，摸索出了独特药方，独树一帜，名声远扬。他说："振兴发展中医药非常重要，要把祖先留下来的宝贵遗产继承好、发扬好。"每天义诊结束后，李伯藩就开始整理临床经验。

面对深夜来电的美国旧金山患者的求助，李伯藩采取"远程治疗"。他悉心问询病情，开处方对症治疗。一年后，患肺癌的老先生进行复查时，肿瘤已明显变小。

在无数感恩和荣誉称号面前，李伯藩说："生命至上，关注健康，关爱生命，救死扶伤的中医美德就是我自始至终坚持的信仰。"

"一个医生躲开病人就是犯罪啊"

65岁的李伯藩延期了5年才正式从县中医院退休，他在自家小院里为群众义诊。

"来，我给你把把脉。"一番望、闻、问、切后，李伯藩对眼前患者的病症有了对策，提笔写下处方，让病人去买药，一分钱都没收。

从早上8点到晚上9点，李伯藩的小院门庭若市，每天来的患者少则几十人，多则上百人，有时候他忙得连吃饭的时间都没有。由于长年累月坐着，他的屁股上坐起了血管瘤，瘤子由蚕豆大长到了核桃大，坐破了，鲜血直流，他穿的几条裤子全被血浸透过。

有人建议李伯藩压缩一些看病时间。李伯藩马上就急起来了："那怎么行！一个医生躲开病人就是犯罪啊。"

"您必须得收下，这是我们一家人的一点心意。""您就是活菩萨啊，这点心意您得收下。"……无数个装着"感谢费"的红包送到李伯藩面前，但他都拒绝了。

"你们的身体康复了，就等于是送给我金山银山了。"

只开药方不卖药

"如果想发财，就不要当医生"

李伯藩退休卸任时，省城的各大医院听说后都来高薪聘请，一些省外的医院也慕名而来，开出丰厚报酬，有的还提出为其投资开设医院。甚至，还承诺给他家里人提供工作机会、上好学校等优厚条件。

李伯藩不但没有为之动摇，还希望儿子儿媳能够理解和支持自己。儿子李少华笑了：“爸，您放心，都这么多年了，我还不知道您，又怎么会不同意您的决定呢！”

上万元的“院长基金”，李伯藩没有动用过一分，全都留给了医院。有人估算过，即使按普通乡村医生开一张处方9元钱的挂号费计算，仅挂号费他也有300多万元的收入，仅处方收入也可达到540多万元。可这些他全不要。

他常常对家里人说：“我的退休工资已经够我用了，也用不了，再说，留给后人的不应该是金钱，而应该是一种精神。为了别人的健康，能够治病救人，对我来说就是一种享受。”

3. 晓之以理清风评

“医无术不行，术无德不久。”老中医李伯藩几十年如一日，始终把治病救人、悬壶济世作为坚定信念和毕生追求。面对优厚的待遇、丰裕的物质、名利的诱惑，李伯藩看得很轻很淡，却把病人患者看得很高很重，没有一句豪言，不图任何私利。他守持着仁慈博爱的医德、精湛高超的医术、善良朴实的品格、甘守清贫的作风，充分体现了一名共产党员深厚质朴的为民情怀、淡泊名利的崇高境界。

（七）用阿佤山歌传党音的“白鹇鸟”

1. 人物简介

杨娜，女，佤族，中共党员，云南普洱西盟人。曾为西盟县歌舞团演员，现任全国青联委员、云南省青联常委、普洱市政协委员、普洱市妇联兼职副主席。中共十九大代表，先后荣获“云南省优秀共产党员”“全国基层理论宣讲先进个人”荣誉称号。

2. 动之以情清风事

一位老人拉着一个女孩的手，久久颤抖，无比激动。

“叶，40年了，我等了40年呐！共产党的文艺队又回来啦！”

叶，是佤语对女孩杨娜的称呼。

“群众为什么如此怀念共产党的文艺队呢？”——这个问题反复在杨娜脑海中回响。

“既然是讲给群众听，首先要跟着群众跑”

“要干活哩！忙不得听你讲啦……”面对一些宣讲，群众并不是不愿意听，干活赚钱、养家糊口更要紧呐。

杨娜望着茶地、山谷、胶林、田间地头，大伙儿正忙着手头上的事呢。她心想：干脆就在这里吧！

她先是自学掌握党和国家惠民利民政策，然后尝试着翻译成佤语，并发挥能歌善舞的优势，融入佤族旋律，编成佤族歌舞，在乡间田地、林间茶山上传唱，让群众干活与听讲两不误。

在扶贫一线永哈片区，杨娜的挂钩联系户岩某是村里出了名的“醉汉”。她曾一个月内23次登门，给岩某“开小课”。起初岩某对杨娜爱答不理，但被杨娜的真诚

歌唱党的“白鹇鸟”

感动后，接受了杨娜的劝说，积极学习知识和技能，最后还成了脱贫委员会成员。“我什么都听你的”，岩某心服口服。

深得人心的宣讲，让勐梭镇班母村十四组的二妹成了致富带头人，一些贫困户担任起保洁员、治安员、水电员、保育员，曾经好吃懒做的夫妻辛勤劳作奔小康……

杨娜仿佛找到了答案：共产党的文艺队，是老百姓的文艺队。要让群众愿意听，就要到群众中去，追着群众跑。贴近了群众，讲到了心坎上，群众就会竖起大拇指！

“只有感党恩、听党话、跟党走，才不会迷路”

当上了中共十九大代表的杨娜，在人民大会堂聆听习近平总书记作报告后，十分感慨：“想到我小时候家里困难，再想到如今边疆少数民族群众生活发生了翻天覆地的变化，心里充满了感动和感恩。”

从北京回到佤山后，她把党的十九大精神和国家对边疆民族地区的扶持政策与民族文化融合起来，组建了“幸福宣讲团”，把宣讲从田间地头拓展到学校、部队、企业。

“我们都出生在农村，经历过穷困生活，见证了改革开放，亲历了脱贫攻坚。从食不果腹、衣不蔽体到不愁吃、不愁穿，西盟佤山翻天覆地的变化，是因为有了党和国家对边疆少数民族地区的深切关爱和政策支持。”在一个小院坝里，大家围坐着。

听着杨娜的讲解，村民娜英说：“感受到总书记总是牵挂着我们，如今我们脱贫了，今后我们要永远跟着共产党走，我们的日子一定会越来越好过。”

“民族文化的传承需要有人去付出”

17岁那年的杨娜，发现山里的孩子接触汉语的时间较少，对文化课的学习主动性不高。她尝试着把倡导文明新生活的理念编进佤族小调中，经常给孩子们讲佤山抗日游击队的故事，让孩子们增进对党的认识，并鼓励他们努力读书、追逐梦想。

杨娜如愿成为县民族文化工作队的队员后，一直希望通过歌舞、小品来演绎阿佤人民的新生活。她经常深入群众中，与群众同吃同住同劳动，和群众唠家常，在群众家里采风，也挖掘到不少生活素材。

杨娜先后参与编创出《佤部落》《阿佤人民再唱新歌》《布格朗松》等优秀民族歌舞作品。佤族原生态歌舞剧《佤部落》走进了国家大剧院，已经在国内外巡演32场次。

杨娜说："民族文化的根需要有人去探寻，民族文化的源需要有人去引流，民族文化的传承需要有人去付出，作为一名共产党员，作为一名少数民族文化传承人，我责无旁贷。"

3. 晓之以理清风评

杨娜在理论宣讲中坚持和运用党的群众路线，始终站稳人民立场，创新"追着群众跑"的宣讲方式，采取"沾泥土"的山歌宣讲、"冒热气"的小调传唱、"面对面"的家常唠嗑，积极回应群众关切、满足群众需求，用佤音讲述发生在群众身边的真实故事、细微小事，理论联系实际地传播党的理论主张、阐释党的方针政策，搭起了党和群众的连心桥，密切了水乳交融的党群关系。

（八）清廉村居看牟定

1. 事迹简介

云南省楚雄彝族自治州牟定县以打造村组"班子清廉、干部清正、用权清晰、事务清爽、民风清淳"为建设目标，把党风廉政建设向基层纵深推进，让廉洁文化融入基层治理中，使基层政治生态更健康，为乡村振兴营造了良好的党风、政风、社风、民风。

2. 动之以情清风事

"种植基地大粒蚕豆那里缺水，你们来个人看一下。"农经站站长接到一个电话，来电话的是共和镇某村大粒蚕豆种植基地负责人。

农经站站长放下电话，立马赶到了现场。

“老百姓有需求，我们立马赶到。第一时间解决好我们服务对象的困难和问题。这是我们的工作职责，也是我们的本分。”

班子清廉了，村居就跟着清廉了

“他党员都占道，那我们村户还不是跟着占。他能占两尺，我为什么不能占两尺？”古岩村一个村民很是不满。

古岩村党员班子小组听说后，及时出面：“老王，你也是老党员了，要带头嘛。这一占，路都堵了嘛。”占道的老王也觉得脸上挂不住，赶紧把地退了，把道让出来了。隔壁村户见了，也跟着退了地、让了道。

在古岩村，以相邻近的十户人家为一个单元，由大家选出一个公道正派、乐于奉献的党员为中心户，及时把党和国家的政策传达下去，同时把群众的意见建议反馈上来。

提升乡村“清廉颜值”

“上周开会说要搞人居环境治理，把大家叫来讨论，我们提的好多想法，他们都记下来了，还用起来了”，好多村民觉得“十户一体”的办法很好。

千条万条群众参与是头条，千难万难建强堡垒就不难。

开展“一人十树、百村万树”工程以来，在村“两委”班子带领下，干部群众在出入村主干道和村旁、路旁、沟旁、房旁，以及空闲地、闲置宅基地、拆临拆违地、边角地、庭院裸地等公共空间，栽种林果苗木，“植树绿化”“植树定亲”“植树祭祀”“植树育才”“植树感恩”，绿美乡村行动铺展开来，绿色理念深入生活、深得人心。

大家说：“他们党员都干了那么多，我们也要跟上，一起用绿色美化我们的家园。”

让清廉成为最好的投资环境

“种迷迭香以来，每个月的务工工资都能按时发”，田地间除杂草的村民可高兴了。

“村干部确实很负责任，包括土地流转费用不到位，你一反映他马上就联系，不会超过一个星期就给你满意答复。”旁边另一名村民乐呵呵地说着。

在乡村振兴蓝图上，实现村美、民富、产业兴，清廉就是最好的投资环境。

工地上，几名党员干部正在监督施工进度。工程队队长一开始觉得很是束缚，随着返工次数的减少，他由衷感慨："以前缺乏监管，但总是返工，现在有了监督，反而提高了效率。这样子，心里面踏踏实实的。"

污水处理是农村人居环境的"硬骨头"。通过"一事一议"，采取村集体拿一点，管材统购和组建村组"施工队"省一点，群众自愿捐一点，村民投工降一点的"五个一点"筹措方式，用2.13亿元的财政投入撬动8.7亿元的治理项目，用于农民生产和资源化合理运用，彻底解决了牌坊村污水直排问题。

"确实是清廉搞好了，干部清正、干群清和、政商亲清，经济社会都会得到全面发展。"村民们纷纷表示。

清廉村务制度管住小微权力

在手机上点开"三资"监督管理平台"云上乡村"App，查看所申请事项的完成进度条，已成了共和镇兴和社区居委会主任李慧琴替居民们办事的新习惯。

"这也极大压减了贪污腐败的空间"，共和镇纪委书记罗欢说。牟定县探索建立村（社区）集体"三资"监督管理平台，集线上审批、实时监督、全程留痕、智能预警、公开公示、一键举报等功能于一体，有效破解"三资"监管难题，用"智慧监督"管住小微权力。

"2020年垃圾清运费收支情况都没有公示，怎么就开始收2021年垃圾清运费了？”古岩村“十户一体”中心户户长胡跃才组织群众召开户长会时得知这个情况，他马上按程序上报乡纪委。经查，垃圾清运费被人挪用。乡纪委对违纪人员进行党纪立案审查，并督促相关人员将代管的垃圾清运费交回村委会进行处置，维护了群众利益。

“清廉建设既要干部廉，也要群众廉”，飒马场村党总支书记、村委会主任说。群众的积极参与，能形成干群共廉、干群共事的强大合力。

清廉村居看牟定

3. 晓之以理清风评

清以治村，廉而宜居。牟定清廉村居建设，引导基层党员干部把“廉动力”转化为“源动力”，把心思和精力用在村居建设的谋划和实施上，用在联系群众、发动群众、服务群众上，深度挖掘整合乡土文化、民族文化中的清廉元素，把公道公正、勤劳节俭、遵规守纪等清廉价值观贯穿于乡村振兴全过程，以干群合力擦亮乡村“清廉颜值”，基层治理效能得到明显提升，崇清尚廉理念更加浸润人心，巩固了党在边疆民族地区的群众基础。

（九）大手牵小手、小手拉大手，清廉一起走

1. 单位简介

云南省大理白族自治州鹤庆县秀邑小学，被省纪委命名为“云南省廉政文化示范点”。秀邑小学突出“廉洁教育从孩子抓起”的理念，深入持久地开展“廉洁文化进校园”活动，坚持把廉洁文化建设融入教育教学全过程，把清廉建设与家庭教育结合起来，让学生在潜移默化、耳濡目染中种下廉洁种子。

2. 动之以情清风事

“从我们自身开始，都不允许收取学生和家长的礼物，包括一点蔬菜水果都不行，这是我们的底线。”

秀邑小学的老师在班队课上说道。

“孩子回来说，老师让大家告诉家长，所有送礼、请客都不收、不参加，清正廉洁要靠每个人都遵守”，秀邑小学的家长很是高兴，“自己娃儿在这样的学校真好！”

言传身教，播下清廉种子

“我们天天给孩子讲要清廉，要懂得诚信、感恩、上进……我们自己要先做到。自己不正，教育孩子时底气就不足。”李老师在开学师风师德第一课上，和其他老师分享心得体会。

周五下午，按照惯例，“纪检小课堂”开始了。书记娓娓道来：“我们要从历史上反腐倡廉的正反案例中总结经验，汲取崇德尚廉、廉为政本、持廉守正等传统廉洁文化精华。既要用中华优秀传统文化涵养自己，又要用中华优秀传统文化培养学生，讲好崇廉拒腐的文化故事，让学

生在优秀文化熏陶中种下清廉种子。”

为了让清廉入脑入心，老师们也在反复摸索适合小学生的廉洁教育，如语文课上的公仆形象、品德课上的廉洁故事、数学课上的节约计算、美术课上的漫画创作、音乐课上的廉洁之声……

从细节处着眼，老师成为守廉持正的榜样，学生就会效仿；从小事中立德，老师进行言传身教的示范，就能给学生播种下清廉种子。

“我们学校有很多有趣、有意义的廉洁活动”

过道墙上、长廊两侧、楼梯墙面，一幅幅稚嫩的黑板报、手抄报、硬笔书法、漫画，表达着孩子们对诚实、节约、勤奋、好学、真善美的心愿。

课间休息的铃声响了，一套“廉洁手指操”开始了。带节奏的旋律给人以正能量的感觉。“廉洁并不是板着面孔的说教”，学校非常鼓励创新廉洁教育的方式，营造正面引导的廉洁文化空间。

小手拉大手

孩子们最喜欢的“六一”活动到来了，大家把平时受到的廉洁文化教育融入创作，自编自导表演了《送礼》《竞选班长》等情景小品、诗朗诵、舞蹈、合唱……

“我们学校有很多有趣、有意义的廉洁活动。”“我最喜欢做廉洁操了。”“我知道，诚信就会有很多好朋友。”……

在欢快愉悦的场景里，孩子们对廉洁的理解一次次得到加深。

“很感谢老师这样教育娃儿，还感染了家里人”

老李家靠打制铜器生活。有时候，儿子小李会听到父母讲，怎么样降低成本的事儿。有一天，小李放学回家，跑到爸爸旁边坐下说：“爸，我和你说，打铜器的时候，不要偷工减料，这是诚信。”

老李听到孩子这样说，很惊讶，也很欣慰：“没想到娃儿会和我说这个。仔细想想，很感谢老师这样教育他们，让他们从小就懂得廉洁、懂得诚信，还感染了家里人，特别好。”

放学回家路上，老张接了娃儿豪爽地说：“快过年了，到时候咱家杀猪饭把你们老师都叫上！”小张一听急了：“不行不行！上周班队课李老师说了，谁家请吃请喝都不去，让我们把心思放在学习上。”

好教风劲吹好家风。很多家长纷纷表示：“我们的孩子在这样的学校，接受到这样的教育，对孩子来说是好事，对我们家长来说也是幸运的。”

扫一扫

廉心方寸间

3. 晓之以理清风评

秀邑小学通过开展“大手牵小手、小手拉大手”清廉学校建设活动，引导教师规范自身言行，把正直、诚实、守信、律己等清廉品质体现在日常教育教学中，寓教于乐、教学相长，为学生树立守廉持正的榜样，为学生种下清廉的种子。同时，引导学生把接受的廉洁教育“带回家”，让好校风劲吹好家风，增强家人亲人的廉洁意识，让家庭和学校在清廉路上双向奔赴，共同成为崇清尚廉的践行者和维护者，一起携手为孩子的健康成长创造良好环境。

（十）铁是炼出来的，人也是炼出来的

1. 人物简介

陶明华，男，苗族，中共党员。现担任云南德胜钢铁有限公司炼铁厂厂长助理、2号高炉炉长。2009年和2011年两次参加全国高炉值班工长、炉长学术交流。先后荣获楚雄州第九届“劳动模范”、云南省“五一劳动奖章”荣誉称号。

2. 动之以情清风事

室外高温与室内高温赛着“争高”，1000多度的铁水，把

整个厂房映得通红。对于厂房里的工人来说，除了忍受高温下的汗流浃背，更要在热浪逼人中沉着冷静。

考验的，不仅是身体上的承受度，更是意志上的耐受力。

一热一冷之间，映照着冶炼工人的精气神，铸就着冶炼工人的钢铁脊梁。

干一行就要钻一行的技术

“小陶，你刚来，要多练练。”陶明华的师父拍着他的肩膀，语重心长地说。

“80后”小陶在昆明理工大学读书的时候，学的是冶金专业，专业背景正对口，知识积累还不错，但是，实践经验明显不足。

“80后”小陶初来乍到，要想真正掌握冶炼技术，首先要对高炉炉况和高炉维修熟悉熟悉再熟悉。

炼铁成效和高炉关系很大，高炉风温越高，越能提高生产铁的效率，也越能降低成本。

为了提升高炉风温，陶明华一边刻苦钻研业务知识，

“真金”需火炼

一边在实际操作中不断摸索和总结经验。每当炉况波动时，他都把调整炉况当作大事，主动放弃休息，很多时候凌晨两三点才回家。

经过不懈努力，陶明华完成了2号高炉中修，使得高炉风温从1100℃提高到最高1170℃，在一星期内使高炉顺利达产达标，大大降低了生产成本。

干一行就要成为行家里手

“明华，周末一起出去玩吧，好久没出去了。”妻子打来电话说。小陶正想答应来着，毕竟确实好久没回家了。可是，一想到技术攻关的重要性，他还是一头扎进车间。

面对钢铁市场价格持续下降的情况，公司不得不考虑降低成本。反复讨论后，公司决定利用攀西地区蕴藏丰富钒钛矿资源的优势，开展钒钛冶炼。陶明华主动请缨，带领团队员工，积极开展高钒钛比例生产技术攻关。

近6年来，陶明华和班组员工反复摸索研究，没有工作日与休息日的区分。每天早调会和每周炉况分析会上，他都要对各高炉存在的问题进行分析纠偏，及时进行操作调整，尽量保证生产受控。

最终，陶明华及团队找到和总结出钒钛冶炼的特点：高不得，低不得，快进快出。采用这个冶炼方法，他们攻克了高钒钛比例生产技术“卡脖子”的难题。他所管辖的2号高炉，累计创效达上千万元。

干一行就要遵守行业操守

“小陶，一个交接班而已，检查这么仔细，有点小题大做了！”同事催着陶明华“不用太较真”。

作为一名炉前主操，陶明华进入岗位的第一件事便是做好交接班工作，检查铁口泥炮、泥套、开口机是否符合标准，检查液压系统是否运转良好，与上一班详细了解高炉情况。

一系列工作达标后，他才会安心投入到当日工作中。

“安全生产是性命攸关的大事，一丝一毫不能放松，一定要从源头上防止安全隐患。”陶明华一直遵循“安全是生命之本，违章是事故之源”的信条，始终以如履薄冰、如临深渊的心态和作风，对待安全生产工作，他带领的班组被云南省应急管理厅和省总工会评为“安康杯”竞赛优胜班组。

陶明华获得云南省“五一劳动奖章”后，同事唐前贵评价说：“他获得这项荣誉后，仍然谦虚谨慎、戒骄戒躁，不断总结经验，不断提高自身能力。”

陶明华——“工匠精神”铸就精彩人生

3. 晓之以理清风评

炼，必须经过火的淬炼、日积月累的积淀，才能达到炉火纯青的境界。陶明华一方面“炼技”，努力践行“执着专注、精益求精、一丝不苟、追求卓越”的工匠精神，努力掌握技术本领，依靠劳动创造价值；另一方面“炼己”，始终恪守职业操守，从源头上防止安全隐患，牢牢守住安全生产底线。陶明华用实际行动证明，只要爱岗敬业、脚踏实地、刻苦钻研，每个平凡的人都能在自己岗位上创造不平凡的成就。

（十一）文化传承路上的父子接力

1. 事迹简介

朱光，男，汉族，中共党员，爨地古乐的第四代传承人，退休后致力于抢救、整理濒临失传的陆良洞经音乐，成立了爨地古乐团，担任第一任团长。2016年，爨地古乐被确定为曲靖市非物质文化遗产。2018年，朱光被确定为曲靖市非物质文化遗产传承人。为了将非物质文化遗产传承下去，他的长子朱石林继任爨地古乐团团长。2021年，朱石林家庭被评为全国“最美家庭”。

2. 动之以情清风事

“没有朱光老先生父子俩的艰辛付出和坚持，陆良就没有现在的爨地古乐（洞经音乐），我们为之敬，为之叹，为之学。”陆良县文化馆馆长保文彬说道。

陆良洞经音乐，是爨文化百花园中的一朵绚烂之花，是中华文化宝库的重要组成部分。经过挖掘、保护、传承，现有《南楼鼓》《旧城烟柳》等新曲调，在新时代展现出新的艺术价值。

追寻“非遗”的根

曾于明清时期传入陆良大地的洞经音乐，到20世纪80年代的时候，已失传近半个世纪了。

“失传的原因在于过去音乐的传承不靠曲谱，大多靠口耳相传。学习教授过程靠手指点着节拍一节节死记硬背，很长时间才能记住一个乐句或一个乐段，学习后，节拍旋律只能一点一点记在心里。”朱光老先生说。

为抢救失传的洞经音乐，陆良县文化部门召集了全县曾经参与过洞经乐团的老人家到县城，但经过一个多星期的了解，情况并不乐观，几乎没有人能完整回忆起洞经音乐。

不忍文化瑰宝就此湮灭，朱光从县文化馆退休后，主动提出要为抢救洞经音乐尽一份责任。

“我虽然退休了，但思想不能退休。我是一名共产党员，我还要做我该做的事，就是把爨地古乐挖掘出来、传承下去。”这是朱光朴素的初衷。

让“非遗”活下去

“前后花了20年的时间来整理资料、组建乐团、寻找场地。”朱光抢救洞经音乐的第一步是遍访早前洞经乐团的成员。

县城城区、三岔河镇、马街镇大龙潭、良迪村、朱家堡、板桥镇小堡子……他踏遍了陆良县演奏过洞经音乐的所有旧址。

找到陆良洞经音乐的原始传人卢州、卢江的曾孙卢锡奎、卢锡金后，朱光请他们一小段、一小段地回忆哼唱，然后迅速把旋律记录下来。历时三个多月，朱光终于把洞经音乐九大正曲的初稿整理出来了。

找寻、整理出失传的古谱后，朱光潜心创作了《爨氏迎宾曲》《爨龙颜将军出征》《五峰秋月》。随后，他又根据陆良“三山四水八大景”的民间传说，创作出《大觉晓钟》《旧城烟柳》等乐曲，并编辑出版了《爨地古乐》一书。

为了继续把爨地古乐发扬光大，朱光从县文化局、滇剧团及部分学校，选拔了一批演奏人员，组建了陆良“爨地古乐团”，培养传承者。

非遗之声传千古

跑好“非遗”接力赛

由于朱光年事已高，经乐团成员的一致推荐，其长子朱石林接过了父亲手中的“接力棒”。

如今，爨地古乐团由建团时的10人发展到今天的50余人。朱石林始终把乐团作为自己生命中的一部分，把部分洞经音乐配上古装舞蹈，带领乐团成员在陆良多个乡镇的敬老院开展公益性演出。

父亲身上强烈的文化传承意识，深深感染着家庭里的每个成员。“要守住我们的根，延续我们的血脉，就要保护好、传承好我们的优秀传统文化。”朱石林不仅把父亲的话牢记于心，还在文化传承“接力赛”中，把这番话传给妻儿、传给周边的人。

3. 晓之以理清风评

朱石林家庭为“非遗”保护与传承所作的努力，让子孙后代能够从“非遗”中感受到源远流长、博大精深的中华文明，认识到“非遗”承载着中华民族的基因和血脉。只有一代代的传承者把“非遗”传下去、让“非遗”活起来，才能守住我们自己的根，才能让中华优秀传统文化发扬光大。在“非遗”寻根路上，朱石林家庭也非常注重清廉文化的传承，积极弘扬淡泊名利、朴实善良等价值观，努力践行孝老爱亲、乐于助人的好家教、好家风。

初心·传承——两代共产党员的文化传承

（十二）在“办不成事”窗口，把事办成

1. 事迹简介

2022年3月，国务院印发《关于加快推进政务服务标准化规范化便利化的指导意见》，提出：设置“办不成事”反映窗口，提供兜底服务，解决企业和群众办事过程中遇到的疑难事项和复杂问题。2022年4月，曲靖市沾益区政务服务管理局在政务服务大厅设立“办不成事”服务站，依托服务站设置公告牌，公布监督举报电话，配备窗口工作人员，集中受理和解决政务服务事项中的“疑难杂症”，防治不作为、不公正、不清廉、作风不严不实等问题，破解“放管服”改革中的痛点难点堵点问题，提升办事企业和群众的满意度。

2. 动之以情清风事

“我的诊所顺利开业啦！”

沾益区西平街道“郝医生内科诊所”负责人郝金华，将一面锦旗交到“办不成事”服务站站长赵海波手中，连连点赞沾益区政务服务大厅：“千言万语，只有感谢！”

“别客气，这是我们的职责。”赵海波微笑着接过锦旗。

群众“急难愁盼”办好了

2022年6月，郝金华来到沾益区政务服务大厅，办理诊所执业备案，打算用“沾益西平郝金华内科诊所”申办营业执照。

但是，电脑弹窗显示：“禁止使用、一级。”原来，国家驰名商标“金华火腿”早已用“金华”注册。郝金华傻了眼，只好转到“办不成事”服务窗口受理。“诊所打

算7月7日开业，在这之前能办好吗？”临走前，郝金华既期待又焦虑地问赵海波。

“放心，我们这就处理，尽快给你一个答复。”赵海波说。经多方协调、共同努力，由市场监管部门出具证明，报卫健部门备案，最后以“郝医生内科诊所”登记备案。

退了休的王阿姨回沾益办理老年优待证，按规定需本人持户口册、身份证和2张红底半寸照，但王阿姨只随身携带了身份证。

“办不成事”窗口，帮你办成事

来到“办不成事”窗口，王阿姨发出了求助。

服务站工作人员拿着王阿姨的身份证，在区公安分局户籍窗口核查了她的户籍信息，同时安排专人带王阿姨就近拍照。材料齐了，老年优待证很快办了下来。

“说是‘办不成’，办得真板扎！”王阿姨赞不绝口。

之前办不成的事现在办成了

当地一家洗煤企业项目水土保持行政许可手续办理遇到了问题。根据相关规定，企业需要补报“前身”项目水土保持方案。但所需报备项目已过去10多年，当时的地形地貌已经不复存在，也没有留存影像资料。

企业只好到“办不成事”窗口求助。由于情况复杂，服务站也难以解决，只好上报给政务服务联合党委。

在区直机关工委下组建成立的“沾益区政务服务联合党委”，将各主要职能部门负责人纳入联合党委，建立多方联动、双向服务的工作机制，力求更好地把群众和企业的“急难愁盼”办成办好。

“不应该让企业承担历史遗留问题的后果。”经过会商，联合党委给出了最终解决方案：先对企业已提交的现有项目水保方案按流程接件开展行政审批工作，尽量避免影响企业正常的生产经营活动。

“环节能减就减，时限能缩尽缩”，沾益区把涉及很多跨部门、跨领域、跨层级的事项确定为“一件事”，推动实现“一件事”集成办理、一个部门管到底。

好政风办出来了

“效率太高了！”沾益区燃气有限公司负责人常先生表示：“真是没想到！”他承接了区燃气管道整改建设工程，需要对区内珠江源大道汇宝东盛小区门口路面进行开挖。

从提交相关材料，到区政务服务管理局工作人员主动联系，召集相关部门到现场实地勘查，现场签署意见，现场盖章签发施工许可，再到工程顺利开工，仅仅用了半天时间。

“收到协办通知后，5分钟内赶到窗口。”“即办件在大厅内当场办结，承诺件限时办结。”“局长挂牌督办，班子轮流坐班。”……看速度、看成果、看实效，一条条强有力的相关制度建立了起来。

“保姆式”项目代办、“中午不打烊”无缝办理、“进村入户”上门登记……工作作风的转变，带来了服务效能的提升。

3. 晓之以理清风评

沾益区“办不成事”窗口，树立和践行了“民有所呼、政有所应，民有所求、政有所为”的服务理念，紧盯群众办事的难点痛点，近距离疏通和解决群众办事的堵点，力求让群众少跑腿，让百姓办事心里更有底、解决急难愁盼更便利，不断提升办事群众的满意度。“办不成事”窗口，推动了干部作风转变，不为不办找理由，只为办好想办法，务实为民的优良政风赢得了广大群众的信任和认可。

沾益：提档升级　优化服务　把“以人民为中心”思想送抵群众“心中”